Die Prüfungsbefugnis des Rechtspflegers
im gerichtlichen Mahnverfahren am Beispiel
der Geltendmachung von Inkassokosten als Nebenforderung

AF790646

Europäische Hochschulschriften
Publications Universitaires Européennes
European University Studies

Reihe II
Rechtswissenschaft

Série II Series II
Droit
Law

Bd./Vol. 2349

PETER LANG
Frankfurt am Main · Berlin · Bern · New York · Paris · Wien

Christopher Martin

Die Prüfungsbefugnis des Rechtspflegers im gerichtlichen Mahnverfahren am Beispiel der Geltendmachung von Inkassokosten als Nebenforderung

PETER LANG
Europäischer Verlag der Wissenschaften

Die Deutsche Bibliothek - CIP-Einheitsaufnahme

Martin, Christopher:

Die Prüfungsbefugnis des Rechtspflegers im gerichtlichen Mahnverfahren am Beispiel der Geltendmachung von Inkassokosten als Nebenforderung / Christopher Martin. - Frankfurt am Main ; Berlin ; Bern ; New York ; Paris ; Wien : Lang, 1998
(Europäische Hochschulschriften : Reihe 2, Rechtswissenschaft ; Bd. 2349)
Zugl.: Erlangen, Nürnberg, Univ., Diss., 1997
ISBN 3-631-32900-8

D 29
ISSN 0531-7312
ISBN 3-631-32900-8

© Peter Lang GmbH
Europäischer Verlag der Wissenschaften
Frankfurt am Main 1998
Alle Rechte vorbehalten.

Das Werk einschließlich aller seiner Teile ist urheberrechtlich geschützt. Jede Verwertung außerhalb der engen Grenzen des Urheberrechtsgesetzes ist ohne Zustimmung des Verlages unzulässig und strafbar. Das gilt insbesondere für Vervielfältigungen, Übersetzungen, Mikroverfilmungen und die Einspeicherung und Verarbeitung in elektronischen Systemen.

Printed in Germany 1 2 3 4 5 7

Vorwort

Auf Anregung meines Doktorvaters Herrn Prof. Dr. Vollkommer habe ich mich mit dem Thema der Geltendmachung von Inkassokosten im gerichtlichen Mahnverfahren beschäftigt. Dies erwies sich sowohl in tatsächlicher wie auch in rechtlicher Hinsicht als sehr interessante Materie. Besuche in diversen Inkassounternehmen machten mich mit der Beitreibung von Forderungen durch Inkassounternehmen sowie mit den damit verbundenen Problemen und deren Handhabung in der täglichen Praxis vertraut. Wertvolle Hinweise aus der Anwaltschaft sowie der Justiz sind in die Arbeit eingeflossen. Ich hoffe, einen Beitrag zur Rechtsfortbildung in einem bislang nicht näher untersuchten, gleichwohl aber in der Praxis äußerst relevanten Gebiet geleistet und zudem einen praxistauglichen Leitfaden zur Lösung der im Tagesgeschäft anfallenden Probleme entwickelt zu haben. Die Arbeit befindet sich hinsichtlich der berücksichtigten Rechtsprechung und Literatur, sowie des verwandten Zahlenmaterials auf dem Stand April 1997. Für weitere Anregungen und Hinweise bin ich dankbar.

Für die konstruktive Zusammenarbeit und die stete Unterstützung bei der Durchführung der Arbeit danke ich Herrn Prof. Dr. Vollkommer recht herzlich. Er stand mir jederzeit als Ansprechpartner zur Seite. Meinen Eltern möchte ich an dieser Stelle für Rat und Tat, die zum Gelingen der Arbeit unerläßlich waren, danken. Des weiteren danke ich meinem Bruder und meinen Freunden für ihre Unterstützung.

Nürnberg, den 31. Dezember 1997

Inhaltsverzeichnis

Einleitung / Problemstellung

A. Einleitung

Angesichts steigender Arbeitslosenzahlen[1] und sinkenden Wirtschaftswachstums läßt die Kaufkraft in weiten Bevölkerungsteilen nach.[2] Vielfach sind die Betroffenen nicht mehr in der Lage, ihre Verbindlichkeiten zu begleichen.[3] Insbesondere Ratenzahlungskäufe von Verbrauchs- und Kleingütern werden notleidend. Bedingt durch die nachlassende Kaufkraft wird seitens der Industrie immer aggressiver um die potentiellen Kunden geworben. Über Ratenzahlungs- und sonstige Finanzierungsangebote werden versteckte Preisnachlässe gewährt.[4] Gerade im Versandhandelsbereich mit der Perspektive zum Teleshoping wird dem Kunden das Kaufen leicht gemacht und damit die Hemmschwelle für die Kaufentscheidung herabgesenkt. Dies hat zur Folge, daß sich manche Verbraucher mit ihren Anschaffungen übernehmen und die, auf sie zukommenden, wirtschaftlichen Belastungen falsch einschätzen. Insgesamt läßt sich feststellen, daß die Zahlungsmoral sinkt.[5] Korrespondierend dazu steigt die Zahl und vor allem die Dauer der Titulierungs- und Vollstreckungsverfahren für derartige Forderungen. Es handelt sich vielfach um kleinere bis mittlere

---

1 Süddeutsche Zeitung vom 07.02.1997 "Arbeitslosigkeit auf dem Höchststand nach dem Krieg"; ebenso Frankfurter Allgemeine Zeitung vom 07.02.1997

2 Euler FLF 1995, S. 123; FLF 1993, S. 161: Die Verschuldung aus Konsumentenkrediten pro Kopf lag im Jahr 1993 bei DM 4.000

3 Kirbach Die Zeit Nr. 18, 26.04.1996, S. 69

4 Bretz Creditreform 10/95, S. 14

5 BB 1996 Heft 26, S. IV: Anzahl der Gesamtinsolvenzen von Januar bis März 1996 im Vergleich zum Vorjahreszeitraum um 8,8 % gestiegen. Bretz Creditreform 1/96, S. 14: Im Jahr 1995 errechnete die Creditreform für die alten Bundesländer 21.800 Gesamtinsolvenzen davon 16.500 Unternehmensinsolvenzen, für die neuen Bundesländer 7.000 Gesamtinsolvenzen davon 5.600 Unternehmensinsolvenzen. In den alten Bundesländern sind Ausfälle durch Insolvenzen in Höhe von 26. Mrd. DM in den neuen Bundesländern von 8 Mrd. DM festzustellen. Bretz Creditreform 6/95, S. 14: Im Frühjahr 1995 geben 11 % der Unternehmen in den alten und 37 % in den neuen Bundesländern die Zahlungsmoral ihrer Kunden mit mangelhaft oder ungenügend an. FLF 1995, S. 76: Nach Berechnungen der Creditreform belief sich der Schaden durch Insolvenzen bei privaten Gläubigern im Jahr 1994 alleine in den alten Bundesländern auf 24. Mrd. DM; FLF 1995, S. 198: Im Frühjahr 1995 berichteten 73 % der Mittelständler in den alten und 79 % in den neuen Bundesländern von Forderungsverlusten durch die Insolvenz ihrer Abnehmer; 15, 5 % in den alten und 28,9 % in den neuen Bundesländern gaben an, daß der Ausfall über 1 % ihres Umsatzes liegt

Geldbeträge. Bevorzugtes Verfahren zur Titulierung ist das Mahnverfahren. Die betroffenen Unternehmen sind jedoch auf einen schnellen Rückfluß ihrer Außenstände zur Erhöhung der eigenen Liquidität angewiesen, da sie ihre Leistung bereits erbracht haben und vorfinanzieren müssen. Gegebenenfalls bedarf es einer Zwischenfinanzierung. Zudem entstehen bei den Unternehmen erhebliche Aufwendungen für ihre Forderungs- und Mahnabteilungen, die als weiterer Kostenfaktor zu Buche schlagen.

In dieser Situation werden zunehmend private Inkassounternehmen mit der Beitreibung der Außenstände beauftragt. Sie erscheinen als die ideale Alternativlösung zu den zeit- und kostenintensiven gerichtlichen Titulierungs- und Vollstreckungsverfahren, da sie einen schnellen Beitreibungserfolg ohne zusätzliche Kosten für den Gläubiger versprechen. Diesem Anspruch werden sie nur bedingt gerecht. Die Inkassobranche steht angesichts teilweise unkonventioneller bis sittenwidriger Beitreibungsmethoden vielfach in der öffentlichen Kritik. Die Masse der seriösen Inkassounternehmen bemüht sich aber, um schnelle und interessengerechte Realisierung der Forderungen.

Großunternehmen denken im Rahmen von Rationalisierungsbestrebungen darüber nach, ihre Forderungsbearbeitung auf externe Inkassounternehmen oder Tochtergesellschaften zu übertragen.

Bei dieser Entwicklung stellt sich für alle Betroffenen, Schuldner, Gläubiger und Inkassounternehmen die Frage, wer letztlich die Kosten der Beitreibung durch das Inkassounternehmen zu tragen hat. Einige Unternehmen nutzen die Unerfahrenheit der Schuldner aus und machen diesen gegenüber nicht ersatzfähige oder überhöhte Inkassokosten geltend.[6] Zwingend verbunden ist damit der weitere Fragenkomplex nach der Möglichkeit der Titulierung dieser Kosten im gesetzlichen Mahnverfahren, als dem gängigen Verfahren zur Durchsetzung der beizutreibenden Hauptforderung.

B. Problemstellung

Damit haben sich die zentralen Problemkreise bereits herauskristallisiert. Dies ist zum einen die Frage nach der Ersatzfähigkeit von Inkassokosten und zum anderen die Frage nach deren Geltendmachung im gerichtlichen Mahnverfahren.

Der eingangs dargestellten wirtschaftlichen Entwicklung steht eine in vielerlei Hinsicht differierende Rechtsprechung und Verwaltungspraxis gegenüber. Ziel

---

6 zu den Mißbrauchsmöglichkeiten siehe OLG Dresden Rpfleger 1994, S. 260 (263)

dieser Arbeit soll es auch sein, durch eine Untersuchung beider Fragenkomplexe Rechtssicherheit für die Betroffenen, sowie eine Orientierungshilfe für die staatlichen Entscheidungsorgane, Rechtspfleger und Richter, zu schaffen.

Die Arbeit greift hierfür einen besonders problembelasteten Bereich der Inkassotätigkeit heraus. Grundsätzlich ist die Einschaltung eines Inkassounternehmens zu verschiedenen Zeitpunkten möglich. Dem Unternehmen kann bereits die erste Zahlungsaufforderung an den Schuldner übertragen werden. Teilweise wird es aber auch erst nach erfolglosen Beitreibungsversuchen durch die staatlichen Vollstreckungsorgane beauftragt. Für diese Untersuchung interessiert das Segment der vorgerichtlichen Beitreibungstätigkeit, d. h. der Zeitraum von der Beauftragung des Inkassounternehmens durch den Gläubiger nach erfolgloser eigener Mahnung des Schuldners bis hin zur Veranlassung des gerichtlichen Mahnverfahrens. Sofern das Inkassounternehmen mit seinen Bemühungen keinen Erfolg hatte, werden die dem Gläubiger dadurch entstandenen Kosten als Nebenforderung im Mahnbescheidsantrag geltend gemacht.

I. Problemkreis Inkassokosten

Im Rahmen des ersten Fragenkomplexes ist die materiellrechtliche Ersatzfähigkeit von Inkassokosten abzuklären. Grundlage des Anfalls der Kosten ist der zwischen dem Gläubiger und dem Inkassounternehmen geschlossene Vertrag, worin das Unternehmen mit der Beitreibung der außenständigen Forderung beauftragt wird. Aufgrund dieses Vertrages ist der Gläubiger dem Inkassounternehmen gegenüber zur Zahlung der Inkassokosten verpflichtet. Er ist bestrebt, die anfallenden Kosten auf seinen Schuldner umzulegen. Hierzu hat sich ein unübersichtliches Meinungs-[7] und Rechtsprechungsspektrum[8] entwik-

---

7 Barnbeck NJW 1973, S. 1868; Behr BB 1990, S. 795; Burhoff NWB 1991, S. 1759 (1761); David S. 79; Dietrich S. 174; Finke NJW 1973, S. 1310; Hummel JurBüro 1990, S. 281 (286); Jäckle Diss. 1978, S. 95, JZ 1978, S. 675. NJW 1986, S. 2692, NJW 1995, S. 2767; Jenisch JurBüro 1989, S. 271; Kronenbitter/Magnussen S. 204; Lange S. 386; Lausen/Schüler S. 30 ff; Lappe Rpfleger 1985, S. 282; Lechner S. 128; Löwisch NJW 1986, S. 1725; Münchener Kommentar/Thode § 286 BGB Rdnr. 8; Palandt/Heinrichs § 286 BGB Rdnr. 9; Rentsch/Bersiner BB 1986, S. 1245; Rieble DB 1995, S. 195; Schlemmer Rpfleger 1978, S. 201; Schmidt Rpfleger 1970, S. 82; Seitz Rpfleger 1995, S. 201; Seitz Inkasso Handbuch Rdnr. 95; Staudinger/Löwisch § 286 Rdnr. 44; Stackelberg BB 1965, S. 891 (892) für die Beitreibung von Kleinforderungen; Wedel JurBüro 1994, S. 74; Michalski ZIP 1994, S. 1501 (1503, 1505) erkennt Inkassokosten grundsätzlich als Verzugsschaden an. Ausgeschlossen sind jedoch Inkassokosten konzernabhängiger Inkassounternehmen bei Beitreibung von Forderungen der Muttergesellschaft.

kelt. Da sich der Schuldner meist nicht vertraglich zur Übernahme derartiger Kosten verpflichtet hat, steht der gesetzliche Ersatzanspruch aus Verzugsschaden im Vordergrund. Dieser ist sowohl dem Grunde wie der Höhe nach streitig.

Zum einen wird dem Anspruch entgegengehalten, daß es Aufgabe des Gläubigers selbst wäre, diese außergerichtliche Beitreibung durchzuführen.[9] Insbesondere Industrieunternehmen, die ihre Mahnabteilung auslagern, versuchen unter dem Gesichtspunkt des Verzugsschadens Kosten zu realisieren, die sie bei betriebsinterner Beitreibung nicht ersetzt bekommen würden.[10] Prinzipiell stellt sich die Frage, ob der Gläubiger Kosten, die durch seine eigene Disposition veranlaßt wurden, unbegrenzt vom Schuldner ersetzt verlangen kann.[11] Es wird zu untersuchen sein, wann die Einschaltung eines Inkassounternehmens zur Forderungsbeitreibung legitim ist. Angesprochen sind somit zentrale Probleme des Schadensrechts, die im Hinblick auf die Ersatzfähigkeit von Inkassokosten einer Klärung bedürfen.

---

8 OLG Köln OLGZ 1972, S. 411; OLG Hamm MDR 1979, S. 579; MDR 1983, S. 497; JurBüro 1984, S. 1535; OLG Koblenz Urt.v. 29.03.1984 - 9 U 499/83; JurBüro 1985, S. 295; OLG Saarbrücken Urt.v. 13.07.1984 - 4 U 196/82; OLG Hamburg Urt.v. 20.10.1985 - 9 U 114/85; LG Darmstadt Urt.v. 20.09.1979 u. 15.10.1986 in Hummel JurBüro 1990, S. 281; OLG Karlsruhe NJW-RR 1987, S. 15; OLG Düsseldorf JurBüro 1988, S. 512; OLG Stuttgart JurBüro 1988, S. 1364; OLG München JurBüro 1989, S. 90; OLG Frankfurt Urt. v. 31.03.1989 in Hummel JurBüro 1990, S. 281; OLG Nürnberg JurBüro 1990, S. 1387; OLG Nürnberg JurBüro 1994, S. 280; OLG Bamberg NJW-RR 1994, S. 412; OLG Dresden Rpfleger 1994, S. 260; AG Otterndorf JurBüro 1995, S. 593; Finger WRP 1978, S. 785 Umfrage bei Landgerichten; siehe Rechtsprechungsübersichten nach OLG-Bezirken bei Garmissen JurBüro 1993, S. 641; Hummel JurBüro 1990, S. 281; Jäger JurBüro 1898, S. 1073; Lüddringhaus JurBüro 1991, S. 478; Philipp JurBüro 1991, S. 467; Steinbild JurBüro 1990, S. 1386; Stöver JurBüro 1989, S. 1071

9 Jäckle NJW 1995, S. 2768; Löwisch NJW 1986, S. 1725; OLG Dresden JurBüro 1994, S. 548; allgemein zu Kosten der Schadensbearbeitung durch den Gläubiger Geigel 4. Kapitel Rdnr. 86; Lipp NJW 1992, S. 1913; Münchener Kommentar/Walchshöfer § 286 BGB Rdnr. 10; Palandt/Heinrichs vor § 249 BGB Rdnr. 38; Schneider MDR 1981, S. 353 (360); Soergel/Mertens § 249 BGB Rdnr. 65; Soergel/Wiedemann § 286 Rdnr. 18; Staudinger/Medicus § 253 BGB Rdnr. 52; Weimar NJW 1989, S. 3246; abweichend Münchener Kommentar/Grunsky Vorb. § 249 BGB, Rdnr. 25: Ersatzfähigkeit als Kosten der eigenen Arbeitskraft

10 zur Problematik der Forderungseinziehung durch konzerngebunde Inkassounternehmen siehe Michalski ZIP 1994, S. 1501; DB 1995, S. 2511; Rieble DB 1995, S. 195

11 zur Problematik des Aufwendungsschadens siehe Jäckle Diss S. 92; Larenz § 27 III b) Nr. 4; Stoll Festschrift für Dölle 1963, S. 397 f; Geigel 4. Kapitel Rdnr. 73; Lange § 6 VII, XIV 3.; Palandt/Heinrichs vor § 249 Rdnr. 83

Zum anderen muß sich der Gläubiger, insbesondere bei Erfolglosigkeit des Inkassounternehmens, fragen lassen, warum er nicht umgehend einen Rechtsanwalt mit der Forderungsbeitreibung beauftragt habe. Durch die unberechtigte Einschaltung des Unternehmens habe er selbst zur Erhöhung des Schadens beigetragen. Die Orientierung der Ersatzfähigkeit von Inkassokosten an einer vergleichbaren Rechtsanwaltstätigkeit ist im einzelnen streitig.[12] Sie betrifft sowohl den Grund als auch die Höhe des Anspruchs. Hierauf gründet sich vornehmlich der dem Gläubiger entgegengehaltene Mitverschuldenseinwand gemäß § 254 BGB. Es wird zu untersuchen sein, inwieweit diese Einwendungen gerechtfertigt sind und wie sie sich auf den Ersatzanspruch des Gläubigers auswirken.

II. Problemkreis Mahnverfahren

Auf der Basis der Erkenntnisse zur materiellrechtlichen Ersatzfähigkeit der Inkassokosten ist zu fragen, inwieweit diese im Mahnverfahren Berücksichtigung finden können.

Das Mahnverfahren wurde mit der Vereinfachungsnovelle des Jahres 1977[13] grundlegend umgestaltet. Es entfiel die Schlüssigkeitsprüfung des Rechtspflegers vor Erlaß des Mahnbescheids. Dies begünstigte den Mißbrauch des Mahnverfahrens zur Titulierung unbegründeter Forderungen. Die insbesondere

---

12 zur Frage der Ersatzfähigkeit von Inkassokosten neben Rechtsanwaltsgebühren siehe David S. 79; OLG Köln JuS 1972, S. 471 mit Anmerkung Emmerich; OLGZ 1972, S. 411; OLG Nürnberg JurBüro 1994, S. 280; OLG Frankfurt Urt.v. 31.03.1989 in Hummel JurBüro 1990, S. 281; Jenisch JurBüro 1989, S. 721 (732); Staudinger/Löwisch § 286 Rdnr. 50; Steinbild JurBüro 1990, S. 1387; Garmissen JurBüro 1993, S. 641; die Umfrage von Finger WRP 1978, S. 785 belegt, daß die Mehrheit der befragten 72 Landgerichte von der Ersatzfähigkeit der Inkassokosten neben Rechtsanwaltsgebühren ausgeht. a. A.: OLG Dresden Rpfleger 1994, S. 261; zur Frage der Beschränkung von Inkassokosten auf vergleichbare Rechtsanwaltsgebühren Altenhoff/Busch/Chemnitz Art. 1 § 1 Rdnr. 106; Burhoff NWB 1991, S. 1759 (1763); Lappe Rpfleger 1986, S. 161; Lüddringhaus JurBüro 1991, S. 478; Münchener Kommentar/Thode § 286 BGB Rdnr. 8; Palandt/Heinrichs § 286 BGB Rdnr. 9; Seitz Inkasso Handbuch Rdnr. 238 Tabelle 1 m.w.N.; Garmissen JurBüro 1993, S. 641; Finger WRP 1978, S. 785; LG Koblenz JurBüro 1980, S. 447; OLG Hamm JurBüro 1984, S. 1535; OLG Bamberg JurBüro 1988, S. 72; OLG Bamberg NJW-RR 1994, S. 412; OLG Nürnberg JurBüro 1994, S. 280; OLG Dresden OLG-Report 9/95 S. 113; a. A. Burhoff NWB 1991, S. 1759 (1763); Wedel JurBüro 1994, S. 74; AG Otterndorf JurBüro 1995, S. 593

13 BGBl. 1976 I, S. 3281

im Bereich der Verbraucherkredite auftretenden Mißstände wurden gerügt.[14] Seit 1980 hatte sich zum sittenwidrigen Konsumentenratenkredit eine Rechtsprechung des BGH[15] entwickelt. Ungeachtet dessen konnten, mangels Schlüssigkeitsprüfung, Mahnbescheide und daraus folgend Vollstreckungsbescheide über Forderungen aus überfälligen Verbraucherkrediten in beliebiger Höhe beantragt werden. Mit Entscheidung des BGH vom 24.09.1987[16] wurde erstmals die Durchbrechung der Rechtskraft eines Vollstreckungsbescheids über derartige Forderungen ausgesprochen. Als Rechtsgrundlage zog das Gericht § 826 BGB heran, wobei gerade die Vollstreckung aus dem Vollstreckungsbescheid sittenwidrig erschien. Die Durchbrechung der Rechtskraft wegen der Sittenwidrigkeit der Vollstreckung basierte unter anderem auf der Ausnutzung der Besonderheiten des Mahnverfahrens. Diese Rechtsprechung wurde bis heute fortgesetzt.[17] Der Gesetzgeber reagierte auf die Mißstände mit der Einführung des Verbraucherkreditgesetzes[18] und des § 688 Abs. 1 Nr. 1 ZPO. Das Mahnverfahren als solches blieb unverändert.

Durch die aufgezeigte Problematik wurden zweierlei Diskussionen entfacht, zum einen die Kontroverse[19] um die uneingeschränkte materielle Rechtskraft des Vollstreckungsbescheids und zum anderen der Streit[20] um eine fortbeste-

---

14 Erfahrungsberichte der Landesjustizverwaltungen in BT-Dr. 8/4347 Stellungnahme der Bundesregierung; Erklärung des Bundes Deutscher Rechtspfleger e.V. DRiZ 1978, S. 116; RpflBl. 1978, S. 20; Holzscheck/Hörmann/Daviter S. 322 ff; Bamberg S. 14/15

15 Zusammenfassend Emmerich JuS 1988, S. 925; Schrameck S. 40 m. w. N.

16 BGHZ 101, S. 380 ff

17 BGH NJW-RR 1988, S. 957; BB 1989, S. 380; NJW-RR 1990, S. 179, 303; BGHZ 112, S. 54; NJW 1991, S. 1884; NJW-RR 1993, S. 1013; NJW 1996, S. 658

18 BGBl 1990 I, S. 2840; Bülow Rpfleger 1996, S. 133

19 Bamberg S. 136, 138 (163); Bender JZ 1987, S. 503; Braun S. 91 ff; FLF 1988, S. 14; JuS 1992, S. 177; Braun/Raab-Gaudin FLF 1991, S. 244; Grün S. 205 ff (217); NJW 1991, S. 2860; Grunsky JZ 1986, S. 626; Kothe NJW 1985, S. 2217 (2227); Lappe/Grünert Rpfleger 1986, S. 161; Münzberg JZ 1987, S. 477; Prütting/Weth Rdnr. 28 (Diskussion vor Erlaß des VerbrKrG), Rdnr. 55 (derzeitige Diskussion); Vollkommer Erlanger Festschrift für Schwab S. 229; Übersicht bei Schrameck S. 4 ff

20 Büchel NJW 1979, S. 945; Herbst Rpfleger 1978, S. 199; Holch NJW 1991, S. 3177 (3180); Jenisch JurBüro 1989, S. 721; Keller NJW 1981, S. 1184; Kronenbitter/Magnussen S. 200; Lappe/Grünert Rpfleger 1986, S. 161; Lechner S. 133; Münchener Kommentar/Holch § 691 ZPO Rdnr. 14; Ostenried in Seitz Inkassohandbuch Rdnr. 316; Schlemmer Rpfleger 1978, S. 201; Stein-Jonas/Schlosser § 691 Rdnr. 6; Wedel JurBüro 1994, S. 325; Zöller/Vollkommer § 691 Rdnr. 1; OLG Hamburg MDR 1982, S. 502; AG Göttingen Rpfleger 1985, S. 70; OLG Köln MDR 1986, S. 859; OLG Karlsruhe Rpfleger 1987, S. 422; LG Stuttgart JurBüro 1988, S. 1516; LG Münster

hende, eingeschränkte Schlüssigkeitsprüfung des Rechtspflegers vor Erlaß des Mahnbescheids. Letzterer wurde durch die Stellungnahme der Bundesregierung vom 12. 04. 1978[21], die von einer eingeschränkten Schlüssigkeitsprüfung ausging, genährt. Ob eine derartige Prüfung korrekterweise noch mit "Schlüssigkeitsprüfung" bezeichnet werden kann, bedarf ebenfalls der Untersuchung. Es soll daher allgemein von der Prüfungsbefugnis des Rechtspflegers gesprochen werden. Zu klären ist insbesondere, welchen Einschränkungen diese Prüfungsbefugnis unterliegt.

Wie die spätere Untersuchung zeigen wird, bestehen zwischen beiden Diskussionen einige Berührungspunkte. Für diese Arbeit ist die Prüfungsbefugnis des Rechtspflegers vor Erlaß des Mahnbescheids von Interesse.

Hierfür finden sich, je nach Ausgangspunkt, verschiedene Ergebnisse. Betrachtet man die Rechtsprechung[22] zur Durchbrechung der Rechtskraft des Vollstreckungsbescheids, so fällt auf, daß eine Schlüssigkeitsprüfung des Rechtspflegers vollumfänglich ausgeschlossen wird. Der an den Gläubiger gemäß § 826 BGB gerichtete Vorwurf der Ausnutzung der "Besonderheiten des Mahnverfahrens" setzt das Fehlen der Schlüssigkeitsprüfung zwingend voraus. Würde der Rechtspfleger trotz Abschaffung der Schlüssigkeitsprüfung, wenn auch nur eingeschränkt, die Berechtigung des Anspruchs prüfen, so würde bereits hierdurch der gravierendste Mißbrauch unterbunden. Selbiges findet man bei denjenigen Stimmen in der Literatur[23], die eine eingeschränkte materielle Rechtskraft des Vollstreckungsbescheids befürworten. Deren Vertreter argumentieren, daß der Vollstreckungsbescheid, dessen Schlüssigkeit niemals überprüft worden sei, nicht dieselbe Rechtskraft für sich in Anspruch nehmen

---

MDR 1988, S. 682; AG Hamburg Rpfleger 1988, S. 272; AG Straubing JurBüro 1989, S. 650; AG Duisburg-Hamborn JurBüro 1990, S. 56;

21 DRiZ 1978, S. 189

22 BGHZ 101, S. 380 (382): weitgehende Abschaffung der Schlüssigkeitsprüfung; OLG Köln JZ 1986, S. 642 (643)=MDR 1986, S. 859 zweifelt an der Rechtskraft des Vollstreckungsbescheids und nimmt eine gänzliche Abschaffung der Schlüssigkeitsprüfung an; ebenso OLG Stuttgart NJW 1985, S. 2272; BGH WM 1990, S. 3941 argumentiert mit den Besonderheiten des Mahnverfahrens; ebenso BGH WM 1990, S. 393; BGH NJW 1991, S. 1885 geht indirekt vom Fehlen der Schlüssigkeitsprüfung aus

23 Bamberg S. 119, 163; Kothe NJW 1985, S. 2217 (226, 2260); Lappe/Grünert Rpfleger 1986, S. 161 (165); Schrameck S. 2, 47; Braun JuS 1992, S. 177 (185) unter Berufung auf den gesetzgeberischen Willen; kritisch zu den Ausführungen von Kothe und Braun Münzberg JZ 1987, S. 477; auch Grün NJW 1991, S. 2860 (2861, 2862) spricht von der Abschaffung der Schlüssigkeitsprüfung ohne Einschränkung; ebenso Zöller/ Vollkommer § 700 Rdnr. 17

könne wie ein Urteil.[24] In beiden Fällen stützt sich die Argumentation auf das Fehlen der Schlüssigkeitsprüfung.

Wird als Ausgangspunkt dagegen der Standpunkt des Rechtspflegers gewählt, der zur Entscheidung über den Mahnbescheidsantrag berufen ist, so geht man vielfach ohne detaillierte Begründung von einer Prüfungsbefugnis in Form einer "eingeschränkten Schlüssigkeitsprüfung" aus.[25] Die Grenzen und der genaue Inhalt dieser Prüfungsbefugnis bleiben dabei offen. Die Gerichtspraxis zeigt, daß teilweise eine derartige Kompetenz gerade im Hinblick auf Inkassokosten vorausgesetzt wird.[26]

Es hat den Anschein, als ob mit der Prüfungsbefugnis je nach Interessenlage und mit Blick auf das gewünschte Ergebnis der Entscheidung hantiert wird. Daher erscheint es angezeigt, einen verläßlichen Entscheidungsmaßstab zu entwickeln. Mit dieser Untersuchung soll für den Fall der Geltendmachung von Inkassokosten als Nebenforderung im gerichtlichen Mahnverfahren geklärt werden, ob eine Befugnis des Rechtspflegers zu einer Sachprüfung in Form einer "eingeschränkten Schlüssigkeitsprüfung" vor Erlaß des Mahnbescheids besteht. Sofern dies bejaht werden kann, sind deren Konturen gerade im Hinblick auf Inkassokosten herauszuarbeiten, um die gewonnenen Erkenntnisse für die Rechtspraxis nutzbar zu machen.

C. Gang der Untersuchung

Durch die aufgezeigten Problemkreise ist der Gang der Untersuchung im wesentlichen vorgegeben. Eine sachgerechte rechtliche Beurteilung setzt voraus, daß vorab Klarheit über die tatsächlichen Gegebenheiten gewonnen wird. Im

---

24 Braun JuS 1992, S. 177 (181); Grün NJW 1991, S. 2860 (2861); Kothe NJW 1985, S. 2217 (2227)

25 Crevecoeur NJW 1977, S. 1320: Beschränkung des Prüfungsrecht auf die Verfahrensvoraussetzungen, eine Ausnahme besteht nur bei offensichtlichem Rechtsmißbrauch; Herbst Rpfleger 1978, S. 199 (200); Jenisch JurBüro 1989, S. 721 (727); Kammler JuS 1989, S. 116 (117); Kronenbitter/Magnussen S. 200; Lappe Rpfleger 1985, S. 282 (284); Lechner S. 136; Löwisch NJW 1986, S. 1725 (1728); Münchener Kommentar/Holch § 691 ZPO Rdnr. 14; Rudolph MDR 1996, S. 1 (3); Schlemmer Rpfleger 1978, S. 201 (203); Seitz Inkasso-Handbuch Rdnr. 316, 322: verneint die Schlüssigkeitsprüfung für Inkassokosten; Wedel JurBüro 1994, S. 325; Zöller/Vollkommer § 691 Rdnr. 1

26 siehe die von Wedel JurBüro 1994, S. 325 berichtete Praxis des AG Leipzig; Rechtsprechung des LG Stuttgart JurBüro 1988, S. 1515: Zurückweisungsrecht des Rechtspflegers, wenn der Bestand der Forderung erkennbar zweifelhaft ist.

ersten Teil dieser Arbeit werden daher die wirtschaftliche Bedeutung, die rechtlichen Rahmenbedingungen und der Tätigkeitsbereich der Inkassounternehmen dargestellt. Hieran schließt sich eine Untersuchung der Beitreibungsaktivitäten und der hierfür anfallenden Kosten an. Auf dieser Grundlage wird zum Fragenkomplex, der Ersatzfähigkeit von Inkassokosten, im zweiten Teil Stellung genommen. Die genaue Untersuchung der Befugnis des Rechtspflegers zur Sachprüfung macht es erforderlich, vorab die historische Entwicklung des Mahnverfahrens und die gesetzgeberische Intention für die derzeit geltende Regelung herauszuarbeiten. Unter Berücksichtigung der gewonnenen Erkenntnisse wird auf den zweiten Problemkreis, der Befugnis des Rechtspflegers zur Sachprüfung, und die sich hieraus ergebenden Konsequenzen im dritten Teil eingegangen.

1. Teil: Grundlegungen

Bevor auf die rechtliche Problematik der Ersatzfähigkeit von Inkassokosten sowie deren Geltendmachung im gerichtlichen Mahnverfahren näher eingegangen werden kann, sind in einem rechtstatsächlichen Teil dieser Untersuchung der Begriff des Inkassos, die Tätigkeit der Inkassounternehmen, deren Spezifizierung und die anfallenden Kosten eingehend darzustellen. Vor der rechtlichen Beurteilung ist es unerläßlich, sich ein detailliertes Bild über die tatsächlichen Verhältnisse zu verschaffen. Dies soll in den folgenden Kapiteln geschehen.

A. Inkassounternehmungen

I. Der Begriff des "Inkassos"

Der Begriff des Inkassos wurzelt, wie das gesamte Bankwesen, im italienischen Sprach- und Rechtskreis. Als wörtliche Übersetzungen findet man vielfach[27] Umschreibungen wie "In die Kasse nehmen" oder "Einkassieren". Allgemein versteht man hierunter "das Einziehen von Außenständen, insbesondere von fälligen Rechnungen, Wechseln und Schecks."[28] Der Gläubiger bemüht sich nicht, oder nicht mehr, selbst um die Realisierung seiner Forderung beim Schuldner, sondern überläßt dies einem hierauf spezialisierten Unternehmen. Begrifflich beschränkt sich das Inkasso auf die Realisierung von Geldforderungen. Die Beitreibung anderweitiger Forderungen wird nicht erfaßt. Bereits hier ist darauf hinzuweisen, daß die Inkassounternehmen in Deutschland nur die Beitreibung unbestrittener Geldforderungen übernehmen.[29] Das Inkasso ist für diese Untersuchung demnach als die Beitreibung unstrittiger Geldforderungen zu definieren.

Der Gesetzgeber subsumiert die Inkassotätigkeit in Art. 1 § 1 Abs. 1 Satz 1, 2 Nr. 5 RBerG allgemein unter die geschäftsmäßige Besorgung fremder Rechtsangelegenheiten, einschließlich der Rechtsberatung und der Einziehung fremder oder zu Einziehungszwecken abgetretener Forderungen. Eine Legaldefinition des Begriffes des Inkassobüros findet sich in der 3. Verordnung zur Aus-

---

27 Dietrich S. 6; Seitz Inkasso-Handbuch Rdnr. 1; Stahrenberg S. 5

28 Der große Brockhaus "Inkasso"; Stahrenberg S. 5

29 Grundsätze für die Berufsausübung zugelassener Inkassounternehmen in der Bundesrepublik Deutschland und West-Berlin Ziff. II 1.2, siehe Anhang 1

führung des RBerG vom 26.06.1936[30]. Hierin sind Inkassobüros als Personen und Unternehmen, denen die Erlaubnis nach Art. 1 § 1 des Gesetzes[31] für die außergerichtliche Einziehung von Forderungen erteilt ist, definiert.

II. Arten und wirtschaftliche Bedeutung der Inkassounternehmen in Deutschland

1. Arten von Inkassounternehmen

Inkassounternehmen sind vor ca. 100 Jahren aus sog. Auskunfteien oder Kreditschutzorganisationen entstanden.[32] Ihr Ursprung findet sich in Zusammenschlüssen mit dem Zweck, Informationen über illiquide oder böswillige Schuldner auszutauschen und den weiteren geschäftlichen Kontakt mit diesen zu vermeiden. Dem hat sich alsbald das Inkasso, als die eigenständige Übernahme der Beitreibung der Forderungen durch diese Organisationen, angeschlossen. Aus dieser historischen Entwicklung erklärt sich teilweise auch die heutige Differenzierung der Inkassounternehmen.

Jäckle[33] trennt zwischen Auskunfteien und Kreditschutzorganisationen einerseits sowie Inkassounternehmen im engeren Sinn andererseits. Bei ersteren handelt es sich um Unternehmen, die über ein großes Informationsreservoir bezüglich der Schuldner bzw. der Gewerbetreibenden einer bestimmten Branche verfügen. Diese Informationen machen sie sich vor Aufnahme der eigentlichen Inkassotätigkeit nutzbar, um deren Erfolgsaussichten im Vorfeld beurteilen zu können. Als Inkassounternehmen im engeren Sinn bezeichnet Jäckle[34] dagegen Unternehmen, die sich lediglich darauf spezialisiert haben, rein schematisch die Beitreibung von Geldforderungen zu forcieren (Zahlungsaufforderungen, Schuldnerbesuche etc.), um dann alsbald das gerichtliche Mahnverfahren einzuleiten. Diese strenge Differenzierung kann derzeit wohl nicht mehr aufrechterhalten werden, da die Inkassounternehmen weitgehend über große Informationsbestände verfügen bzw. auf die Bestände einer Auskunftei zurückgreifen können. Es entspricht allgemeinem Usus, daß vor Beginn

---

30 Text in Altenhoff/Busch/Chemnitz Rdnr. 941

31 RBerG

32 Näheres zur geschichtlichen Entwicklung der Inkassobranche siehe David S. 16; Dietrich S. 16 ff; Jäckle Diss. S. 13 ff; Seitz Inkasso-Handbuch Rdnr. 2 ff; Stahrenberg S. 15

33 Jäckle Diss. S. 14; Jäckle JZ 1978, S. 675

34 Jäckle JZ 1978, S. 675

der externen Tätigkeit des Inkassobüros Informationen über den Schuldner eingeholt werden.[35]

Dietrich[36] dagegen unterscheidet die Unternehmen nach den Forderungen, auf deren Einzug sie sich spezialisiert haben. Die Spezialisierung kann sowohl nach dem Gewerbe des Gläubigers bzw. Schuldners, als auch nach dem Beitreibungsstadium der Forderungen erfolgen. Als Beispiel für die erstgenannte Spezialisierung führt Dietrich[37] die Verleger-Inkasso-Stelle[38], Hamburg auf. Diese übernimmt den Forderungseinzug der Verleger gegenüber den Buchhändlern. Bei derartigen Unternehmen ist ein sehr hoher Spezialisierungsgrad vorhanden. Sie sind ausgewiesene Kenner der Branche. Hier ist insbesondere der sog. Rückkoppelungseffekt[39] zu beobachten. Angesichts der Beschränkung der Inkassounternehmen auf diese einzelne Branche kann die Aufnahme eines säumigen Schuldners in die Kartei der schlechten Schuldner für selbigen gravierende Auswirkungen haben. Andere Verleger werden ihre Belieferung einstellen. Dies ist ein wesentlicher Faktor dafür, auf die Einschaltung solcher Unternehmen hin, die Schuld zu begleichen.[40]

Als weiteres Beispiel sind die ärztlichen Verrechnungsstellen zu nennen, die ausschließlich ärztliche Honorarforderungen beitreiben. Sie nehmen über das Inkasso hinaus weitergehende Aufgaben wahr, indem sie die Abrechnung und Buchführung durchführen oder teilweise die beizutreibenden Forderungen bevorschussen.[41]

Im Rahmen der letztgenannten Spezialisierung gibt es Unternehmen, die die Forderung bereits im Zeitpunkt ihrer Entstehung erwerben. Dies sind Forderungsankäufer oder Factoringunternehmen. Andere Unternehmen sind darauf spezialisiert, die Forderung direkt nach ihrer Fälligkeit zu übernehmen. Diese Aufgabe erfüllen berufsständische privatärztliche Verrechnungsstellen sowie

---

35 siehe unten 1. Teil B. III. 5. Tätigkeitsablauf im Inkassounternehmen; Für die Information über den Schuldner wird auf die Schufa zurückgegriffen. Henke FLF 1990, S. 243; Koeppen FLF 1987, S. 92

36 Dietrich S. 9

37 Dietrich S. 36

38 David S. 104: Als Tochtergesellschaft besteht das Inkasso-Kontor Hamburg. Es zieht als Brancheninkassounternehmen die Forderungen für Video- und Tonträgerproduktion, -distribution und für die GEMA ein.

39 Jäckle JZ 1978, S. 675 (676)

40 David S. 103 beziffert die Erfolgsquote mit 80 %

41 David S. 12

freie gewerbliche ärztliche Verrechnungsstellen[42]. Die berufsständischen ärztlichen Verrechungsstellen sind eingetragene Vereine, die im Gegensatz zu einem gewerblichen Inkassounternehmen nicht gewinnorientiert arbeiten. Sie haben die Aufgabe, die Forderungen der ihnen angeschlossenen Ärzte gegen Patienten und Versicherungsträger geltend zu machen und gegebenenfalls beizutreiben. Sie führen daher Inkassotätigkeit im oben genannten[43] Sinn aus.[44] Eine vergleichbare Aufgabe erfüllen die Inkassostellen der Kreishandwerkerschaft.[45]

Schließlich treiben Inkassounternehmen ohne Spezialisierung die überfälligen, vom Gläubiger bereits angemahnten, Forderungen bei.[46] Die Inkassounternehmen versuchen, die Schuldner durch geeignete Maßnahmen zur ganzen oder ratenweisen Zahlung zu bewegen. Führt dies nicht zum Erfolg, erwirken sie unter Einschaltung eines Rechtsanwaltes einen Vollstreckungstitel. Es finden sich auch Inkassounternehmen, die bereits ausgeklagte Forderungen beitreiben. In diesem Fall hat der Gläubiger das Verfahren bis zur Titulierung der Forderung selbst betrieben. Man differenziert diesbezüglich zwischen vorgerichtlichem und nachgerichtlichem Inkasso.

Die vorliegende Untersuchung beschäftigt sich in ihrem Schwerpunkt mit dem vorgerichtlichen Inkasso bereits überfälliger Forderungen. Betrachtet wird der Zeitraum von der Mahnung durch den Gläubiger und die darauf folgende Beauftragung des Inkassounternehmens, sowie dessen Beitreibungsbemühungen bis hin zur Erwirkung eines Mahnbescheides. Nach Jäckle[47] und Dietrich[48] entfallen hierauf 90 % der Tätigkeit der Inkassounternehmen.[49] Seitz[50] stellt

---

42 David S. 99; Dietrich S. 27

43 siehe oben 1. Teil A. I.

44 Das zentrale Problem bei der Abtretung von Honorarforderungen an ärztliche Verrechungsstellen (gewerblich Unternehmen und berufsständische Vereine) liegt bei der Weitergabe von Patientendaten. Diese ist nur nach vorheriger Zustimmung des Patienten möglich. BGH NJW 1991, S. 2955; NJW 1992, S. 2348; OLG Oldenburg NJW 1992, S. 758; Berger NJW 1995, S. 1584; Bongen/Kremer NJW 1990, S. 2911

45 Ausfluß des Rechts aus § 87 Nr. 3 HandwerksO, David S. 98; Dietrich S. 30

46 zu den verschiedenen möglichen Zeitpunkten der Forderungsübernahme durch das Inkassounternehmen siehe Stahrenberg S. 36

47 Jäckle Diss. S. 21

48 Dietrich S. 41

49 Diese Angaben werden durch David S. 11 und Stahrenberg S. 15 bestätigt.

50 Seitz Inkasso-Handbuch Rdnr. 26

dagegen fest, daß das Hauptgeschäft der Inkassounternehmen in der Beitreibung bereits titulierter Forderungen liegt.

Der Vollständigkeit halber sind in diesem Rahmen noch diejenigen Inkassounternehmen zu erwähnen, die als rechtlich verselbständigte Mahnabteilungen eines Großunternehmens wirken. Sie übernehmen vornehmlich die Beitreibung der Forderungen dieses Unternehmens. Dietrich[51] benennt hierfür die Nürnberger Inkasso Gesellschaft m.b.H., die nur Aufträge der Schickedanz-Gruppe bearbeitet und den Deutschen Inkasso-Dienst, eine Tochter der Otto-Gruppe.

Zusammenfassend läßt sich feststellen, daß die Inkassounternehmen eine diffuse Gruppe von Unternehmen mit wechselnder regionaler Bedeutung darstellen. Es finden sich vielfältige Spezialisierungen nach Branchen und Forderungsarten, die sich nur schwer in ein übergreifendes Raster einordnen lassen, da sie vielfach durch den Kontakt des Betriebsinhabers zu einer speziellen Branche sowie durch regionale Besonderheiten veranlaßt sind.

2. Dachverband

Seit 1966[52] werden die Interessen der deutschen Inkassounternehmen vom Bundesverband Deutscher Inkasso-Unternehmen e.V. (BDIU) mit Sitz in Bonn wahrgenommen. Dieser hat die Grundsätze für die Berufsausübung zugelassener Inkassounternehmungen in der Bundesrepublik Deutschland und West-Berlin herausgegeben.[53] Hieran halten sich die Mitglieder in freiwilliger Selbstkontrolle gebunden. Der Verband hat derzeit 379 Mitgliedsunternehmen.[54] Auf europäischer Ebene sind die jeweiligen nationalen Inkassoverbände zur Federation of European National Collection Association (FENCA) zusammengeschlossen.[55]

3. Wirtschaftliche Bedeutung, Umsatz und Struktur der Inkassobranche

In Deutschland waren 1996[56] 600 Betriebe im Inkassogewerbe zugelassen. Diese Angabe ist aber nur bedingt aussagekräftig, da nicht alle zugelassenen

---

51 Dietrich S. 35

52 Seitz Inkasso-Handbuch Rdnr. 15

53 siehe Anhang 1

54 Auskunft des BDIU vom 27.10.1997

55 Pressemitteilung des BDIU vom 04.10.1993

56 Pressemitteilung des BDIU vom 17.04.1997

Betriebe die Inkassotätigkeit tatsächlich ausüben. Jäckle[57] ermittelte in seiner Untersuchung des Jahres 1978 400-450 erteilte Inkassoerlaubnisse. Hiervon entfielen seinen Angaben nach ca. die Hälfte auf Auskunfteien und Kreditschutzorganisationen, die Inkasso im Regelfall nur am Rande betrieben. Seitz[58] nennt für das Jahr 1984 eine Zahl von 500 erteilten Erlaubnissen, wovon laut Nachfrage beim BDIU mehr als die Hälfte gar nicht oder nur gelegentlich ausgeübt wurden. Dies bestätigt Dietrich.[59] Die oben genannte Zahl von 600 zugelassenen Betrieben für das Jahr 1996 ist aufgrund dieser Erfahrungswerte nach unten zu korrigieren.

Als Umsatzzahlen wurden für das Jahr 1986 zwischen 1,0-1,5 Milliarden DM jährlich[60] benannt. Es wurde darauf verwiesen, daß mangels statistischen Materials verläßliche Angaben nicht möglich sind, die Umsätze der Branche aber wohl über 1 Milliarde DM anzusetzen sind.

Der Branchenumsatz ist vom Wert der beigetriebenen Forderungen zu trennen. Im Jahr 1994 wurden den deutschen Inkassounternehmen notleidende Außenstände in Höhe von etwa 4,6 Milliarden DM zum Einzug übergeben.[61] Hiervon richteten sich rund 44 % gegen gewerbliche Schuldner. David[62] schätzt ein gesamtes Beitreibungsvolumen von 6-7 Milliarden DM.

Zur Struktur der Unternehmen ist auszuführen, daß es sich meist um kleinere bis mittlere Betriebe handelt. Der überwiegende Teil der Unternehmen beschäftigt um die 5 Mitarbeiter. Nur wenige Großunternehmen haben über 60 Mitarbeiter.[63] Daneben existieren einige Großunternehmen (z.B. D & B Schimmelpfeng GmbH, Deutscher Inkasso-Dienst, Creditreform), die über 50 % des Marktes bestreiten.[64]

Einer gesonderten Erwähnung bedarf der Verband der Vereine Creditreform e.V. Neuss. Dies ist die größte Kreditschutzorganisation mit Inkassotätigkeit in

---

57 Jäckle Diss. S. 16

58 Seitz Inkasso-Handbuch Rdnr. 16

59 Dietrich S. 51

60 Dietrich S. 51

61 Pressemitteilung des BDIU vom 04.05.1995

62 David S. 11

63 Stahrenberg S. 16

64 Dietrich S. 51; nach David S. 10 erreichen die 11 größten deutschen Inkassounternehmen 74 % des gesamten Umsatzes aller Inkassobüros; Umsatzaufstellung siehe Anhang 2

Deutschland. Der Zusammenschluß umfaßt 155 dezentrale, rechtlich eigenständige Vereine. Im Geschäftsjahr 1992/1993 erreichte der Verband der Vereine Creditreform einen Gesamtjahresumsatz von 367,4 Mio DM, wobei hierin die Auskunftstätigkeit und alle sonstigen Aktivitäten eingeschlossen sind.[65] Die 155 Geschäftsstellen mit ca. 2.800 Mitarbeitern hatten 1993 124.000 Mitgliedsunternehmen.[66] Creditreform verfügt über zahlreiche Zweigstellen in Europa.

III. Rahmenbedingungen für den Betrieb eines Inkassounternehmens

1. Erlaubnispflicht

Der Betrieb eines Inkassounternehmens bedarf gemäß Art. 1 § 1 Abs. 1 Satz 2 Nr. 5 RBerG der Erlaubnis. Diese wird gemäß § 11 Abs. 1 der Verordnung zur Ausführung des RBerG vom 13.12.1935 (1. RBerV) vom Präsidenten des LG oder vom Präsidenten des AG erteilt, in dessen Zuständigkeitsbereich die Inkassotätigkeit ausgeübt werden soll.[67] Die Erlaubnis ist auf die außergerichtliche Beitreibung beschränkt.[68]

Der Gesetzgeber bezweckt mit der Erlaubnispflicht, in erster Linie den Schutz der Allgemeinheit vor der Beratung durch hierfür ungeeignete Personen, die keine Gewähr für die ordnungsgemäße Erledigung der Rechtsangelegenheiten bieten.[69] Die Erteilung der Erlaubnis setzt gemäß Art. 1 § 1 Abs. 2 RBerG voraus, daß der Antragsteller die für den Beruf erforderliche Zuverlässigkeit und persönliche Eignung sowie genügende Sachkunde besitzt.[70] Im Einzelnen ergeben sich die, an den Antragsteller anzulegenden Kriterien aus der 1. RBerV.

a) Voraussetzungen der Erlaubniserteilung

α) Erlaubnisträger

Natürlichen Personen wird die Erlaubnis gemäß § 4 1. RBerV erst nach der Vollendung des 25. Lebensjahres erteilt. Grundsätzlich kann gemäß § 3 1.

---

65 FLF 1993, S. 202 unter Berufung auf den Jahresbericht der Vereine Creditreform e.V.; es erfolgte keine gesonderte Angabe der Inkassoumsätze

66 FLF 1993, S. 202

67 Ablauf des Erlaubnisverfahrens am Beispiel der Praxis im AG-Bezirk München siehe David S. 18, 19

68 zu den Auswirkungen dieser Beschränkung im Detail siehe 1. Teil C. II. 2.

69 Altenhoff/Busch/Chemnitz Rdnr. 12

70 BVerfGE 41, S. 378 (379)

RBerV auch juristischen Personen, OHG und ähnlichen Vereinigungen (KG, BGB-Gesellschaft, eingetragener Verein)[71] die Erlaubnis erteilt werden. In diesem Fall sind die tatsächlich zur Ausübung der Tätigkeit berechtigten Personen allerdings gemäß §§ 3, 10 Abs. 2 1. RBerV in der Erlaubnis namentlich aufzuführen. Nur sie sind gemäß § 3 1. RBerV zur Berufsausübung ermächtigt.[72] § 10 1. RBerV fordert als weitere Voraussetzungen für die Erlaubniserteilung an eine juristische Person, insbesondere an eine GmbH, das Vorliegen besonderer Umstände, die gerade diese Rechtsform erforderlich machen. Diese Regelung beruht darauf, daß Rechtsberatung in der Regel ein persönliches Vertrauensverhältnis voraussetzt.[73] Ein solches kann aber zu einer juristischen Person wegen ihrer Anonymität nicht hergestellt werden.[74]

Wirtschaftliche oder unternehmensplanerische Gründe können als "Umstand" im Sinn der Vorschrift nicht herangezogen werden.[75] Die Regelung des § 10 Abs. 1 1. RBerV ist aber im Lichte des Art. 12 GG zu interpretieren.[76] Es handelt sich um eine Begrenzung der Berufsausübungsfreiheit.[77] Diese muß im Hinblick auf den angestrebten Gesetzeszweck und die dadurch verursachten Beeinträchtigungen verhältnismäßig sein. Für Inkassounternehmen gebietet Art. 12 Abs. 1 GG eine restriktive Auslegung der Vorschrift.[78] Die Inkassotätigkeit beruht im Gegensatz zu sonstiger Rechtsberatung nicht auf dem persönlichen Vertrauensverhältnis zwischen Rechtssuchendem und Rechtsberatendem. Dem Gläubiger ist es in der Regel nicht wichtig, welche Person im Unternehmen seinen Inkassoauftrag bearbeitet. Im Vordergrund für die Wahl des jeweiligen Unternehmens steht dessen Ruf und Seriosität. Der Schutzzweck des § 10 1. RBerV ist daher durch die Ausführung der Inkassotätigkeit durch eine juristische Person nicht tangiert, so daß an die gesetzlich geforderten besonderen Umstände, die für die Erteilung der Erlaubnis an eine juristische Per-

---

71 Altenhoff/Busch/Chemnitz Rdnr. 694

72 Altenhoff/Busch/Chemnitz Rdnr. 697

73 Altenhoff/Busch/Chemnitz Rdnr. 760; Rennen/Caliebe § 10 1. AVO Rdnr. 2

74 VGH Mannheim NJW-RR 1987, S. 617; VGH München RBeistand 1984, S. 70

75 Altenhoff/Busch/Chemnitz Rdnr. 760

76 VGH Mannheim NJW-RR 1987, S. 617

77 VGH Mannheim NJW-RR 1987, S. 617; Rennen/Caliebe 1. AVO Rdnr. 2: Die Berufsausübungsfreiheit umfaßt auch die Wahl der jeweiligen Rechtsform; Maunz/Dürig/Herzog Art. 12 Rdnr. 124, 184 spricht von unternehmerischer Organisationsfreiheit; BVerfGE 50, S. 290 (363)

78 Rennen/Caliebe § 10 1. AVO Rdnr. 3; Seitz Inkasso-Handbuch Rdnr. 398; VGH Mannheim NJW-RR 1987, S. 617; einschränkend Altenhoff/Busch/Chemnitz Rdnr. 760

son sprechen, keine hohen Anforderungen gestellt werden dürfen. Hierfür sind bereits die Tatsachen, daß sie über das gesetzlich vorgeschriebene Mindestkapital verfügt und keine Unregelmäßigkeiten über den Geschäftsbetrieb der Gesellschaft bekannt sind, ausreichend.[79] Als Ergebnis der Auslegung des § 10 Abs. 1 Satz 1. RBerV vor dem Hintergrund des Art. 12 GG bleibt festzuhalten, daß die Erlaubnis nach dem RBerG auch an Inkassounternehmen in der Rechtsform einer GmbH zu erteilen ist.

β) Zuverlässigkeitsprüfung / persönliche Eignung

Die Prüfung der Zuverlässigkeit des Antragstellers erfolgt gemäß Art. 1 § 1 Abs. 2 Satz 1 RBerG i. V. m. § 6 1. RBerV. Es wird eine umfassende Überprüfung des Vorlebens unter Berücksichtigung aller etwaig begangener Straftaten vorgenommen.[80] Einbezogen werden gemäß § 6 Satz 1 1. RBerV auch diejenigen Verfahren, die mit Nichteröffnung oder Einstellung geendet haben. Besondere Aufmerksamkeit gilt gemäß § 6 Satz 2 1. RBerV den Vermögensdelikten. Es wird ein Bundeszentralregisterauszug erholt. Die Prüfung der persönlichen Integrität erstreckt sich auf die gesamte bisherige Lebensführung des Antragstellers vom bisher ausgeübten Beruf bis zu seinem allgemeinen Leumund.[81] Gemäß § 6 Satz 3 1. RBerV ist die Erlaubnis weiterhin zu versagen, wenn der Antragsteller in ungeordneten wirtschaftlichen Verhältnissen lebt.[82] Es soll damit der Gefahr begegnet werden, daß der Inkassounternehmer die von ihm beigetriebenen Gelder veruntreut. Hat der Antragsteller bereits einmal die eidesstattliche Versicherung abgegeben, so wird die Erlaubnis nicht erteilt.

---

[79] BVerwG NJW 1959, S. 1986; RBeistand 1984, S. 211; David S. 23, 24: Im Bezirk des AG München wird der Nachweis einer erbrachten Stammeinlage von DM 100.000,00, im Bezirk des AG Hamburg von DM 200.000,00 verlangt. Das AG Köln verlangt bei zu geringem Stammkapital den Nachweis einer Haftpflichtversicherung mit einer Versicherungssumme von DM 200.000,00.

[80] Altenhoff/Busch/Chemnitz Rdnr. 723; Rennen/Caliebe § 6 1. AVO Rdnr. 6; Seitz Inkasso-Handbuch Rdnr. 388

[81] Vor Erteilung der Erlaubnis sollen nach Seitz Inkasso-Handbuch Rdnr.382 die folgenden Stellen gehört werden: Industrie- und Handelskammer, Rechtsanwaltskammer, BDIU, Polizeibehörde

[82] ausführlich hierzu Rennen/Caliebe § 6 1. AVO Rdnr. 12; Seitz Inkasso-Handbuch Rdnr. 390; BVerwG NJW 1974, S. 2178: Zuverlässigkeit und persönliche Eignung eines Rechtsbeistandes nach Eröffnung des Konkursverfahrens über sein Vermögen sind nicht automatisch zu verneinen; BVerwG GewA 1987, S. 351: Unzuverlässigkeit bei Verurteilung wegen Wahlfälschung in Tateinheit mit Urkundenfälschung; HessVGH GewA 1989, S. 35: Unzuverlässigkeit wenn der Rechtsbeistand nebenberuflich ein Bordell betreibt

In § 7 1. RBerV wird darüberhinaus normiert, daß Personen, die aufgrund strafrechtlicher oder dienststrafrechtlicher Verurteilungen aus dem Beamtenverhältnis ausgeschieden sind in der Regel keine Erlaubnis erhalten. Selbiges gilt für Personen, die in folge anwaltsgerichtlicher Verurteilung oder Zurücknahme der Zulassung aus der Rechtsanwaltschaft ausgeschieden sind.

γ) Sachkundeprüfung

Gemäß Art. 1 § 1 Abs. 2 Satz 1 RBerG i. V. m. § 8 1. RBerV ist die fachliche Eignung des Antragstellers zu überprüfen. Der Antragsteller hat diese durch entsprechende Zeugnisse über seinen Ausbildungsgang und seine bisherige Tätigkeit zu belegen. Angesichts der von einem Inkassounternehmen zu übernehmenden Aufgaben muß der Antragsteller sowohl über Grundkenntnisse im materiellen Recht als auch im Bereich des Prozeßrechts, insbesondere des Zwangsvollstreckungsrechts verfügen.[83] Daneben sind Kenntnisse im Steuerrecht sowie der Buchhaltung und der allgemeinen Führung eines Gewerbebetriebes notwendig. Schließlich muß der Antragsteller über praktische Erfahrung in den fraglichen Rechtsgebieten verfügen.[84] Dies ist beispielsweise bei einer früheren Tätigkeit als Bürovorsteher einer Rechtsanwaltskanzlei oder als Leiter der Rechtsabteilung einer Behörde der Fall. Spezielle Eignungskriterien sind gesetzlich nicht normiert. Kann der Antragsteller seine fachliche Eignung nicht durch Zeugnisse oder sonstige Urkunden belegen, so ist diese durch eine Eignungsprüfung zu ermitteln. Die Durchführung der Prüfung, die dem zuständigen Land-/Amtsgerichts-präsidenten obliegt, kann auf den BDIU übertragen werden.[85]

δ) Entbehrlichkeit der Bedürfnisprüfung

In Art. 1 § 1 Abs. 2 Satz 1 RBerG i. V. m. § 9 1. RBerV ist darüberhinaus eine Bedürfnisprüfung vorgesehen. Die Erteilung der Erlaubnis wird davon abhängig gemacht, ob am konkreten Ort ein wirtschaftliches Bedürfnis für die Zulassung eines Inkassounternehmens besteht. Diese Regelung wurde durch Urteile des BVerwG[86] und des BVerfG[87] für nicht mit Art. 12 Abs. 1 GG vereinbar

---

[83] Rennen/Caliebe § 8 1. AVO Rdnr. 27; Seitz Inkasso-Handbuch Rdnr. 392; David S. 19 ff: Umfang der Sachkundeprüfung im Bezirk des AG München, AG Hamburg und AG Köln

[84] Altenhoff/Busch/Chemnitz Rdnr. 754; Rennen/Caliebe § 8 1. AVO Rdnr. 4; BVerfG GewA 1980, S. 398: Die erforderliche praktische Tätigkeit kann nicht durch eine Sachkundeprüfung ersetzt werden

[85] Seitz Inkasso-Handbuch Rdnr. 396

[86] BVerwG NJW 1955, S. 1532

und für verfassungswidrig erklärt. Für alle Deutschen im Sinn des Art. 116 GG ist diese Bestimmung damit gegenstandslos. Für Personen, die nicht Deutsche im Sinn des GG sind, würde die Vorschrift dagegen ihre Bedeutung behalten, da Art. 12 Abs. 1 GG die Berufsfreiheit nur für Deutsche gewährleistet.[88] Für Staatsangehörige eines EU-Staates greift Art. 52 EGV, der die Niederlassungsfreiheit in jedem Mitgliedsstaat garantiert. Mit Entscheidung des EuGH[89] vom 21.06.1974 wurde dessen unmittelbare Geltung für alle EU-Bürger auch für die Rechtsberatung festgestellt. Daher entfällt die Bedürfnisprüfung.[90] Auf diese Rechtsprechung hat der Gesetzgeber durch Änderung des RBerG im Jahr 1994[91] reagiert. Art. 1 § 1 Abs. 2 Satz 2 RBerG läßt die Bedürfnisprüfung für Angehörige eines EU-Mitgliedstaates entfallen. Inländische juristische Personen können den Schutz des Art. 12 Abs. 1 GG gemäß Art. 19 Abs. 3 GG insoweit in Anspruch nehmen, als dies ihrem Wesen entspricht. Gerade für die Inkassotätigkeit besteht, wie oben[92] gezeigt, kein Anlaß zur Differenzierung zwischen der Tätigkeitsausübung durch natürliche oder juristische Personen, so daß auch letztere den Schutz des Art. 12 Abs. 1 GG in Anspruch nehmen können.[93] Dies gilt für ausländische juristische Personen entsprechend.[94]

Bei Vorliegen obig[95] aufgeführter Voraussetzungen ist die Erlaubnis gemäß Art. 1 § 1 Satz 2 Nr. 5 RBerG zu erteilen.[96] Verstößt der Betreiber im Zuge der Ausübung seiner Tätigkeit gegen diese Bestimmungen oder gegen seine Pflicht gemäß § 1 Satz 1 2. RBerV zur redlichen, gewisssenhaften und ordnungsgemäßen Führung der übernommenen Geschäfte, so kann die Erlaubnis

---

87 BVerfGE 7, S. 377; NJW 1958 S. 1035

88 Altenhoff/Busch/Chemnitz Rdnr. 189; Maunz/Dürig/Herzog Art. 12 GG Rdnr. 95 m.w.N.

89 AnwBl 1974, S. 320

90 Altenhoff/Busch/Chemnitz Rdnr. 190; Haack AnwBl. 1985, S. 554 (559); Rennen/Caliebe Art. 1 § 1 Rdnr. 67; Seitz Rdnr. 397

91 BGBl 1994 II, S. 1438

92 siehe oben 1. Teil A. III. 1. a) α)

93 Seitz Inkasso-Handbuch Rdnr. 398; ablehnend Altenhoff/Busch/Chemnitz Rdnr. 191

94 Rennen/Caliebe Art. 1 § 1 Rdnr. 69; Seitz Inkasso-Handbuch Rdnr. 399; Art. 58 EGV gebietet die Gleichbehandlung aller nach den Rechtsvorschriften eines EU-Staates gegründeten Gesellschaften, die ihren Hauptsitz in einem EU-Staat haben.

95 siehe oben 1. Teil A. III. 1. a) α) - γ)

96 nach Michalski ZIP 1994, S. 1501 (1505) scheidet die Erlaubnis für konzernabhängige Inkassounternehmen aus, da angesichts der Weisungsbindung an das Mutterunternehmen keine fremde Rechtsangelegenheit erledigt wird.

gemäß § 14 1. RBerV jederzeit widerrufen werden.[97] Die Aufsicht über die Inkassounternehmen übt gemäß § 3 Abs. 1 2. RBerV der jeweilige Land- oder Amtsgerichtspräsident aus.

b) Örtlicher Umfang der Erlaubnis - Domizilprinzip

Nach § 1 Abs. 1 1. RBerV wird die Erlaubnis nur für einen bestimmten Ort erteilt. Dies entspricht dem in § 18 Abs. 1 BRAO für Rechtsanwälte normierten Domizilprinzip. § 1 Abs. 1 1. RBerV wurde mit Entscheidung des BVerfG vom 25.02.1976[98] für verfassungswidrig erklärt, soweit sich daraus eine örtliche Begrenzung der Erlaubnis zur Besorgung fremder Rechtsangelegenheiten ergibt. Die Beschränkung auf den Bereich des Geschäftssitzes greift in unzulässiger Weise in das Grundrecht der Berufsausübung ein. Nach den Ausführungen des BVerfG sind keine überwiegenden Gründe des Allgemeinwohls ersichtlich, die diese Einschränkung rechtfertigen.[99] Die genannte Entscheidung traf das BVerfG zwar aufgrund der Verfassungsbeschwerden zweier Rechtsbeistände. Die darin enthaltenen Ausführungen haben jedoch auch für Inkassounternehmen Gültigkeit[100], da § 1 Abs. 1 1. RBerV allgemeinen für mit Art. 12 Abs. 1 GG unvereinbar erklärt und in seiner Bedeutung reduziert wurde. Er besagt hiernach nur, daß ein Erlaubnisträger seine Tätigkeit von einem festen Geschäftssitz aus und nicht als Wandergewerbe betreiben muß. Im Ergebnis unterliegen Inkassounternehmen bei der Ausübung ihrer Tätigkeit damit keinerlei räumlichen Beschränkungen.[101]

c) Sachlicher Umfang der Erlaubnis

Die Sachgebiete, die von der Erlaubnis erfaßt werden können, sind in Art. 1 § 1 Abs. 1 Satz 1 RBerG abschließend aufgezählt. Gemäß Art. 1 § 1 Abs. 1 Satz 2 Nr. 5 RBerG wird den Inkassounternehmen die Erlaubnis erteilt für das Sachgebiet "außergerichtliche Einziehung von Forderungen". Hiervon ist sowohl die Einziehung fremder als auch die zu Einziehungszwecken abgetretener Forderungen erfaßt. Voraussetzung ist in allen genannten Fällen, daß die Tätigkeit geschäftsmäßig betrieben wird. Nach § 1 5. RBerV bedurfte der geschäftsmäßige Erwerb von Forderungen zum Zweck der Einziehung auf eigene

---

[97] David S. 27

[98] BVerfGE 41, S. 378

[99] BVerfGE 41, S. 378 (395 ff)

[100] Klier NJW 1977, S. 527

[101] Dietrich S. 42; Klier NJW 1977, S. 527; Rennen/Caliebe § 1 1. AVO Rdnr. 4; Seitz Inkasso-Handbuch Rdnr. 404

Rechnung ebenfalls der Erlaubnis.[102] § 1 5. RBerV wurde mit Urteil des VG Bremen vom 13.06.1996[103] für verfassungswidrig erklärt.

Die wesentliche Beschränkung der erlaubten Tätigkeit liegt in der Reduzierung auf den außergerichtlichen Bereich. Zum Umfang dieser Beschränkung hat sich ein intensiver Meinungsstreit entwickelt. Es ist umstritten, ob anwaltschaftlich vertretene Inkassounternehmen Forderungen gerichtlich durchsetzen dürfen. Die Fixierung der eigentlichen Problematik und die begründete Stellungnahme hierzu macht es erforderlich, vorab die Rechtsbeziehungen zwischen Inkassounternehmen, Gläubiger und Schuldner näher zu untersuchen und rechtlich einzuordnen. In diesem Zusammenhang[104] wird die aufgezeigte Problematik abschließend diskutiert.

Innerhalb des durch Art. 1 § 1 Abs. 1 Satz 2 Nr. 5 RBerG gesteckten Rahmens ist gemäß § 2 Abs. 1 1. RBerV eine Beschränkung der Erlaubnis auf bestimmte Sachgebiete möglich.[105] Als Beispiel wird die Beschränkung auf die Geltendmachung von Umsatzsteuervergütungen für ausländische Touristen, die in Deutschland Waren eingekauft haben, genannt.[106]

2. Das Inkassounternehmen als Gewerbebetrieb

a) Anwendbarkeit der GewO

Der Betrieb eines Inkassounternehmens erfüllt die Voraussetzungen eines Gewerbes im Sinn des § 1 Abs. 1 GewO[107]. Unter dem Betrieb eines Gewerbes versteht man nach allgemeiner Auffassung[108] eine selbständige, erlaubte, auf Gewinnerzielung gerichtete und auf gewisse Dauer angelegte Tätigkeit, ausgenommen der Urproduktion und der freien Berufe. Die Ausnahme des freien Berufes greift für die Inkassounternehmen nicht, da sie keine höchstpersönli-

---

[102] Sowohl das echte als auch das unechte Factoring durch eine Bank werden hiervon nicht erfaßt. Es greift das Privileg des § 5 Nr. 1 RBerG. Die Kreditfinanzierung steht im Vordergrund der Tätigkeit. Altenhoff/Busch/Chemnitz Rdnr. 962; Rennen/Caliebe § 1 5. AVO Rdnr. 7

[103] VG Bremen NJW 1997, S. 604

[104] siehe unten 1. Teil C. II.

[105] Altenhoff/Busch/Chemnitz Rdnr. 682; Rennen/Caliebe § 2 1. AVO Rdnr. 8; Seitz Inkasso-Handbuch Rdnr. 355

[106] Seitz Inkasso-Handbuch Rdnr. 355

[107] Lingenberg/Hummel/Zuck/Eich § 90 Rdnr. 2; Stahrenberg S. 17

[108] von Landmann/Rohmer § 1 GewO Rdnr. 3 m. w. N.

chen Dienstleistungen der Berufsträger erbringen[109], sondern, wie oben angeführt[110], die Bearbeitung des einzelnen Inkassomandates in der Regel durch die Angestellten des Unternehmens erfolgt.

In § 6 GewO ist deren Anwendbarkeit ausdrücklich nur für Rechtsbeistände ausgeschlossen. Diese werden in einer Reihe mit anderen freien Berufen genannt. Inkassounternehmen zählen nicht zu den freien Berufen.[111] Konsequenterweise gilt der Ausschluß für Inkassounternehmen nicht, so daß die Regeln der GewO anwendbar sind.

b) Steuerpflicht

Daneben ist der Betrieb eines Inkassounternehmens auch unter den Gewerbebegriff des Steuerrechts[112] gemäß § 15 Abs. 2 Satz 1 EStG zu subsumieren. Hier ist ebenfalls zum Begriff der selbständigen Arbeit gemäß § 18 Abs. 1 EStG abzugrenzen. Die freien Berufe sind vor allem durch die Befreiung von der Gewerbesteuer privilegiert. Dies findet seinen Grund darin, daß die freien Berufe einem dem schrankenlosen Gewinnstreben entgegenstehenden Standesrecht, einer Gebührenordnung und einem Werbeverbot unterworfen sind.[113] Die eigenverantwortliche Tätigkeit des Freiberuflers steht im Vordergrund.[114] Diese Kriterien sind für die Inkassounternehmen nicht erfüllt.[115] Die erzielten Einkünfte sind daher gemäß § 15 Abs. 1 EStG einkommensteuer- und gemäß § 2 Abs. 1 Satz 1 GewStG gewerbesteuerpflichtig.[116]

---

109 von Landmann/Rohmer § 6 GewO Rdnr. 27; VGH Mannheim NJW-RR 1987, S. 617 (618); zum Leitbild des freien Berufes BVerfGE 10, S. 354 (364); 16, S. 286 (294); Diesem Leitbild entspricht das Inkassogewerbe nicht, da die persönliche Komponente bei der Bearbeitung fehlt. Kritisch hierzu Michalski ZIP 1994, S. 1501 (1507).

110 siehe oben 1. Teil A. III. 1. a) α)

111 Zur Abgrenzung der Inkassounternehmen von den freien Berufen siehe VGH Mannheim NJW-RR 1987, S. 617 (618)

112 Der steuerrechtliche Begriff des "Gewerbebetriebes " ist nicht identisch mit dem Gewerbebegriff der GewO siehe von Landmann/Rohmer § 1 GewO Rdnr. 5

113 Glanegger/Güroff § 2 Rdnr. 88

114 Glanegger/Güroff § 2 Rdnr. 88; Schmidt § 18 Anm. 6 a

115 Zu den Kriterien des Werbeverbotes und der Gebührenordnung wird unten 1. Teil A. III. 3. und 4. Stellung genommen

116 Der Begriff des Gewerbebetriebes in § 2 Abs. 1 Satz 2 GewStG entspricht dem des § 15 Abs. 2 EStG siehe Glanegger/Güroff § 2 GewStG Rdnr. 35; Wüstenhöfer Rdnr. 17

Der Vollständigkeit halber sei an dieser Stelle die Umsatzsteuerpflicht der Inkassokosten erwähnt. Die vereinnahmten Inkassokosten sind steuerbare Umsätze gemäß § 1 Abs. 1 Nr. 1 UStG. Die Inkassotätigkeit unterfällt den sonstigen Leistungen im Sinn des § 1 Abs. 1 Nr. 1 UStG.[117] Die Leistungserbringung liegt in der Beitreibungstätigkeit für den Gläubiger. Die Inkassokosten stellen das Entgelt dar. Dies gilt ebenso, wenn der Gläubiger zur Tilgung dieser Schuld seinen Schadensersatzanspruch gegen den Schuldner an das Inkassounternehmen abtritt und dieses den Anspruch direkt geltend macht.[118] Die Inkassoeinnahmen unterfallen nicht der Befreiung gemäß § 4 Nr. 8 c UStG. Die Einziehung von Forderungen ist vielmehr von der Befreiung ausdrücklich ausgenommen.[119]

3. Werbung durch das Inkassounternehmen

In § 1 Abs. 3 2. RBerV wird ein Werbeverbot für die Inhaber einer Erlaubnis nach Art. 1 § 1 RBerG ausgesprochen. Dies rückt die Erlaubnisträger in die Nähe der freien Berufe.[120] Hiervon werden die Inkassounternehmen mit der 3. RBerV ausdrücklich ausgenommen. Für sie gilt das Werbeverbot nicht. Damit wird der Wille des Gesetzgebers deutlich, Inkassounternehmen als am Wirtschaftsleben teilnehmende Gewerbebetriebe, anzuerkennen.[121] Bedingt durch die bestehende Wettbewerbssituation arbeitet das Inkassounternehmen, trotz seiner Bindung als zur Rechtsberatung zugelassenes Unternehmen, primär marktorientiert. Die Grenze findet sich gemäß Satz 2 3. RBerV bei unlauterer oder unangemessener Werbetätigkeit. Diese kann vom jeweils zuständigen Land- oder Amtsgerichts-präsidenten untersagt werden. Die Werbung ist als unlauter zu bezeichnen, wenn sie gegen §§ 1, 3 UWG verstößt.[122] Den Maßstab für die Unangemessenheit der Werbetätigkeit bildet das Wesen der Rechtsberatung, für die das Inkassounternehmen zugelassen ist. Widerspricht

---

117 BFH Urteil vom 11.05.1995

118 BFH Urteil vom 11.05.1995

119 Sauerland/Schmidt/Lippross 3.2.10 c.) Abgrenzungsschwierigkeiten ergeben sich beim echten und unechten Factoring. Beim unechten Factoring ist der Teil der steuerfreien Kreditgewährung gemäß § 4 Nr. 8 a UStG von dem Teil der steuerpflichtigen Inkassoleistung zu trennen.

120 Gemäß § 43 b BRAO ist dem Rechtsanwalt jegliche Werbung, die über sachliche Unterrichtung über die Berufstätigkeit hinausgeht untersagt. Ebenso § 8 StBerG, § 53 Wirtschaftsprüferordnung

121 Rennen/Caliebe 3. AVO Rdnr. 3; Seitz Inkasso-Handbuch Rdnr. 414

122 Altenhoff/Busch/Chemnitz Rdnr. 944; Rennen/Caliebe 3. AVO Rdnr. 4; Seitz Inkasso-Handbuch Rdnr. 415; VG Würzburg JurBüro 1989, S. 1564

die Werbung dem Wesen der Rechtsberatung oder ist sie geeignet, das Ansehen der Inkassounternehmen herabzusetzen oder zu schädigen, so ist sie unangemessen.[123] Hierin zeigt sich die Zwitterstellung der Inkassounternehmen, die einerseits noch Teil der Rechtsberatung, anderseits aber schon Wirtschaftsunternehmen sind. Zulässig innerhalb des aufgezeigten Rahmens sind Zeitungsannoncen, Rundbriefe, Anzeigen in Telefonbüchern, Postwurfsendungen und Werbespots.[124]

4. Gebührenordnung

Eine verbindliche Regelung über den Umfang der zu erhebenden Inkassokosten fand sich in der Allgemeinverfügung des Reichsjustizministeriums vom 24.10.1941.[125] In Ziff. D "Berechnung von Vergütungen der Inkassobüros" waren sowohl die abrechnungsfähigen Tätigkeiten, als auch die dafür anzusetzenden Höchstsätze, meist als Prozentsatz der Forderung, festgelegt. Die Kostengliederung in Bearbeitungsvergütung, Vergütung für Adreßermittlung und Erfolgsvergütung wird auch heute noch herangezogen.[126] Die Bestimmungen der Verfügung als solche sind nicht mehr anwendbar.[127] Die Verfügung hatte als interne Dienstanweisung keine Gesetzesqualität und wurde nicht in das Bundesrecht übernommen.[128]

Für Inkassounternehmen besteht derzeit keine verbindliche Gebührenordnung.[129] Insbesondere sind die Regelungen der BRAGO nicht anwendbar.[130]

---

[123] nach VG Würzburg JurBüro 1989, S. 1564 (1565) sind folgende Werbeformulierung unzulässig: "Wir bearbeiten Ihre Schuldner mit Nachdruck.", "Uns entgeht keiner.", "Wir haben eine Auge auf den, der Ihnen Geld schuldet. Lange, sehr lange. Wenn es sein muß, bis zum Ende der 30 jährigen Verjährungsfrist." Unter unzulässige Werbung fällt auch die von "Der Zeit" Nr. 7, 09.02.1996, S. 18 berichtete Praxis eines Frankfurter Inkassounternehmens. Das Unternehmen hat Schachteln mit der Aufschrift "Geld oder ..." an potentielle Kunden versandt. In den Schachteln befanden sich Spielzeugrevolver nebst Schreckschußmunition.

[124] Rennen/Caliebe 3. AVO Rdnr. 6

[125] Text in Altenhoff/Busch/Chemnitz Anhang I; Deutsche Justiz 1941, S. 1022

[126] Jäckle Diss. S. 41; Seitz Inkasso-Handbuch Rdnr. 41

[127] Giebel Rbeistand 1982, S. 211; OLG Düsseldorf Rbeistand 1979, S. 21

[128] Altenhoff/Busch/Chemnitz Vorb. Rdnr. 9; Seitz Inkasso-Handbuch Rdnr. 9, 260

[129] Dietrich S. 168; Giebel Rbeistand 1982, S. 211; Göttlich/Mümmler "Inkassoauftrag"; Löwisch NJW 1986, S. 1725 (1727); Stahrenberg S. 25

[130] David S. 73; Gerold/Schmidt/von Eicken/Madert § 1 Rdnr. 4; Riedel/Sußbauer § 1 Rdnr. 12; Riedle DB 1995, S. 195 (202); Seitz Inkasso-Handbuch Rdnr. 81

Gemäß Art. IX Abs. 1 Satz 1 des KostÄndG in der Fassung vom 18.08.1980 gilt die BRAGO zwar für die Vergütung derjenigen Personen entsprechend, die eine Erlaubnis nach dem RBerG besitzen. In Art. IX Abs. 1 Satz 2 KostÄndG wird zudem die Vereinbarung eines Erfolgshonorares untersagt. Von dieser Regelung werden aber Inkassobüros in Art. IX Abs. 2 KostÄndG ausdrücklich ausgenommen. Die Bestimmung ist insoweit unklar, als nur Art. IX Abs. 1 Satz 1, 2 KostÄndG nicht für Inkassounternehmen gelten soll, wogegen über Art. IX Abs. 1 Satz 3 KostÄndG, der die Modalitäten der Erstattung der Vergütung regelt, keine explizite Regelung getroffen wurde. Dies gibt Anlaß zu einem Streit über die Auslegung der Vorschrift.[131] Grundlage der derzeitigen Fassung des Kost-ÄndG ist das Gesetz zur Änderung der Bundesgebührenordnung für Rechtsanwälte.[132] In den Gesetzgebungsmaterialien[133] ist zu lesen, daß der Geltungsbereich der BRAGO nicht auf Inkassobüros und Frachtführer erstreckt werden soll. "Für Frachtführer und Inkassobüros bleibt es bei dem bisher geltenden Rechtszustand."[134] Zur Anwendbarkeit des Art. IX Abs. 1 Satz 3 KostÄndG finden sich keine Ausführungen. Im Kontext der Gesetzesbegründung sind aber die Ausführungen zur Änderung des Art. 1 § 1 RBerG[135] zu berücksichtigen. Hierin werden die Inkassounternehmen als eigenständige Institution des Wirtschaftslebens behandelt. Dies läßt den Schluß zu, sie von den Regeln der BRAGO insgesamt auszunehmen.

Dem hält insbesondere Hartmann[136] entgegen, daß die Regelung des Art. IX Abs. 2 KostÄndG nur das Verhältnis Gläubiger/Inkassounternehmen betrifft. Der Gesetzgeber hat seiner Ansicht nach Art. IX Abs. 1 Satz 3 KostÄndG bewußt von der Nichtanwendbarkeit der Vorschrift des Art. IX Abs. 1 KostÄndG auf Inkassounternehmen ausgenommen, so daß sich die Erstattung der Kosten im Verhältnis Gläubiger/Schuldner sinngemäß nach der BRAGO richtet. Seine Argumentation stützt sich vorrangig auf den Wortlaut des Gesetzes. Dem wird entgegengehalten,[137] daß es dem Sinn und Zweck der Regelung wi-

---

[131] Giebel Rbeistand 1982, S. 211; Lappe Rpfleger 1985, S. 282; Löwisch NJW 1986, S. 1725 (1727), OLG München Rpfleger 1989, S. 301; Seitz Inkasso-Handbuch Rdnr. 81

[132] BGBl 1980 I, S. 1503

[133] Beschlußempfehlung und Bericht des Rechtsausschußes zu dem von der Bundesregierung eingebrachten Entwurf eines Gesetzes zur Änderung der Bundesgebührenordnung für Rechtsanwälte BT-Dr. 8/4277

[134] BT-Dr. 8/4277, S. 21

[135] BT-Dr. 8/4277, S. 22

[136] Hartmann KoständG Art. IX Rdnr. 12; ebenso Lappe Rpfleger 1985, S. 282 (284)

[137] Löwisch NJW 1986, S. 1725 (1727); Seitz Inkasso-Handbuch Rdnr. 81

derspricht, für die Kostenerstattung die BRAGO heranzuziehen. Ein Erstattungsanspruch setzt denknotwendig voraus, daß erstattungsfähige Kosten im Sinn der BRAGO angefallen sind. Dies ist aber angesichts des Ausschlusses der BRAGO in Art. IX Abs. 2 KostÄndG nicht der Fall. Eine Bestimmung der Art und Weise der Erstattung ist entbehrlich, wenn die Kosten dem Grunde nach nicht in der erstattungsfähigen Form entstehen. Die Beschränkung eines bestehenden materiell-rechtlichen Erstattungsanspruchs auf vergleichbare Rechtsanwaltsgebühren, kann aus der Regelung des Art. IX Abs. 1 Satz 3 KostÄnG nicht entnommen werden. Prozessualer und materiell-rechtlicher Kostenerstattungsanspruch bestehen selbständig nebeneinander.[138] Die Beschränkung auf den prozessualen Kostenerstattungsanspruch bedarf einer ausdrücklichen Regelung, die den Gesetzgebungsmaterialien[139] nicht zu entnehmen ist. Aus der Feststellung, daß es für Inkassounternehmen bei dem bisherigen Rechtszustand bleibt, ist vielmehr auf die Nichtanwendbarkeit der BRAGO zu schließen.

Inkassounternehmen unterliegen hinsichtlich der, mit dem Gläubiger zu vereinbarenden, Inkassokosten keinerlei Bindungen. Dies entspricht ihrer Einordnung als Gewerbebetrieb. Es haben sich im Laufe der Zeit übliche Vergütungssätze herausgebildet, die im folgenden unter Ziff. B. IV. dargestellt werden.

IV. Leistungsspektrum der Inkassounternehmen

1. Grundleistungen

Das Inkassounternehmen ist ein Dienstleistungsbetrieb. Seine gesamte Tätigkeit ist darauf ausgerichtet, Forderungen zu realisieren. Sofern kein spezialisiertes Unternehmen nach obigen[140] Ausführungen vorliegt, bietet ein Inkassounternehmen im allgemeinen die folgenden Grundleistungen[141] an.

- Einziehung nicht ausgeklagter bis zur Auftragserteilung unbestrittener Forderungen

---

[138] Münchener Kommentar/Belz vor § 91 ZPO Rdnr. 11; Schneider MDR 1973, S. 353 (355); Zöller/Herget vor § 91 Rdnr. 11; BGHZ 45, S. 256/257 geht davon aus, daß die prozessuale Kostentragung nicht erschöpfend geregelt ist, sondern für materiell-rechtliche Ansprüche aus Vertrag, Verzug und unerlaubter Handlung Raum läßt.

[139] BT-Dr. 8/4277

[140] siehe oben 1. Teil A. II. 1

[141] David S. 11; Göttlich/Mümmler "Inkassokosten"; Seitz Inkasso-Handbuch Rdnr. 4

- Einschaltung von Rechtsanwälten zur Erwirkung eines Vollstreckungstitels für darauf folgende Beitreibungsmaßnahmen des Inkassounternehmens

- Einziehung bereits titulierter Forderungen einschließlich der Beauftragung von Rechtsanwälten mit bestimmten Zwangsvollstreckungsmaßnahmen, die Voraussetzungen für weitere Beitreibungsmaßnahmen des Inkassounternehmens sind

- Forderungsüberwachung von zeitweilig uneinbringlichen Forderungen als Voraussetzungen weiterer Einziehungsmaßnahmen

- Auslandsinkasso als eigenständiger Sektor, der mit besonderen Schwierigkeiten verbunden ist. Die Abwicklung erfolgt meist über Tochtergesellschaften im Ausland oder in Zusammenarbeit mit ausländischen Inkassounternehmen.[142]

Inkassounternehmen beschäftigen sich vornehmlich mit der Realisierung klein- und mittelwertiger Forderungen.[143] Bei höheren Forderungswerten wird in der Regel bereits vorgerichtlich anwaltschaftliche Hilfe bemüht.

2. Sonstige Dienstleistungen[144]

Neben der eigentlichen Inkassotätigkeit bieten manche Unternehmen eine umfassende Verwaltung der Außenstände an. Insbesondere wenn ganze Forderungsbestände zur Beitreibung übernommen werden, wird regelmäßig über die Liquidität Bericht erstattet. Die meisten Unternehmen führen sog. Schuldnerlisten, die sie ihren Kunden in regelmäßigen Abständen zur Verfügung stellen. Dies hat die Konsequenz, daß sie den weiteren Geschäftsverkehr mit den darin genannten Schuldnern meiden oder von Vorleistung abhängig machen. Die Informationsbestände der Unternehmen werden zunehmend für andere Zwecke nutzbar gemacht. Die großen Unternehmen der Inkassobranche halten für ihre Kunden Seminare in Sachen Kreditmanagement und Forderungssicherung ab. Ist ein Inkassounternehmen auf eine bestimmte Branche spezialisiert, werden regelmäßig Branchenanalysen erstellt.[145] Desweiteren stellt sich für viele Wirtschaftsunternehmen auch im Bereich des Forderungswesens bzw. der Mahnab-

---

142 ausführlich David S. 69; Dietrich S. 138; Seitz Rdnr. 40

143 Seitz Inkasso-Handbuch Rdnr. 41

144 Dietrich S. 111; Giebel Rbeistand 1982, S. 211; Seitz Inkasso-Handbuch Rdnr. 28

145 Die Vereine Creditreform e.V. haben 1993 ein Handbuch "Die 25.000 großen Unternehmen in den neuen Bundesländern und Berlin" herausgegeben, in dem sie das jeweilige Firmenprofil darstellen, FLF 1993, S. 202

teilungen die Frage der vollständigen Funktionsausgliederung auf Inkassounternehmen als externe Dienstleistungsbetriebe.[146]

In zunehmenden Maße werden die Dienste von Inkassounternehmen bereits im Vorfeld einer Geschäftsbeziehung in Anspruch genommen.[147] Bevor Werbemaßnahmen gestartet werden, wird vielfach die Liquidität der angesprochenen potentiellen Kunden bereits überprüft.[148] Die Unsicherheit hinsichtlich der Liquidität und Seriosität des potentiellen Geschäftspartners führt dazu, daß Unternehmen vorab die notwendigen Informationen einholen. Ziel ist es, die Forderungsausfälle bei der Geschäftsabwicklung schon im Rahmen der Vertragsanbahnung zu minimieren.

V. Erfolg der Inkassobemühungen

Zu den Erfolgsquoten der Inkassounternehmen gibt es nur wenig aussagekräftiges Zahlenmaterial.

Die ersten Angaben finden sich bei von Stackelberg,[149] Jäckle[150] und Finger[151]. Bei der Auswertung des Zahlenmaterials ist Vorsicht geboten, da vielfach[152] kein statistischer Quellennachweis vorliegt. Desweiteren wird zumeist nicht zwischen vorgerichtlichem Inkasso und der Beitreibung bereits titulierter Forderungen unterschieden. Es erweist sich zudem als schwierig, unternehmensübergreifende Erfolgsquoten zu ermitteln, da Erfolgsquote und Dauer des Einziehungsverfahrens direkt von der Art der beizutreibenden Forderungen abhängen. Die Forderungsqualität differiert aber von Unternehmen zu Unternehmen erheblich,[153] so daß Unternehmen, die sich vornehmlich mit der Realisierung schwer beitreibbarer Forderungen beschäftigen naturgemäß eine schlechtere

---

[146] zu den Grundlagen der sog. "Make or Buy"-Entscheidung bzw. dem Outsorcing siehe Klementz FLF 1994, S. 66; Stahrenberg S. 1

[147] Pressemitteilung des BDIU vom 14.12.1994, 04.05.1995 sprechen von sog. "externem Kreditmanagement"

[148] Auskunft eines großen süddeutschen Inkassounternehmens

[149] von Stackelberg BB 1965 S. 891 (892) nennt eine Erfolgsquote von 40-50 % ohne nähere Spezifizierung

[150] Jäckle JZ 1978, S. 675

[151] Finger WRP 1978, S. 785

[152] so bei von Stackelberg BB 1965, S. 785, Jäckle Diss. und Finger WRP 1978, S. 785

[153] Jäckle Diss. S. 39

Erfolgsquote aufweisen, als Unternehmen, die ausschließlich die Beitreibung wenig risikobehafteter Forderungen übernehmen.

Jäckle[154] differenziert zwischen sogenannten Handelsauskunfteien und Kreditschutzorganisationen einerseits sowie Inkassobüros im engeren Sinn andererseits. Erstere beschäftigen sich vornehmlich mit der Beitreibung von Forderungen bei gewerblichen Schuldnern. Auf diese wird Druck durch die Aufnahme in ein Schuldnerverzeichnis etc. ausgeübt. Letztere treiben Forderungen bei privaten Schuldnern bei. Ihre Tätigkeit erschöpft sich in der mehrmaligen Mahnung des Schuldners und der Einleitung des Mahnverfahrens. Jäckle gibt als Erfolgsquoten für die vorgerichtliche Tätigkeit der Handelsauskunfteien und Kreditschutzorganisationen 50-70 %, für die Inkassounternehmen im engeren Sinn dagegen nur 20-30 % an. Er erklärt dies mit der besseren Zahlungsmoral der gewerblichen Schuldner, da diese um ihre Kreditfähigkeit und Reputation im Geschäftsleben fürchten. Unter Erfolg versteht Jäckle die Zahlung des Schuldners nach Einschaltung des Inkassounternehmens.

Finger[155] nennt eine auf eigenen Angaben der Inkassounternehmen beruhende Erfolgsquote von 70-80 %. Diese Zahl relativiert er selbst auf 40-60 %, da er dies für realistischer erachtet. Finger trennt weder zwischen dem vorgerichtlichen Bereich und der Beitreibung titulierter Forderungen, noch definiert er genau, was er unter dem Erfolg des Inkassounternehmens versteht.

Die Vereine Creditreform e.V. geben für das Geschäftsjahr 1992/1993 an, 63 % aller Aufträge im Mahnbereich erfolgreich außergerichtlich abgeschlossen zu haben.[156] Eine genauere Spezifizierung erfolgt nicht. Der BDIU beziffert die Erfolgsquote für das Jahr 1994 beim vorgerichtlichen Inkasso für seine Mitgliedsunternehmen auf 54 %.[157]

Die einzigen statistischen Untersuchungen aus neuerer Zeit stammen von Hauschildt/Stahrenberg[158] und von Stahrenberg. Sie nehmen die Tatsache, daß die unbelegten Zahlen Jäckles in Literatur und Rechtsprechung Eingang gefunden

---

154 Jäckle JZ 1978, S. 675; daneben differenziert Jäckle in Diss. 198, S. 39 nach schwer einziehbaren und leicht einziehbaren Forderungen. Bei ersteren nimmt er eine Erfolgsquote von 20-30 % bei letzteren eine von 75-80 % an.

155 Finger WRP 1978, S. 785

156 FLF 1993, S. 202

157 Pressemitteilung des BDIU vom 04.05.1995

158 Hauschildt/Stahrenberg BB 1991, S. 3

haben, zum Anlaß für eine kritische Auseinandersetzung mit der Ermittlung derartiger Erfolgsquoten.

Ausgangspunkt war die Pilotstudie von Hauschildt/Stahrenberg.[159] Diese beschränkt sich auf die vorgerichtliche Tätigkeit der Inkassounternehmen. Grundlage der statistischen Untersuchung waren ca. 1000 nicht titulierte Einziehungsaufträge vom Januar 1988, die bei 3 großen Inkassounternehmen erhoben wurden. Es wird zwischen der sog. stückmäßigen Erfolgsquote, der wertmäßigen Erfolgsquote und der Reaktionsquote unterschieden. Bei der stückmäßigen Erfolgsquote wird die Gesamtzahl der Schuldner zur Zahl derjenigen, die auf die Tätigkeit des Inkassounternehmens hin bezahlt haben, in Relation gesetzt. Sie beträgt dieser Untersuchung zu folge ca. 59 %. Gründe für die Erfolglosigkeit werden nicht genannt. Es wird insbesondere nicht geklärt, inwieweit die Zahlungsverweigerung darauf beruht, daß der Forderung, entgegen den ursprünglichen Angaben des Gläubigers, doch begründete Einwendungen entgegenstehen. Bei derartigen Forderungen sind die Bemühungen des Inkassounternehmens zwangsläufig zum Scheitern verurteilt.

Weiterhin wird zwischen Vollzahlungsquote und Teilzahlungsquote, die hier vernachlässigt werden kann, unterschieden. Die wertmäßige Erfolgsquote definiert sich als das Verhältnis der Summe der erteilten Auftragswerte zu der Summe der realisierten Forderungswerte. Sie liegt deutlich niedriger bei ca. 30 %, was sich mit dem hohen Anteil an Teilzahlungsschuldnern erklärt. Als weitere interessante Auswertung wird die Reaktionsquote mit ca. 70 % beziffert. Hier wird das Verhältnis der auf die Bemühungen des Inkassounternehmens hin reagierenden Schuldner zur Gesamtzahl der Fälle erfaßt. Damit wird die Anzahl der dialogbereiten Schuldner dargestellt. Dies ist besonders wichtig für Gläubiger, die auf ihre eigenen Bemühungen hin keinerlei Schuldnerreaktion feststellen konnten.

Aufbauend auf der Pilotstudie und unter Beibehaltung oben erläuterter Begrifflichkeiten, setzt sich Stahrenberg[160] eingehend mit der Problematik der Effektivität externen Inkassos als Grundlage der Entscheidung für die Funktionsausgliederung betriebsinterner Forderungs- und Mahnabteilungen auseinander. Sie untersucht hierzu 14 überregional tätige Inkassounternehmen.[161] Die Firmengröße schwankt von 10 Mitarbeitern (1 Unternehmen) bis zu über 100 Mitarbeitern (4 Unternehmen). Die untersuchten Betriebe haben im Jahr 1990

---

159 Hauschildt/Stahrenberg BB 1991, S. 3; kritisch hierzu Jäckle BB 1993, S. 2463

160 Stahrenberg S. 5

161 Stahrenberg S. 121

ca. 840.000 notleidende Forderungen im Wert von ca. 980 Mio. DM zur Beitreibung erhalten.[162] Dies sind ca. 40 % des gesamten Auftragsvolumens der Inkassobranche für das Untersuchungsjahr. Der Untersuchungszeitraum erstreckte sich von Juli 1990 bis August 1991.[163] Einschränkend ist zu berücksichtigen, daß Gegenstand der Untersuchung nur Forderungen gegen Schuldner aus den alten Bundesländern waren, um Verzerrungseffekte, bedingt durch die Wiedervereinigung, zu vermeiden.[164]

Insgesamt wurden 2.765 stichprobenartig ausgewählte Fälle untersucht, wobei diejenigen Fälle in Abzug gebracht wurden, bei denen der Aufenthalt des Schuldners nicht zu ermitteln war oder aus sonstigen Gründen keine Inkassotätigkeit entfaltet werden konnte.[165] Für die eigentliche Auswertung verblieben daher noch 2.439 Fälle. Die Untersuchung war auf das vorgerichtliche Inkasso beschränkt.

Die Reaktionsquote lag in einer Bandbreite von 39-80 %, im Durchschnitt aber bei ca. 58 %.[166] Die stückorientierte Erfolgsquote[167] zeigte ein sehr heterogenes Bild. Eine stückorientierte Erfolgsquote von mehr als 50 % erreichten 8 der 14 untersuchten Unternehmen. 3 Unternehmen konnten über 60 % der übergebenen Forderungen realisieren. Die wertorientierte Erfolgsquote lag bei allen Unternehmen deutlich niedriger.[168] Sie differierte zwischen 22,6 % und 49,1 %.

Daneben definierte Stahrenberg die sog. Vollzahlungsquote. Diese umfaßt alle Fälle, in denen im vorgerichtlichen Stadium eine vollständige Zahlung erreicht wurde.[169] Die Anzahl der Schuldner, die die Forderung mit einer einmaligen Zahlung begleichen, liegt zwischen 20 % und 40 %.[170] Stahrenberg setzt die Vollzahlungsquote zur Reaktionsquote in Relation[171], um Erkenntnisse darüber zu gewinnen, inwieweit die Inkassounternehmen in der Lage sind, kommuni-

---

162 Stahrenberg S. 121

163 Stahrenberg S. 124

164 Stahrenberg S. 124

165 Stahrenberg S. 128

166 Stahrenberg S. 136

167 Stahrenberg S. 138

168 Stahrenberg S. 138

169 Stahrenberg S. 104

170 Stahrenberg S. 142

171 Stahrenberg S. 142

kationsbereite Schuldner zur Vollzahlung zu bewegen. Hier zeigen sich erhebliche Abweichungen innerhalb der untersuchten Unternehmen. Die Werte schwanken im Durchschnitt der zusammengefaßten Unternehmensgruppen zwischen 54 % und 80 %.

Stahrenberg ermittelte darüberhinaus die Abhängigkeit der Effektivität der Inkassobemühungen von Alter, Geschlecht des Schuldners, Alter der Forderung, Dauer der Beitreibung, Umfang der Ratenzahlungsvereinbarung etc..

Zusammenfassend stellt Stahrenberg[172] fest, daß angesichts der immensen Streuung der Ergebnisse eine Ermittlung einer pauschalierten Effektivitätsziffer ausscheiden muß. Die Effektivität ist entscheidend vom Forderungsbestand abhängig, der von Unternehmen zu Unternehmen erheblich differiert. Den Inkassounternehmen wird von ihren Auftraggebern bereits vorsortiertes, schlechtes Ausgangsmaterial übergeben. Die genaue Effektivitätsermittlung, als Grundlage der Ausgliederungsentscheidung, muß sich somit auf das einzelne Unternehmen beziehen.

Trotz dieser Bedenken soll für diese Untersuchung der Mittelwert einer Erfolgsquote der Inkassobemühungen zugrunde gelegt werden. Dieser basiert auf den Untersuchungen von Hauschildt/Stahrenberg und Stahrenberg. Es ist keine Ermittlung eines exakten Wertes erforderlich, sondern ein Orientierungswert ausreichend. Dieser liegt, jedenfalls für eine stückorientierte Betrachtung, zwischen 50-60 %.

VI. Zusammenfassung

Die Inkassounternehmen in Deutschland stellen sich als eigenständiger Zweig der gewerblichen Wirtschaft dar. Sie sind ein nicht unerheblicher Wirtschaftsfaktor, der insbesondere bei steigenden Insolvenzen und sinkender Zahlungsmoral an Bedeutung gewinnt, da sich viele Unternehmen und Privatpersonen von ihrer Einschaltung eine kurzfristige Erhöhung der Liquidität versprechen.

Für Inkassounternehmen bestehen im Gegensatz zu rechtsberatenden Berufen weder standesrechtliche Bindungen noch unterliegen sie einer Gebührenordnung. Lediglich durch Beschränkung ihrer Werbetätigkeit werden die Bindungen als durch Erlaubnis zur Rechtsberatung zugelassene Unternehmen offenbar. Durch die Erlaubnispflicht wird zudem die Eignung der in der Inkassobranche tätigen Personen zur Rechtsberatung in diesem Teilbereich sichergestellt.

---

172 Stahrenberg S. 198

Die Inkassobranche ist auf die außergerichtliche Beitreibung unstreitiger Geldforderungen spezialisiert. Vielfach findet man bei einzelnen Unternehmen eine noch weitergehende Spezialisierung. Der Schwerpunkt der Tätigkeit liegt bei der Beitreibung kleiner und mittlerer Forderungen.[173] Die Beschränkung auf unstreitige Forderungen ermöglicht die Abwicklung im Massengeschäft unter Einsatz von EDV-Anlagen.

Strukturell finden sich in Deutschland neben einigen bundes- oder europaweit tätigen Großunternehmen vornehmlich Klein- und Mittelbetriebe, die sich vielfach auf eine bestimmte Branche oder Forderungsart spezialisiert haben. Dies bedingt eine große Bandbreite bei den erzielten Erfolgsquoten. Sie liegen im Durchschnitt zwischen 50-60 % der angenommenen Aufträge.

B. Das Inkassomandat

I. Intention zur Beauftragung eines Inkassounternehmens

Die Beweggründe zur Einschaltung eines Inkassounternehmens zur Realisierung einer notleidenden Forderung sind vielfältig.[174] Sie differieren erheblich danach, ob es sich beim Gläubiger um ein Unternehmen oder um eine Privatperson handelt.

Im unternehmerischen Bereich ist grundlegend zwischen der gänzlichen Übertragung der Mahnaktivitäten auf ein externes Inkassounternehmen und der Übergabe einzelner Forderungsbestände zur Beitreibung zu unterscheiden. Stahrenberg[175] beschäftigt sich vornehmlich mit der erstgenannten Möglichkeit, während im folgenden auf die zweite Alternative eingegangen wird.

Die Unternehmen sind daran interessiert, zur Erhöhung ihrer Liquidität innerhalb kürzester Zeit außenstehende Forderungen zu realisieren. Sie benötigen das Geld evtl. zur Rückführung eigener Verbindlichkeiten. Angesichts der stei-

---

[173] Klementz FLF 1994, S. 66 Der durchschnittliche Beitreibungsbetrag wird mit 1.500,00 DM beziffert. Nach Auskunft eines großen süddeutschen Inkassounternehmens liegt die folgende Forderungsstruktur vor: Forderungen aus Kleingeschäften (Buch-, LP- und CD-Versand) ca. 20,00DM - 50,00DM; Forderungen aus Versandhandel ca. 600,00 DM; Forderungen aus dem Bankbereich (gekündigte Girokonten, Kontoüberziehung) ca. 1.500,00 DM; Restforderungen aus Verbraucherkrediten ca. 4.000,00 DM

[174] David S. 13, 14; Dietrich S. 152; Jäckle Diss. S. 18; Jäckle NJW 1995, S. 2767 (2769); Lehmann ZIP 1989, S. 351

[175] Stahrenberg S. 39 ff Hintergründe der "Make or Buy" Entscheidung

genden Zahl der Insolvenzen und der sinkenden Zahlungsmoral[176], ist die zeitnahe Forderungsrealisierung von zentraler Bedeutung, um nicht später gänzlich mit der Forderung auszufallen[177] oder auf die Konkursquote angewiesen zu sein. Es droht bei massiven Forderungsausfällen zudem die eigene Insolvenz.[178] Die lange Verfahrensdauer vor den Gerichten soll vermieden werden. Des weiteren bedienen sich besonders Unternehmen, bei denen massenhaft Klein- und Kleinstforderungen zur Beitreibung anstehen (z. B. Versandhäuser), der Dienste von Inkassobüros. Die eigene Mahnabteilung soll entlastet und die dort anfallenden Kosten eingespart werden. Gerade bei der Beitreibung von Kleinforderungen ist das Aufwand/Nutzen-Verhältnis ungünstig.[179] Die Durchführung der Forderungsbeitreibung ist nicht Unternehmenszweck im eigentlichen Sinn. Das ein Inkassounternehmen beauftragende Unternehmen will sich auf die eigentliche Produktion, Dienstleistungserbringung etc. konzentrieren.[180]

Ein wesentlicher Faktor ist zudem die Ersatzfähigkeit der angefallenen Kosten. Die grundsätzlich nicht ersatzfähigen Aufwendungen für eigene Beitreibungsbemühungen sollen, durch die Verlagerung der Beitreibung auf externe Unternehmen vermieden werden.[181] Die Kosten des Inkassobüros werden dann auf

---

176 Creditreform 6/95, S. 10: Im Frühjahr 1995 geben 11 % der Unternehmen in den alten und 37 % der Unternehmen in den neuen Bundesländern die Zahlungsmoral ihrer Kunden mit mangelhaft oder ungenügend an. Im europäischen Bereich setzen in 43 % aller Fälle des Zahlungsverzuges die Unternehmen diesen bewußt als Mittel der Finanzierung ein. siehe Empfehlung der Kommission der Europäischen Gemeinschaften über Zahlungsfristen im Handelsverkehr vom 30.11.1994. Zur Zahlungsmoral im europäischen Bereich siehe Creditreform 3/95, S. 10

177 Bretz Creditreform 1/96, S. 14: Creditreform errechnete für 1995 in den alten Bundesländern 21.800 Gesamtinsolvenzen davon 16.500 Unternehmensinsolvenzen, in den neuen Bundesländern 7.000 Gesamtinsolvenzen davon 5.600 Unternehmensinsolvenzen. Die insolvenzbedingten Forderungsausfälle betrugen in den alten Bundesländern 26 Mrd. DM in den neuen Bundesländern 8 Mrd. DM. Pressemitteilung des BDIU vom 04.05.1995: Nach Angaben des statistischen Bundesamtes erhalten ungesicherte Gläubiger bei vier von fünf Konkursanträgen keinen Ersatz für ihre Außenstände. FLF 1995, S. 198: Im Frühjahr 1995 berichteten 73 % der Mittelständler in den alten Bundesländern und 79 % der Mittelständler in den neuen Bundesländern von Forderungsverlusten durch Insolvenzen ihrer Abnehmer. 15,5 % der westdeutschen und 28,9 % der ostdeutschen Mittelständler beziffern den Forderungsverlust auf über 1 % ihres Umsatzes

178 Bretz Creditreform 10/95, S. 14; 1/96, S. 14 (15) spricht von Domino-Effekt

179 Jäckle Diss. S. 18

180 Stahrenberg S. 40

181 zur Problematik der Ersatzfähigkeit der Kosten eigener Mühewaltung siehe unten 2. Teil B. II. 2.; Michalski ZIP 1994, S. 1501 lehnt die Ersatzfähigkeit von Inkassokosten,

den Schuldner verlagert. Jäckle[182] weist zutreffend darauf hin, daß die Beziehung Gläubiger/Schuldner durch die Einschaltung eines Rechtsanwalts ungleich mehr belastet wird, als durch die Beauftragung eines Inkassounternehmens. Der Gläubiger kann an der Aufrechterhaltung der Geschäftsbeziehungen zum Schuldner (Zulieferer, Großunternehmen) trotz dessen vorübergehender Liquiditätsprobleme gesteigertes Interesse haben.[183] Die Einschaltung des Inkassounternehmens als das "mildere Mittel" zur Forderungsrealisierung erscheint daher vorzugswürdig. Das Inkassounternehmen erfüllt eine gewisse Pufferfunktion zwischen Gläubiger und Schuldner, da die Beitreibungsmaßnahmen primär dem Unternehmen und nicht dem Gläubiger zugerechnet werden. Zudem sind Inkassounternehmen bundesweit tätig und können auch gegen entfernt wohnende Schuldner vorgehen.[184] Bei auf eine bestimmte Branche spezialisierte Inkassounternehmen verspricht sich der Gläubiger aufgrund des Rückkoppelungseffektes[185] gesteigerten Druck auf den Schuldner, den der Gläubiger alleine nicht in der Lage ist auszuüben. Bei den Sonderformen der ärztlichen Verrechnungsstellen wird jede Forderung zur Bearbeitung übergeben. Es besteht ein dauerndes Vertragsverhältnis.

Für private Gläubiger steht neben der obigen Intention der schnellen und forcierten Beitreibung die Ersparnis eigener Zeit und Mühe zur Forderungsrealisierung im Vordergrund.

II. AGB der Inkassounternehmen

Die Ausgestaltung des Inkassomandates sowie die hieraus anfallenden Kosten werden weniger von Individualvereinbarungen zwischen Gläubiger und Inkassounternehmen als von den AGB der Unternehmen bestimmt. Raum für einzelvertragliche Besonderheiten findet sich höchstens bei der Vergütung, sofern es sich um dauerhafte Geschäftsbeziehungen mit Großkunden oder um Forderungen mit besonderem Schwierigkeitsgrad handelt.

---

die durch konzerngebundene Inkassounternehmen anfallen, ab. Auf die Umgehungsmöglichkeiten weist insbesondere OLG Dresden Rpfleger 1994, S. 260 hin.

182 Jäckle NJW 1995, S. 2767 (2769); ebenso Pressemitteilung des BDIU vom 04.05.1995

183 Stahrenberg S. 58, 59

184 David S. 14; siehe oben 1.Teil A. III. 1. b) keine räumliche Beschränkung der Inkassotätigkeit

185 David S. 14; Jäckle Diss. S. 38; Jäckle JZ 1978, S. 675; siehe oben 1. Teil A. II. 1.

Im allgemeinen finden sich in den AGB die nachfolgenden Regelungen.[186]

Zunächst wird der vom Inkassounternehmen geschuldete Beitreibungsaufwand definiert und damit die wesentliche vertragliche Leistung festgelegt. In diesem Zusammenhang wird ausdrücklich darauf hingewiesen, daß die beizutreibende Forderung dem Grund und der Höhe nach unbestritten sein muß.

Das Inkassounternehmen läßt sich zu einem Vorgehen gegenüber dem Schuldner nach eigenem Ermessen bevollmächtigen. Sofern nicht der Gläubiger per vorrangiger Individualvereinbarung gemäß § 4 AGBG Weisungen erteilt, entscheidet das Unternehmen eigenverantwortlich, welche Vorgehensweise am erfolgversprechendsten erscheint. Diese umfassende Verhandlungs- und Beitreibungsvollmacht umfaßt auch den Abschluß von Ratenzahlungsvereinbarungen und außergerichtlichen Vergleichen, wenn dies angesichts der Vermögenssituation des Schuldners sinnvoll ist. Der Gläubiger verpflichtet sich zugleich, jegliche Beitreibungsbemühungen und Vereinbarungen mit dem Schuldner zu unterlassen. Die Beitreibung der Forderung wird vollständig auf das Inkassounternehmen übertragen. Sofern der Schuldner dennoch an den Gläubiger persönlich leistet, hat dieser das Inkassounternehmen hiervon umgehend in Kenntnis zu setzen.

Für den Fall der Erfolglosigkeit der vorgerichtlichen Bemühungen des Inkassounternehmens erhält es darüberhinaus Vollmacht zur Beauftragung eines Rechtsanwalts, der im Namen des Gläubigers die gerichtliche Durchsetzung der Forderung, meist im Wege des Mahnverfahrens, veranlaßt. Falls es sich um eine bereits ausgeklagte Forderung handelt, leitet er die notwendigen gerichtlichen Vollstreckungsmaßnahmen ein. Hierbei handelt es sich meist um einen sogenannten Vertragsanwalt, mit dem das Unternehmen in dauerhafter Geschäftsverbindung steht.

Weiterhin sind die Vergütungssätze[187] sowie der Abrechnungsmodus des Inkassoauftrags geregelt. Vielfach wird vierteljährlich über die Bemühungen abgerechnet. Die Abrechnung bei Beendigung des Inkassoauftrags unterscheidet sich danach, ob er erfolglos oder erfolgreich abgeschlossen wurde. Zur Dekkung des anfallenden Vergütungsanspruchs tritt der Gläubiger seine ihm gegen den Schuldner zustehenden Kostenersatzansprüche, meist aus §§ 284, 285, 286 BGB, an das Inkassounternehmen ab. Die Schadensersatzansprüche wer-

---

186 David S. 57; Dietrich S. 159; Jäckle Diss. S. 25; Seitz Inkasso-Handbuch Rdnr. 48; Stahrenberg S. 23

187 Darstellung der Vergütung der Inkassounternehmen siehe unten 1. Teil B. IV.

den nicht zwangsläufig von einer evtl. Inkassoabtretung der Hauptforderung erfaßt, so daß eine gesonderte Abtretung notwendig wird.

Schließlich sind die Dauer des Inkassomandates, in der Regel 1,5-2 Jahre, sowie die Möglichkeit einer vorzeitigen Kündigung festgelegt. Die Haftung des Inkassounternehmens, insbesondere für die ordnungsgemäße Kontrolle der Verjährung der Forderung, wird begrenzt oder ausgeschlossen.[188]

Die wirksame Einbeziehung der genannten AGB setzt gemäß § 2 Abs. 1 Nr. 1, 2 AGBG einen entsprechenden Hinweis des Verwenders und die Möglichkeit des Kunden zur Kenntnisnahme bei Vertragsschluß voraus.

III. Die Bearbeitung des Inkassomandates

Das Inkassounternehmen entwickelt vielfältige Aktivitäten zur Realisierung der Forderung. Diese differieren je nach Art des Unternehmens erheblich. Für den Fortgang dieser Untersuchung ist die Vergleichbarkeit der Inkassotätigkeit mit der eines Rechtsanwalts relevant. Im folgenden werden daher die verschiedenen Bearbeitungsstufen des Inkassomandates chronologisch dargestellt.[189] Es handelt sich hierbei um eine umfassende Darstellung der möglichen Beitreibungsbemühungen. Inwieweit diese zur Anwendung kommen hängt vom Einzelfall ab. Der Schwerpunkt der Betrachtung liegt im Bereich des vorgerichtlichen Inkassos.

1. Prüfung des Inkassoauftrags

Wie eingangs bereits erwähnt, übernehmen Inkassounternehmen nur Forderungen, die zum Zeitpunkt ihrer Beauftragung vom Schuldner nicht bestritten werden. Bevor der Inkassoauftrag angenommen wird, ist daher die Forderung zu prüfen.[190] Diese Prüfung umfaßt zudem die Frage der Fälligkeit und der Verjährung der Forderung. Ihre Durchsetzung darf nicht von vornherein aussichtslos erscheinen. Im Hinblick auf die Frage der Ersatzfähigkeit anfallender Inkassokosten wird festgestellt, ob sich der Schuldner bereits im Verzug befindet. Schließlich macht das Inkassounternehmen die Annahme des Auftrags auch davon abhängig, ob dieser der Spezialisierung des Unternehmens auf bestimmte Branchen, Forderungsumfang etc. entspricht.

---

188 kritisch zur Zulässigkeit eines Haftungsausschlußes Rieble DB 1995, S. 195 (198)

189 Stahrenberg S. 18 unterscheidet abweichend von der folgenden Darstellung 4 Bearbeitungsphasen. Die dargestellte Tätigkeit bezieht sich vornehmlich auf die von Stahrenberg festgelegten Phasen 1 und 2.

190 Dietrich S. 64; Seitz Inkasso-Handbuch Rdnr. 34

2. Annahme des Inkassoauftrags

Hat das Unternehmen die Forderung an Hand der vom Gläubiger vorgelegten Unterlagen eingehend geprüft, wird der Inkassovertrag[191] abgeschlossen. Hierin werden die Besonderheiten des Einzelfalles (z.B. Höhe der Forderung, Alter der Forderung, Beitreibungschancen) berücksichtigt. Sie schlagen sich in den vereinbarten Inkassokosten nieder. Es werden die vom Gläubiger beauftragten Leistungen und das geschuldete Entgelt fixiert. Der Gläubiger kann besondere Weisungen hinsichtlich des Vorgehens gegenüber dem Schuldner einfließen lassen. Je nach dem, ob ihm an einer weiteren Geschäftsbeziehung mit dem Schuldner gelegen ist oder ob er ausschließlich die schnelle Beitreibung anstrebt, wird er es sich vorbehalten, vor der Einleitung gerichtlicher Maßnahmen nochmals befragt zu werden oder den Abschluß einer Ratenzahlungsvereinbarung vorrangig anstreben.[192]

Weiterhin werden in den Vertrag die AGB der Inkassounternehmen aufgenommen. Hierin werden dem Gläubiger u.a.[193] Hinweise für sein weiteres Verhalten gegenüber dem Schuldner erteilt. In der Regel beruht das Inkassomandat bis auf die Höhe der Vergütung nicht auf Individualvereinbarungen, sondern wird von den AGB der Inkassounternehmen bestimmt.[194]

3. Erfassung des Inkassomandates

Als nächster Schritt wird eine Auftragsakte angelegt und der Vorgang mit einer Beitreibungsnummer versehen.[195] Diese Erfassung erfolgt über EDV. Gleichzeitig erfolgt die buchhalterische Erfassung und die Einrichtung eines internen Gläubigerkontos. Damit kann jederzeit Auskunft über den aktuellen Forderungsstand, eingegangene Zahlungen, angelaufene Zinsen sowie angefallene Inkassokosten gegeben werden. Das Inkassounternehmen betreibt die Forderungsverwaltung für den Gläubiger.

---

[191] zur rechtlichen Einordnung des Inkassovertrags siehe unten 1. Teil C. I. 1. a)

[192] Beispiele für Weisungen zum Vorgehen: "schnelle Realisierung bei großzügiger Vergleichsbereitschaft", "höchstmögliche Rückzahlungsquote unter Außerachtlassung schnellen Erfolges" Klementz FLF 1994, S. 66

[193] zur genaueren Ausgestaltung der AGB der Inkassounternehmen siehe oben 1. Teil B. II.

[194] Jäckle Diss S. 24

[195] David S. 63; Dietrich S. 66; Seitz Inkasso-Handbuch Rdnr. 35

Hieran schließt sich eine Auswertung der bereits über den jeweiligen Schuldner vorhandenen Daten an.[196] Es wird festgestellt, wie sich der Schuldner in früheren Beitreibungsfällen verhalten hat und die weiteren Aktivitäten werden hierauf ausgerichtet.

4. Adreß- bzw. Aufenthaltsermittlung

Bevor an den Schuldner persönlich herangetreten werden kann, ist vielfach dessen aktueller Aufenthalt zu ermitteln. Der säumige Schuldner wird seinem Gläubiger Adreß- und Wohnortänderungen in der Regel nicht mitteilen. Das Inkassounternehmen versucht daher, gegebenenfalls unter Rückgriff auf die Daten verbundener Auskunfteien oder durch Anfrage beim Einwohnermeldeamt, die aktuelle Schuldneradresse zu erfahren. Sofern dies nicht zum Erfolg führt, wird versucht, über die Nachbarn der letzten bekannten Adresse näheres herauszufinden.[197] Gegebenenfalls wird beim Arbeitgeber des Schuldners nachgefragt. Eine weitere Möglichkeit besteht in der Erteilung eines Suchauftrags an die Schufa.[198] Der Sitz gewerblicher Schuldner läßt sich durch Anfrage bei der Industrie- und Handelskammer feststellen.

5. Ermittlung der Einkommens- und Vermögensverhältnisse

Die Beitreibungstätigkeit des Inkassounternehmens sowie die Einleitung eines gerichtlichen Verfahrens ist mit vom Gläubiger zunächst vorzuschießenden Kosten verbunden. Deren Aufwendung ist, ungeachtet der Rechtslage, nur dann wirtschaftlich sinnvoll, wenn der Schuldner über liquide Mittel oder dauernde Einkünfte verfügt. Dies wird von Inkassounternehmen vorab ermittelt. Stellt sich heraus, daß der Schuldner weder laufende Einkünfte noch Vermögen besitzt, so wird der Gläubiger hiervon informiert und von einer aufwendigen Beitreibungstätigkeit abgeraten.[199] Hierzu wird Einblick in die Schuldnerverzeichnisse des jeweils zuständigen AG genommen,[200] um abzuklären, ob der Schuldner bereits die eidesstattliche Versicherung abgelegt hat. Durch Nachfrage beim Arbeitgeber ermittelt das Inkassounternehmen, ob bereits Lohn- oder Gehaltspfändungen vorliegen.

---

196 Seitz Inkasso-Handbuch Rdnr. 36

197 Dietrich S. 70

198 zur Entwicklung des Suchdienstes der Schufa siehe Henke FLF 1990, S. 243

199 Dietrich S. 71; Giebel Rbeistand 1982, S. 211; Jäckle S. 38

200 Der Umfang des Einsichtsrechts ergibt sich aus §§ 915 b Abs. 1, 915 Abs. 2 ZPO.

Bei Feststellung der Vermögenslosigkeit des Schuldners bietet das Inkassounternehmen dessen Überwachung und regelmäßige Kontrolle seiner Vermögenssituation an. Bei Besserung werden umgehend Beitreibungsmaßnahmen eingeleitet.[201] Die Überwachung erfolgt EDV gesteuert. Es wird vielfach mit einer Auskunftei zusammengearbeitet. Parallel zur Durchführung des Überwachungsverfahrens veranlaßt das Inkassounternehmen alles Notwendige, um die Verjährung der Forderung zu unterbrechen. Dies geschieht zum einen dadurch, daß der Schuldner aufgefordert wird, die Forderung anzuerkennen, wodurch die Verjährung gemäß § 208 BGB unterbrochen wird. Verweigert er dies, veranlaßt das Inkassounternehmen zur Verjährungsunterbrechung gemäß § 209 Abs. 1, 2 Nr. 1 BGB die Einleitung des gerichtlichen Mahnverfahrens.

6. Zahlungsaufforderung an den Schuldner

Nachdem die Ermittlungen im Vorfeld abgeschlossen sind, tritt das Inkassounternehmen nunmehr direkt, meist schriftlich an den Schuldner, heran. Es zeigt an, daß es die Beitreibung der Forderung übernommen hat und fordert den Schuldner zur umgehenden Zahlung auf. Gleichzeitig fragt es nach den Gründen des Schuldners für seine Zahlungsverweigerung, um evtl. doch bestehende Einwendungen gegen die Forderung beurteilen und den Gläubiger darauf hinweisen zu können.[202] Liegt der Grund der Zahlungsverweigerung in der Zahlungsunfähigkeit des Schuldners, so erbittet das Inkassounternehmen das Ausfüllen eines Fragebogens über die finanziellen Verhältnisse, um weitere Beitreibungsbemühungen beispielsweise Ratenzahlungsvorschläge, hierauf abstellen zu können.[203]

Bei der Gestaltung der Zahlungsaufforderung bietet sich ein weites Feld. Es können sowohl psychologische Erwägungen wie auch Kenntnisse aus früheren Inkassofällen einfließen.[204] In dem Mahnschreiben wird der Versuch unternommen, den Schuldner persönlich anzusprechen. Meist ist ein vorgefertigter Überweisungsträger beigefügt. Mindestinhalt des Anschreibens ist die Benennung des Verpflichtungsgrunds unter Angabe von Belegen (Verträgen, Rechnungen), die genaue Aufschlüsselung von Haupt- und Nebenforderungen incl.

---

[201] Dietrich S. 105: Ausführlich zum Vorgehen bei der Überwachung des Schuldners

[202] Jäckle Diss. S. 30

[203] Seitz Inkasso-Handbuch Rdnr. 36

[204] Giebel Rbeistand 1982, S. 211; Seitz Inkasso-Handbuch Rdnr. 36; ausführlich Stahrenberg S. 6; näheres zur Schuldnerreaktion siehe Stahrenberg S. 26 ff

Inkassokosten, sowie der Konsequenzen, die bei weiterer Zahlungsverweigerung drohen.[205] Als Zahlungsziel werden in der Regel 5-7 Tage angegeben.[206]

Es bleibt im Einzelfall den Weisungen durch den Gläubiger und der Erfahrung des Inkassounternehmens vorbehalten, ob bereits bei diesem ersten Mahnschreiben eine Ratenzahlungsvereinbarung offeriert wird. Besonders bei Auskunfteien und Kreditschutzorganisationen sowie bei auf bestimmte Branchen spezialisierten Unternehmen wird zudem die Aufnahmen in eine sog. Schuldnerliste angedroht und auf eine damit einhergehende Gefährdung der Kreditwürdigkeit hingewiesen.[207] Dies kann insbesondere für Gewerbetreibende ein wesentliches Kriterium sein, die Forderung umgehend zu begleichen. Der bloße Hinweis auf diese Möglichkeit stellt keine strafrechtlich relevante Nötigung dar.[208]

Hatte das erste Mahnschreiben keinen Erfolg, so folgen weitere. Der teilweise erhobene Vorwurf, Inkassounternehmen würden bereits nach einer Mahnung zum gerichtlichen Mahnverfahren übergehen, stimmt in dieser Allgemeinheit nicht. Aus der Untersuchung von Stahrenberg[209] ergibt sich, daß die überwiegende Mehrzahl der Unternehmen zwei oder mehr Mahnungen versendet. Über 1/3 der untersuchten Unternehmen versenden im Durchschnitt mehr als 3 Mahnungen. Die Inkassounternehmen entfalten damit eine spezielle, vorgerichtliche Beitreibungstätigkeit. Der Mahnrhythmus sowie die Formulierung der einzelnen Schreiben bleibt dem Inkassounternehmen vorbehalten. Spätestens ab den weiteren Anschreiben wird eine Ratenzahlungsvereinbarung verbunden mit einem entsprechenden Schuldanerkenntnis vorgeschlagen. Eine Vollmacht für derartige Verhandlungen lassen sich die Unternehmen in ihren AGB einräumen.[210]

7. Persönlicher Kontakt zum Schuldner

Fruchten die schriftlichen Beitreibungsversuche nicht, so sucht das Inkassounternehmen den persönlichen Kontakt zum Schuldner. Dies kann durch Telefonate oder durch Hausbesuche geschehen. Der Schuldner wird damit aus sei-

---

205 Seitz Inkasso-Handbuch Rdnr. 36

206 Jäckle Diss. S. 29

207 Dietrich S. 83, Jäckle S. 29

208 Dreher/Tröndle § 240 Rdnr. 18; Leipziger Kommentar/Schäfer § 240 Rdnr. 7, 9; Schönke/Schröder § 240 Rdnr. 9

209 Stahrenberg S. 168

210 im Detail zu den AGB der Inkassounternehmen siehe oben 1. Teil B. II.; Dietrich S. 89

ner Anonymität herausgerissen.[211] Er kann sich der Forderung nicht durch bloßes Ignorieren des betreffenden Schriftverkehrs entziehen, sondern muß persönlich Rede und Antwort stehen. Hierdurch wird versucht, psychologischen Druck aufzubauen und den Schuldner so zur Zahlung zu bewegen.[212] Vielfach können sich Schuldner mündlich besser artikulieren als schriftlich, so daß die Hintergründe der Zahlungsverweigerung offengelegt werden können.[213] Der Hausbesuch als kostenintensivste Variante der Beitreibung findet hierbei nur selten Anwendung. Die telefonische Mahnung dagegen ist praktikabel und zeitigt vielfach den selben Effekt. Der Hausbesuch empfiehlt sich nur, wenn sich der Inkassosachbearbeiter persönlich ein Bild von den wirtschaftlichen Verhältnissen des Schuldners machen oder eine Ratenzahlungsvereinbarung aushandeln will.

In diesem Rahmen ist anzumerken, daß sowohl das offensichtliche Auftreten in der Wohnung oder Nachbarschaft des Schuldners als auch dauernde Telefonanrufe am Arbeitsplatz unter Offenlegung der Hintergründe des Anrufs das über § 823 Abs. 1 BGB i. V. m. Art. 1 Abs. 1, 2 Abs. 1 GG geschützte allgemeine Persönlichkeitsrecht des Schuldners verletzen.[214] Es stellt einen Eingriff in die Individualsphäre des Schuldners dar, wenn dessen finanziell mißliche Lage nach außen hin angeprangert und er dadurch im Ansehen seiner Mitmenschen herabgesetzt wird. Dies gilt unabhängig von der Frage des Wahrheitsgehalts der Behauptung. Ihm steht gemäß § 1004 Abs. 1 BGB ein Unterlassungsanspruch zu.[215] Die bloße Weitergabe von Daten an die Schufa tangiert das allgemeine Persönlichkeitsrecht dagegen nicht.[216] Des weiteren ist an die Strafbarkeit derartigen Vorgehens als Beleidigung gemäß §§ 185, 192 StGB zu denken. Die aus der Presse zu entnehmende Praxis, dem Schuldner schwarz gekleidete Personen auf Schritt und Tritt folgen zu lassen, ist als Einzelfall zu

---

211 David S. 64; Stahrenberg S. 116

212 Dietrich S. 85; Giebel Rbeistand 1982, S. 211; Seitz Inkasso-Handbuch Rdnr. 36; Stahrenberg S. 9

213 Stahrenberg S. 8: Mit detaillierter Darstellung des Telefoninkassos

214 Palandt/Thomas § 823 Rdnr. 176; OLG Frankfurt WM 1988, S. 154: Betrifft nur vorsätzlich unrichtige Angaben an die Schufa; BGH NJW 1994, S. 1281: Im Bundesanzeiger veröffentlichte Jahresbilanz darf nicht unter Hervorhebung der kritischen Werte zu Seminartätigkeit benutzt werden. Burhoff NWB 1991, S. 1759/1760 bezeichnet derartige Maßnahmen als unzulässig.

215 BGH NJW 1994, S. 1281 m.w.N.

216 OLG Köln ZIP 1984, S. 1340; Palandt/Thomas § 823 Rdnr. 196

betrachten und jenseits der Legalität.[217] Dietrich[218] berichtet, daß es im Ausland durchaus üblich ist, den Schuldner öffentlich bloß zu stellen, um ihn durch diesen Druck zur Zahlung zu bewegen.

8. Ratenzahlungsvereinbarung / außergerichtlicher Vergleich

Soweit die bisherigen Bemühungen des Inkassounternehmens nicht zur Realisierung der Forderung geführt haben, weil der Schuldner beispielsweise nicht über ausreichende Mittel verfügt oder der Forderung entgegen den ursprünglichen Angaben des Gläubigers Einwendungen entgegen stehen, versucht das Inkassounternehmen, eine Ratenzahlungsvereinbarung oder einen außergerichtlichen Vergleich abzuschließen.[219]

Für die Ratenzahlungsvereinbarung wird eine der finanziellen Lage des Schuldners angemessene Teilzahlung ausgehandelt. Gleichzeitig hat der Schuldner ein Schuldanerkenntnis zu unterschreiben, welches u. a. der Verjährungsunterbrechung dient. Das Inkassounternehmen übernimmt die Kontrolle des rechtzeitigen Zahlungseingangs. Sofern dem Unternehmen bekannt ist, wann der Schuldner in regelmäßigen Abständen Zahlungen erhält, werden die Raten persönlich abgeholt, um die ordnungsgemäße Tilgung zu gewährleisten.[220] Stellt sich heraus, daß die Forderung doch einredebehaftet oder der Schuldner nur nicht in Lage ist, den gesamten Betrag zu zahlen, bietet sich der Abschluß eines Vergleichs und eine einmalige herabgesetzte Zahlung durch den Schuldner an. Hier sind die Unternehmen, insbesondere bezüglich der angelaufenen Verzugszinsen und der sonstigen Verzugskosten, zu Konzessionen bereit.

9. Sicherungsmittel, Stundung, Besserungsschein

Zusammen mit der Vereinbarung der Ratenzahlung strebt das Inkassounternehmen die Sicherung der restlichen Forderung an. Dies geschieht zum einen durch ein Schuldanerkenntnis des Schuldners[221], zum anderen wird versucht

---

[217] LG Köln Az.: 81 O 114/94: Verletzung des allgemeinen Persönlichkeitsrechts; LG Leipzig Az.: 06 O 4342/94; Pressemitteilung des BDIU vom 15.03.1995: Einstufung derartigen Vorgehens als sittenwidrig

[218] Dietrich S. 87

[219] Dietrich S. 91, Seitz Inkasso-Handbuch Rdnr. 36

[220] Giebel Rbeistand 1982, S. 211; sowie Auskunft eines großes Inkassounternehmens aus dem süddeutschen Raum

[221] Dietrich S. 91, Seitz Inkasso-Handbuch Rdnr. 36

auf weitere Sicherungsmittel zuzugreifen. Neben einer Sicherungsabtretung von Lohn-, Gehalts-, Steuerrückerstattungsansprüchen etc. kommen Sicherungsübereignung von Mobiliar, Sicherungsgrundschulden sowie Bürgschaften von Freunden und Verwandten in Frage.[222]

Ist all dies nicht erfolgversprechend, so versucht das Inkassounternehmen die Forderung zu stunden und gleichzeitig eine Besserungsvereinbarung abzuschließen.[223] Hierin verpflichtet sich der Schuldner, regelmäßig über seine Vermögensverhältnisse Auskunft zu geben und bei Besserung seiner Liquiditätslage die Forderung ganz oder ratenweise zu tilgen. Die Besserungsvereinbarung ist regelmäßig mit einem Schuldanerkenntnis verbunden.

10. Vorbereitung gerichtlicher Maßnahmen

Zeitigen die oben genannten Maßnahmen keinen Erfolg, so bereitet das Inkassounternehmen die Einleitung gerichtliche Schritte vor. Zur Durchsetzung unstreitiger Geldforderungen bietet sich das Mahnverfahren gemäß §§ 688 ff ZPO an. Die Inkassounternehmen sind gemäß Art. 1 § 1 Abs. 1 Satz 2 Nr. 5 RBerG auf die außergerichtliche Beitreibungstätigkeit beschränkt.[224] Zur Erwirkung des Mahnbescheids müssen sie daher einen Rechtsanwalt einschalten. Hierzu lassen sie sich in den AGB bevollmächtigen. Es werden in der Regel Vertragsanwälte oder Rechtsbeistände eingeschaltet, mit denen die Unternehmen in dauernder Geschäftsverbindung stehen.[225] Nach Jäckle[226] besteht bei Einschaltung eines Rechtsbeistands in der Regel eine enge persönliche Bindung zwischen diesem und dem Betreiber des Inkassounternehmens. Das Inkassounternehmen versorgt den Rechtsanwalt mit den notwendigen Informationen. Bei enger Zusammenarbeit kann die gesamte Bearbeitung EDV gesteuert erfolgen, da auch der Antrag auf Erlaß eines Mahnbescheids gemäß § 690 Abs. 3 ZPO per Datenaustausch möglich ist.[227] Neben der nochmaligen Zah-

---

222 David S. 65; Dietrich S. 92; Jäckle Diss. S. 35

223 Zur Rechtsnatur der Besserungsvereinbarung siehe Häuselmann BB 1993, S. 1552; Groh BB 1993, S. 1882; Herlinghaus S. 117; Münchener Kommentar/Keller § 271 Rdnr. 15; Palandt/Heinrichs § 271 Rdnr. 12; Es ist umstritten, ob es sich hierbei, um eine Stundung, einen Erlaß verbunden mit einem Schuldanerkenntnis unter aufschiebender Bedingung oder ein pactum de non petendo handelt. Dies ist vor allem für die steuerrechtliche Einordnung relevant.

224 zu den Auswirkungen dieser Beschränkung siehe unten 1. Teil C. II.

225 Dietrich S. 94; Jäckle Diss. S. 30; Seitz Inkasso-Handbuch Rdnr. 37

226 Jäckle Diss. S. 31

227 Lechner S. 71

lungsaufforderung an den Schuldner zielt der Mahnbescheid darauf, gemäß § 209 Abs.1, Abs. 2 Nr. 1 BGB die Verjährung der Forderung zu unterbrechen. Erfolgt kein Widerspruch des Schuldners, wird ein Vollstreckungsbescheid beantragt und hieraus, sofern der Schuldner keinen Einspruch einlegt, die Zwangsvollstreckung betrieben. Im Mahnverfahren werden die angefallenen Inkassokosten als Nebenforderung geltend gemacht. Des weiteren ist zu berücksichtigen, daß nach der Titulierung und erfolgloser Vollstreckung die Forderung steuerlich abgeschrieben werden kann.[228]

11. Nachgerichtliche Bearbeitung

Der Vollständigkeit halber soll noch kurz auf die nachgerichtliche Tätigkeit der Inkassounternehmen eingegangen werden.[229] Erweisen sich die staatlichen Vollstreckungsmaßnahmen als erfolglos, übernimmt das Inkassounternehmen die weitere Beitreibung und versucht, unter Anwendung oben genannter Mittel, die Forderung zu realisieren. Dies erfordert beharrliche Mahnungen und eine dauerhafte Überwachung des Schuldners.

12. Abschluß des Inkassomandates[230]

Das Inkassomandat läuft im Regelfall über einen Zeitraum von 1,5-2 Jahren.[231] Das Mandat endet entweder mit Zeitablauf oder mit der vollständigen Realisierung der Forderung. In beiden Fällen wird eine Endabrechnung unter Bezifferung aller entstandenen Kosten erstellt. Daneben besteht die Möglichkeit der außerordentlichen Kündigung des Inkassoauftrags, sowie der vorzeitigen Beendigung bei absoluter Uneinbringlichkeit der Forderung.

IV. Inkassokosten

Wie bereits oben[232] festgestellt, besteht für die Inkassobranche keine verbindliche Gebührenordnung. Die Vergütung ist der Vereinbarung der Parteien überlassen und kann daher auch über vergleichbaren Rechtsanwaltsgebühren

---

[228] Seitz Inkasso-Handbuch Rdnr. 26

[229] ausführlich hierzu David S. 67; Dietrich S. 99, 104; Jäckle Diss S. 33; Seitz Inkasso-Handbuch Rdnr. 38

[230] David S. 88; Seitz Inkasso-Handbuch Rdnr. 39

[231] Dietrich S. 160; Seitz Inkasso-Handbuch Rdnr. 39

[232] siehe oben 1. Teil A. III. 4

liegen. Die Grenze bildet alleine § 138 BGB.[233] Da in der Masse Kleinforderungen[234] eingetrieben werden, muß bereits in diesem Bereich kostendeckend kalkuliert werden. Ein Ausgleich für Verluste bei der Bearbeitung von Kleinforderungen durch entsprechend lukrative Großaufträge erfolgt in der Regel nicht.

Es haben sich allgemein übliche Kostenkategorien und Kostensätze herausgebildet.[235] Ohle[236] spricht in diesem Zusammenhang von marktüblicher Vergütung. Bei Inkassokosten handelt es sich um steuerbaren Umsatz,[237] so daß jeweils die MwSt. hinzuzurechnen ist. Für den Bereich des vorgerichtlichen Inkassos lassen sich dem Grundsatz nach zwei Vergütungssysteme unterscheiden. Einerseits erfolgt die Berechnung aller vorgerichtlichen Bemühungen pauschal zuzüglich der im Einzelfall angefallenen Auslagen.[238] Andererseits werden die einzelnen Bearbeitungsstufen gesondert beziffert und für diese zuzüglich der Auslagen abgerechnet. Daneben sind auch Mischformen zu beobachten. Im folgenden werden die Kostenansätze für die einzelnen Bearbeitungsstufen dargestellt.

1. Bearbeitungsvergütung

Hierunter ist eine zeit- und aufwandsunabhängige allgemeine Vergütung für die erste vorbereitende Sachbearbeitung zu verstehen. Sie umfaßt im wesentlichen die oben 1. Teil B. III. 1.-5. dargestellten Tätigkeiten. Dies sind die Erfassung des Inkassomandates mit allen für die Beitreibung notwendigen Vorermittlungen. Die Höhe der Bearbeitungsvergütung[239] bewegt sich im Bereich von 5-6 % der Forderungssumme, mindestens jedoch bei 10,00 DM. Sie ist im Regelfall im voraus zu entrichten und wird dem Gläubiger bei Tilgung durch den Schuldner im Wege des Schadensersatzes wieder gutgeschrieben.

---

233 Altenhoff/Busch/Chemnitz Rdnr. 112; Burhoff NWB 1991, S. 1759 (1760); Rennen/Caliebe Anh. 1 Rdnr. 5

234 Der durchschnittliche Beitreibungsbetrag wird mit DM 1.500,00 beziffert. siehe Klementz FLF 1994, S. 66

235 Dietrich S. 168; Jäckle Diss. S. 43; Stahrenberg S. 25

236 in Seitz Inkasso-Handbuch Rdnr. 41

237 siehe oben 1. Teil A. III. 2. b)

238 Die pauschale Abrechnung erfolgt entweder angelehnt an die Gebührenordnung der BRAGO oder nach einer eigenen Kostentabelle. Beispiele für AGB siehe David S. 60

239 Burhoff NWB 1991, S. 1759 (1760); David S. 76; Dietrich S. 170; Jäckle Diss. S. 43; Seitz Inkasso-Handbuch Rdnr. 41

2. Mahnspesen

Hiermit werden die außergerichtlichen Mahnaktivitäten des Inkassounternehmens abgegolten. Dies sind die oben 1. Teil B. III. 6.-8. beschriebenen Tätigkeiten. Erfaßt wird hiervon aber auch die laufende Überwachung des Schuldnerkontos und einer Ratenzahlungsvereinbarung. Die Mahnspesen belaufen sich auf 2,5-4 % der Forderung[240]. Abhängig von der Höhe der beizutreibenden Forderung sind hier erhebliche Schwankungen möglich.

3. Sachführungskosten[241]

Die Inkassomandate erfordern einen teilweise sehr unterschiedlichen buchhalterischen Aufwand. Dieser hängt von der Dauer der Bearbeitung und dem Zahlungsfluß, beispielsweise bei Ratenzahlungsvereinbarungen, ab. Als Kosten für die Führung des für die Beitreibungssache angelegten Gläubigerkontos werden 2,50-4,00 DM pro Monat oder 2-4 % des Forderungswerts maximal aber 50,00-80,00 DM erhoben.

4. Auslagen

Die Schreib- und Formularkosten, Telefongebühren, Porti, Fahrtkosten, sowie sonstige Auslagen stellt das Inkassounternehmen gesondert in Rechnung. Bei diesen Auslagen ist es Vereinbarungssache, inwieweit sie bereits in der Bearbeitungsgebühr enthalten sind. Die Abrechnung erfolgt nach dem tatsächlichen Aufwand. Für einen Brief werden 5,00-10,00 DM[242], für eine Adreßermittlung, Behördenauskunft etc. pauschal jeweils 5,00-12,00 DM[243] in Rechnung gestellt.

5. Erfolgsvergütung

Teilweise wird als Vergütung eine sogenannte Erfolgsprovision[244] vereinbart. Die Erfolgsprovision gewinnt besonders bei der nachgerichtlichen Inkassotätigkeit an Bedeutung. Das Inkassounternehmen erhält nur im Fall des Erfolgs,

---

240 Die Angaben differieren von 2,3-3,5 % (Dietrich S. 170) bis 3-4 % (Burhoff NWB 1991, S. 1759 (1761); David S. 76; Seitz Inkasso-Handbuch Rdnr. 41)

241 Burhoff NWB 1991, S. 1759 (1761); David S. 76; Seitz Inkasso-Handbuch Rdnr. 41; ebenso Giebel Rbeistand 1982, S. 211, der sie als Kontoführungskosten bezeichnet.

242 David S. 76; Seitz Inkasso-Handbuch Rdnr. 41; Jäckle Diss. S. 43 nennt 4,00-6,00 DM

243 Dietrich S. 171

244 Die Vereinbarung einer Erfolgsprovision ist grundsätzlich zulässig. Altenhoff/Busch/Chemnitz Rdnr. 112; Rennen/Caliebe Anh. 1 Rdnr. 5

also der Zahlung des Schuldners auf seine Bemühungen hin, je nach Vereinbarung einen gewissen Bruchteil des zu realisierenden Forderungsbetrags, des tatsächlich realisierten Betrags oder eine darüber hinausgehende Vergütung.[245] Die Höhe der Erfolgsvergütung schwankt zwischen 10-50 % der Forderung je nach Bonität des Schuldners bzw. dem voraussichtlichen Schwierigkeitsgrad der Beitreibung.[246] Zur Problematik der Ersatzfähigkeit von Erfolgsprovisionen als Verzugsschaden wird unten 2. Teil B. II. 1. b) eingehend Stellung genommen.

6. Zusammenfassung

Die in diesem Kapitel dargestellte Kostenstruktur gibt, sofern keine abweichenden einzelvertraglichen Vereinbarungen getroffen wurden, einen Überblick über die marktübliche Vergütung von Inkassounternehmen. Bei Erfolglosigkeit der Inkassobemühungen wird vielfach ein anderer Abrechnungsmodus gewählt.[247] Es wird nur die Bearbeitungsvergütung und der Auslagenersatz abgerechnet. Unter dem Vorbehalt von unternehmens- und forderungsbedingten Abweichungen lassen sich als Inkassokosten zusammenfassend 10-15 %[248] der Hauptforderung feststellen. Von dieser Größenordnung wird in der folgenden Untersuchung ausgegangen. Die Mindestkosten belaufen sich unabhängig vom Wert der Hauptforderung auf 10,00 DM. Die genannten Werte verstehen sich nebst Auslagen und MwSt.. Bei Forderungen von deutlich unter 100,00 DM wird somit der prozentuale Anteil der Inkassokosten höher. Giebel[249] hat für den Zeitraum 1980-1982 über 150 Gerichtsentscheidungen ausgewertet, die Inkassokosten zugesprochen haben. Er kommt zu ersatzfähigen Inkassokosten in Höhe von 12-17 % der Hauptforderung. In Einzelfällen können, insbesondere bei niedrigen Forderungswerten, bis zu 30 % als Inkassokosten erhoben werden.

---

[245] Dietrich S. 171, Seitz Inkasso-Handbuch Rdnr. 41

[246] Burhoff NWB 1991, S. 1759 (1761); David S. 79; Seitz Inkasso-Handbuch Rdnr. 41

[247] Dietrich S. 173; Jäckle Diss. S. 42

[248] Seitz Inkasso-Handbuch Rdnr. 41

[249] Giebel Rbeistand 1982, S. 211

C. Rechtliche Einordnung der Tätigkeit der Inkassounternehmen

I. Rechtsbeziehungen

Bei der Einschaltung eines Inkassounternehmens zur Forderungsdurchsetzung ist grundsätzlich zu unterscheiden, ob das Inkassounternehmen die Forderung im wirtschaftlichen Interesse und auf Risiko des Gläubigers beitreibt oder ob es dieses Risiko selbst übernimmt. Hieraus ergeben sich wesentliche Unterschiede, sowohl im Verhältnis Inkassounternehmen/Gläubiger als auch im Verhältnis Inkassounternehmen/Schuldner. Beide Konstellationen werden nunmehr getrennt untersucht.

1. Beitreibung der Forderung auf Risiko des Gläubigers

Im Fall der Beitreibung der Forderung auf Risiko des Gläubigers ist zwischen dem Rechtsverhältnis Gläubiger/Inkassounternehmen und dem Rechtsverhältnis Inkassounternehmen/Schuldner zu differenzieren. Das erstgenannte wird als Innenverhältnis[250] und das letztere als Außenverhältnis bezeichnet.

a) Rechtsverhältnis Gläubiger/Inkassounternehmen

Dieses Verhältnis wird durch die vertragliche Vereinbarung zwischen den Parteien bestimmt. Nach herrschender Meinung[251] liegt ein Geschäftsbesorgungsvertrag in Form eines Dienstvertrags gemäß §§ 675, 611 BGB vor. In diesem Vertrag werden die Konditionen fixiert, zu denen das Inkassounternehmen bereit ist, den Forderungseinzug zu übernehmen. Voraussetzung für eine Geschäftsbesorgung im Sinn des § 675 BGB ist die Wahrnehmung einer selbständigen Tätigkeit wirtschaftlicher Art, die für einen anderen oder in dessen Interesse vorgenommen wird.[252] Der Gläubiger überträgt die eigentlich ihm obliegende Durchsetzung seiner Forderung auf das Inkassounternehmen. Dieses nimmt dessen Vermögensinteressen selbständig war. Vereinbarungsgemäß schuldet das Unternehmen nicht die außergerichtliche Beitreibung der Forderung als Erfolg, sondern lediglich die Bemühung darum. Selbst wenn die gerichtliche Geltendmachung der Forderung erforderlich wird, das Inkassounternehmen also "versagt" hat, wird dessen Vergütung nach dem Willen der Ver-

---

250 Seitz Inkasso-Handbuch Rdnr. 46

251 Behr BB 1990, S. 795 (796); Burhoff NWB 1991, S. 1759; Jäckle Diss S. 81; Michalski BB 1995, S. 1361; OLG München BB 1974, S. 101; RGRK/Steffen § 675 BGB Rdnr. 11; Rieble DB 1995, S. 195; Stahrenberg S. 20; Seitz Inkasso-Handbuch Rdnr. 46; Westphalen BB 1994, S. 1721

252 Larenz Schuldrecht Besonderer Teil, zweiter Band, § 56 V

tragsparteien geschuldet. Der Gläubiger trägt das Risiko der Zahlungsunfähigkeit des Schuldners. Das Innenverhältnis ist somit gemäß § 675 BGB grundsätzlich vom Dienstvertrags- und Auftragsrecht des BGB geprägt.

Der wirksame Abschluß eines Inkassovertrages kann nur mit einem gemäß § 1 Abs. 1 Satz 2 Nr. 5 RBerG zugelassenen Inkassounternehmen erfolgen. Das Fehlen der Erlaubnis zur Ausübung dieses Gewerbes führt gemäß § 134 BGB für alle unter Verstoß gegen die Erlaubnispflicht abgeschlossenen Verträge die Nichtigkeitsfolge herbei.[253] Die Nichtigkeit betrifft nicht nur den Geschäftsbesorgungsvertrag als solchen. Von der Nichtigkeitsfolge werden auch alle sich aus diesem ergebenden Rechtsgeschäfte erfaßt, da sie in einem untrennbaren Zusammenhang mit dem Geschäftsbesorgungsvertrag stehen.[254] Die Auswirkungen des § 134 BGB erstrecken sich damit beispielsweise auch auf die Inkassozession oder Inkassovollmacht, so daß die Rechtsstellung des Inkassounternehmens gegenüber dem Schuldner[255] direkt betroffen ist.

Die gesetzliche Regelung in den §§ 675, 663, 665 ff, 672 ff, 611 ff BGB bezüglich der Ausgestaltung des Vertragsverhältnisses wird meist durch die vorrangige vertragliche Regelung der AGB der Inkassounternehmen überlagert.[256] Diese wurden bereits näher dargestellt.[257] Neben der genauen Definition der von dem Inkassounternehmen geschuldeten Beitreibungstätigkeit, ist die Festlegung der Inkassokosten wesentlicher Bestandteil der AGB bzw. einer Individualvereinbarung. Bei fehlender Vereinbarung greift § 612 Abs. 1, 2 BGB ein. Die zwei Hauptleistungspflichten des Inkassovertrages, einerseits die Beitreibungstätigkeit des Inkassounternehmens und andererseits die Zahlungsverpflichtung des Gläubigers, sind damit festgelegt. Daneben können Weisungen des Gläubigers zu einem besonderen Vorgehen gegenüber dem Schuldner in den Vertrag Eingang finden.

Eine weitere zentrale Regelung des Inkassovertrages ist die Frage, mit welcher Rechtsmacht der Gläubiger das Unternehmen im Verhältnis zum Schuldner

---

[253] Altenhoff/Busch/Chemnitz Art. 1 § 1 Rdnr. 125; Burhoff NWB 1991, S. 1759; Münchener Kommentar/Mayer-Maly § 134 BGB Rdnr. 19, 79, 80; Rennen/Caliebe Art. 1 § 1 Rdnr. 147; Prütting/Weth ZIP 1994, S. 424; OLG Celle NJW 1973, S. 2028 (2029); BGH ZIP 1993, S. 1708

[254] Behr BB 1990, S. 795 (798)

[255] siehe unten 1. Teil C. I. 1. b)

[256] Burhoff NWB 1991, S. 1759; Seitz Inkassohandbuch Rdnr. 48 mit Auszügen und weiteren Nachweisen

[257] siehe oben 1. Teil B. II.

ausstattet. Es sind drei Möglichkeiten, nämlich die Einziehungsermächtigung, die Inkassozession und die Einziehungsvollmacht, denkbar. Die ersten beiden Rechtsinstitute dienen dazu, einem Dritten die Rechtsmacht zur Durchsetzung der Forderung im eigenen Namen einzuräumen, wogegen er beim letzteren im Namen des eigentlichen Gläubigers auftritt.

α) Einziehungsermächtigung gemäß § 185 BGB

Das Rechtsinstitut der Einziehungsermächtigung ist zwar in seiner Begründung höchst umstritten, jedoch gewohnheitsrechtlich anerkannt.[258] Mittels der Einziehungsermächtigung wird dem Inkassounternehmen ein Ausschnitt der Forderung übertragen. Es kann die Forderung dem Schuldner gegenüber im eigenen Namen geltend machen. Der Gläubiger bleibt dabei Forderungsinhaber und die Forderung wird haftungsrechtlich weiterhin seinem Vermögen zugerechnet. Das Inkassounternehmen handelt auf fremde Rechnung. Seitens des Schuldners ist gemäß §§ 362 Abs. 2, 185 Abs. 1 BGB eine schuldbefreiende Leistung an das Inkassounternehmen möglich.[259] Der Gläubiger kann die Einziehungsermächtigung jederzeit widerrufen. Die gegen das Institut der Einziehungsermächtigung vorgebrachten Bedenken[260] der Verdoppelung der Gläubigerstellung und die damit verbundenen Risiken für den Schuldner seien hier dahingestellt. Das Inkassounternehmen macht die Forderung im eigenen Namen geltend. In diesem Rahmen ist zu bemerken, daß die gerichtliche Geltendmachung der Forderung, gesetzt den Fall, das Inkassobüro wäre hierzu in der Lage[261], von § 185 Abs. 1 BGB nicht zwingend gedeckt ist. Voraussetzung für die prozessuale Geltendmachung durch das Inkassobüro im eigenen Namen ist eine gewillkürte Prozeßstandschaft, da nur der Gläubiger als Forderungsinhaber aktivlegitimiert ist. Diese ist nach überwiegender Meinung[262] nur zulässig, wenn der Bevollmächtigte ein eigenes schutzwürdiges Interesse an der Durchsetzung der Forderung hat. Ein solches Interesse kann beim Inkassounternehmen nur in der Geltendmachung der bei ihm angefallenen Kosten liegen. Kostenschuldner ist aber der Gläubiger als Vertragspartner des Inkassounterneh-

---

[258] BGH NJW-RR 1989, S. 317; Münchener Kommentar/Roth § 398 BGB Rdnr. 44 m.w.N.; Palandt/Heinrichs § 398 Rdnr. 29; Zöller/Vollkommer vor § 50 Rdnr. 52; BGH NJW-RR 1989, S. 315 (317)

[259] Michalski BB 195, S. 1361

[260] Medicus Bürgerliches Recht, § 3 I 2 c

[261] Diese Problematik wird unten 1. Teil C. II näher dargestellt.

[262] Münchener Kommentar/Roth § 398 BGB Rdnr. 47; Thomas/Putzo § 51 ZPO Rdnr. 34; Zöller/Vollkommer Vor § 50 ZPO Rdnr. 52, 44 m.w.N.; BGH NJW-RR 1988, S. 126; BGH NJW-RR 1989, S. 315 (317)

mens. Er ist unabhängig vom Ausgang des Prozesses zur Zahlung verpflichtet. Hat die Beitreibung keinen Erfolg, so wird in der Regel[263] nach einem geminderten Kostensatz abgerechnet, so daß das Unternehmen mittelbar Interesse am Ausgang des Rechtsstreits hat. Anders ist der Fall bei Vereinbarung einer Erfolgsprovision gelagert. Hier wirkt sich das Ergebnis des Rechtsstreits direkt auf den Vergütungsanspruch des Inkassounternehmens aus.

Ein schutzwürdiges Eigeninteresse des Ermächtigten wird dann als gegeben erachtet, wenn die Entscheidung Einfluß auf dessen eigene Rechtslage hat. Ein rein wirtschaftliches Interesse ist in der Regel nicht ausreichend, kann aber unter Umständen genügen.[264] Das Vorliegen dieser Voraussetzung ist im einzelnen umstritten. Im Fall der Einziehungsermächtigung wird das schutzwürdige Eigeninteresse bereits bejaht, wenn der Ermächtigte durch die Prozeßführung einen eigenen Provisionsanspruch erzielt[265] oder die sonstige Sicherung eigener Ansprüche herbeiführt.[266] Bei der Geltendmachung von Inkassokosten findet sich eine mit der Erzielung von Provisionsansprüchen vergleichbare Interessenlage. Das Inkassounternehmen ist mindestens mittelbar vom Prozeßausgang betroffen. Im Ergebnis ist das Unternehmen daher kraft gewillkürter Prozeßstandschaft als prozeßführungsbefugt anzusehen.[267]

β) Inkassozession

Im Rahmen der Inkassozession tritt der Gläubiger seine Forderung an das Inkassounternehmen gemäß § 398 Satz 1 BGB ab. Die Abtretung der Forderung erfaßt nicht zwingend auch den Kostenerstattungsanspruch des Gläubigers gegen den Schuldner auf Ersatz der Inkassokosten.[268] Dieser ist gesondert, meist durch AGB geregelt, abzutreten. Das Inkassounternehmen wird rechtlich al-

---

[263] siehe oben 1. Teil B. IV. 6.

[264] Rosenberg/Schwab/Gottwald § 46 III 1.; Zöller/Vollkommer vor § 50 Rdnr. 44; im einzelnen strittig Münchener Kommentar/Lindacher vor § 50 ZPO Rdnr. 62

[265] BGH NJW 1988, S. 1210; Zöller/Vollkommer vor § 50 Rdnr. 52; im Ergebnis gleich Münchener Kommentar/Lindacher vor § 50 ZPO Rdnr. 52, der das verständliche Interesse des Ermächtigenden als fremdprozeßführungslegitimierend ausreichend läßt, dem Provisionsanspruch aber keine Bedeutung beimißt.

[266] BGH NJW 1987, S. 3121 ausreichend ist die Erhöhung der Liquidität einer BGB-Gesellschaft und die damit einhergehende erhöhte Chance zur Realisierung von Gesellschafterforderungen gegen die Gesellschaft

[267] LG Koblenz JurBüro 1980, S. 447

[268] Seitz Inkasso-Handbuch Rdnr. 67

leiniger Forderungsinhaber.[269] Sinn dieser Vorgehensweise ist es aber, das Inkassounternehmen zu ermächtigen, die Forderung wirtschaftlich gesehen für den Gläubiger geltend zu machen. Das Inkassounternehmen erhält nach außen hin mehr Rechtsmacht als nötig. Deshalb ist diese treuhänderisch gebunden.[270] Das Unternehmen hat die Verpflichtung, die Forderung für Rechnung und Interesse des Gläubigers geltend zu machen. Es darf sie nicht abtreten oder anderweitig über sie verfügen und hat sie bei Eintritt der vereinbarten Bedingung (in der Regel Kündigung des Inkassoauftrages) zurückzuübertragen. Diese fiduziarische Zweckbindung wirkt nur im Innenverhältnis und ergibt sich aus dem Inkassovertrag. Das Inkassounternehmen macht die Forderung im eigenen Namen kraft eigener Rechtszuständigkeit geltend. Hiervon wird grundsätzlich auch die gerichtliche Geltendmachung der Forderung im eigenen Namen erfaßt.[271] Ein besonderes wirtschaftliches Interesse ist nicht erforderlich. Inwieweit dies mit dem RBerG vereinbar ist, wird im folgenden noch zu diskutieren sein.

γ) Einziehungsvollmacht

Bei der Einziehungsvollmacht wird dem Inkassounternehmen gemäß § 167 Abs. 1 BGB die Vollmacht zur Geltendmachung der Forderung eingeräumt. Es tritt im Verhältnis zum Schuldner im Namen des Gläubigers als dessen Vertreter gemäß § 164 Abs. 1 Satz 1 BGB auf. Der Gläubiger bleibt in vollem Umfang Inhaber der Forderung. Eine prozessuale Durchsetzung der Forderung durch das Inkassounternehmen scheidet aus, da der Gläubiger alleine aktivlegitimiert ist. Der gegebenenfalls durch das Inkassounternehmen eingeschaltete Anwalt tritt im Namen des Gläubigers auf.

δ) Abgrenzung

Die Abgrenzung zwischen den aufgezeigten Möglichkeiten des Forderungseinzugs bestimmt sich, sofern eine eindeutige vertragliche Regelung fehlt, nach der Auslegung des Vertrages zwischen dem Gläubiger und dem Inkassounternehmen gemäß §§ 133, 157 BGB.[272]

---

[269] Stahrenberg S. 21

[270] Michalski BB 1995, S. 1361; Seitz Inkasso-Handbuch Rdnr. 62

[271] BGH NJW 1980, S. 991; Behr BB 1990, S. 795 (796); Fromm JurBüro 1989, S. 1075

[272] Münchener Kommentar/Roth § 398 BGB Rdnr. 48; Seitz Inkasso-Handbuch Rdnr. 65; Westphalen BB 1994, S. 1721

Für die Erteilung einer Einziehungsvollmacht ist eine ausdrückliche Bevollmächtigung erforderlich. Fehlt diese, ist nach dem erkennbaren Willen der Parteien, wie das Inkassounternehmen nach außen auftreten soll, abzugrenzen. Entscheidendes Kriterium ist das Handeln des Unternehmens in fremdem oder in eigenem Namen.

Die Differenzierung zwischen Einziehungsermächtigung und Inkassozession gestaltet sich schwieriger. In beiden Fällen tritt das Inkassounternehmen in eigenem Namen auf. Im Zweifel soll diejenige Rechtsform vereinbart sein, die, orientiert am Vertragszweck, den beiderseitigen Interessen am gerechtesten wird. Der Gläubiger wird nur soviel Rechtsmacht abgeben wollen, wie unbedingt nötig ist, um das Inkassounternehmen zur Einziehung zu berechtigen, was für die Einziehungsermächtigung spricht. Teilweise wird aber auch vertreten,[273] daß im Zweifel eine fiduziarische Inkassozession gewollt sei. Begründet wird dies mit der dann möglichen gerichtlichen Geltendmachung der Forderung durch das Inkassounternehmen. Dieses Argument ist, wie sich noch zeigen wird, umstritten. In der Regel ermächtigt der Gläubiger das Inkassounternehmen, auch im Fall der Einziehungsermächtigung, mit dem Auftrag zugleich zur Einschaltung eines Vertragsanwaltes zur gerichtlichen Durchsetzung der Forderung in seinem Namen. Daher ist in beiden Fällen die gerichtliche Durchsetzung der Forderung gewährleistet. Es bedarf demnach einer Abgrenzung für den jeweiligen Einzelfall.

b) Rechtsverhältnis Inkassounternehmen/Schuldner

Die Rechtsbeziehung des Inkassounternehmens zum Schuldner ist wesentlich davon abhängig, mit welcher Rechtsmacht der Gläubiger das Inkassounternehmen zur Beitreibung der Forderung vertraglich ausgestattet hat. Je nach Ausgestaltung im Verhältnis zum Gläubiger tritt das Unternehmen in eigenem oder in fremdem Namen auf. Eigene Ansprüche gegenüber dem Schuldner macht es jedoch in keinem Fall geltend, da zu diesem weder vertragliche noch sonstige Beziehungen bestehen. Es beruft sich, sofern es in eigenem Namen auftritt, auf abgetretenes Recht. Dies gilt sowohl hinsichtlich des Haupt-, wie auch hinsichtlich des Verzugsschadensersatzanspruches auf Ersatz der Inkassokosten.

---

[273] Palandt/Heinrichs § 398 BGB Rdnr. 30 mit Verweis auf OLG Köln JMBl NRW 1971, S. 7

2. Beitreibung auf Risiko des Inkassounternehmens

Das Inkassounternehmen erwirbt in diesem Fall die Forderung als ganzes.[274] Es tritt rechtlich und wirtschaftlich an die Stelle des ursprünglichen Gläubigers. Damit liegt ein Forderungskauf gemäß §§ 433 Abs. 1 Satz 2, 437 Abs. 1 BGB vor, dessen Erfüllung durch die Forderungsabtretung gemäß § 398 BGB erfolgt. Eine treuhänderische Bindung fehlt. Das Inkassounternehmen macht eine eigene Forderung im eigenen Namen geltend. Der Schuldner ist über § 407 BGB geschützt. Dieser Fall soll für die vorliegende Untersuchung ausscheiden, da insofern keine fremden Kosten auf den Schuldner umgelegt werden, sondern eigene Kosten des Inkassounternehmens. Das Risiko der Beitreibbarkeit läßt sich das Unternehmen vom ursprünglichen Gläubiger durch einen entsprechenden Abschlag vom Wert der Forderung, abhängig von der Bonität des Schuldners, abgelten. Es tritt als echter Factor[275] auf.

Für den Fall des Forderungskaufs erübrigt sich eine Differenzierung zwischen den oben unterschiedenen Rechtsverhältnissen, da diese nicht parallel vorliegen. Der Schuldner sieht sich immer nur einer Person gegenüber. Es findet lediglich ein Gläubigerwechsel auf das Inkassounternehmen statt. Die Einziehung der Forderung geschieht im eigenen Namen und auf eigene Rechnung des Inkassounternehmens.

II. Zugelassene Tätigkeit eines Inkassounternehmens nach dem RBerG

1. Erlaubte Tätigkeit

Wie gezeigt[276] bedarf die beschriebene Tätigkeit eines Inkassounternehmens der Erlaubnis gemäß Art. 1 § 1 Abs. 1 Satz 2 Nr. 5 RBerG. Die Erlaubnis ist auf die außergerichtliche Forderungseinziehung beschränkt.

Die Einziehung von Forderungen stellt unbestritten[277] eine Besorgung fremder Rechtsangelegenheiten im Sinn des Art. 1 § 1 Abs. 1 Satz 1 RBerG dar. Das Inkassounternehmen fördert unmittelbar die Forderungsdurchsetzung durch Wahrnehmung dieses Rechts dem Schuldner gegenüber. Ziel ist die Realisierung der Forderung. Es ist nicht erforderlich, daß die Rechtssache vollständig erledigt wird. Jegliche Förderung der Rechtsangelegenheit, in Form von Bei-

---

274 Behr BB 1990, S. 795 (797); Michalski BB 1995, S. 1361

275 Palandt/Heinrichs § 398 BGB Rdnr. 36; Martinek S. 232

276 siehe oben 1. Teil A. III. 1.

277 Altenhoff/Busch/Chemnitz Artikel 1 § 1 Rdnr. 26

treibungsaktivitäten, stellt bereits Rechtsbesorgung dar.[278] Art. 1 § 1 Abs. 1 Satz 1 RBerG regelt ausdrücklich die Einziehung fremder und zu Einziehungszwecken abgetretener Forderungen. Erfaßt werden damit alle Fälle der Beitreibung der Forderung auf Risiko des Gläubigers.[279]

Der außergerichtliche Bereich beinhaltet die Beratung des Auftraggebers hinsichtlich des Forderungseinzuges, die Fertigung außergerichtlicher Mahnschreiben, die Beauftragung eines Gerichtsvollziehers nach Vorliegen eines vollstreckbaren Titels zur Durchführung von Vollstreckungsmaßnahmen, das Einholen von Auskünften aus dem Schuldnerverzeichnis und die Überwachung von zeitweilig uneinbringlichen Forderungen als Voraussetzung für neue Einziehungsmaßnahmen.[280]

Umstritten ist, wann das Inkassounternehmen an die Grenzen seiner Erlaubnis stößt. Es ist insbesondere fraglich, ob anwaltschaftlich vertretene Inkassounternehmen im Rahmen ihrer Erlaubnis nach dem RBerG befugt sind, Forderungen selbst gerichtlich geltend zu machen.

2. Beschränkung auf die außergerichtliche Tätigkeit gemäß Art. 1 § 1 Satz 2 Nr. 5 RBerG

Die Beschränkung der Inkassotätigkeit auf den außergerichtlichen Bereich wird in den Erlaubnisurkunden[281] nochmals hervorgehoben. Ausdrücklich aufgeführt wird, daß "... insbesondere die Einreichung von Anträgen im Mahnverfahren..." nicht von der Erlaubnis gedeckt ist. Der Umfang dieser Beschränkung ist höchst umstritten.

Für die Inkassounternehmen ist die genaue Begrenzung der erlaubten Tätigkeit von besonderer Relevanz, da ein unter Verstoß gegen die Erlaubnis abgeschlossener Inkassovertrag gemäß § 134 BGB als ganzes nichtig ist.[282]

---

[278] König S. 28

[279] Seitz Inkasso-Handbuch Rdnr. 27 m. w. N.

[280] Michalski BB 1995, S. 1361 (1362); Rennen/Caliebe Art. 1 § 1 Rdnr. 79

[281] Einheitliche Formulierung nach der Vorschrift des Reichsjustizministeriums vom 24.09.1936, nachzulesen bei Seitz Inkasso-Handbuch Rdnr. 354. Dieser Formulierung sind die meisten heute existierenden Erlaubnisurkunden angeglichen. Es treten daneben abweichende Formulierungen auf. siehe beispielsweise BGH MDR 1991, S. 1088; Text der Erlaubnisurkunde im Bezirk des AG München siehe Anhang 3

[282] siehe oben 1. Teil C. I. 1. a); Caliebe NJW 1991, S. 1721; Palandt/Heinrichs § 134 Rdnr. 21; BGHZ 70, S. 17; BGH ZIP 1988, S. 40; BGH ZIP 1993, S. 1708

Bevor im Detail auf den Meinungsstreit eingegangen wird, sind die möglichen Konstellationen des Kontakts der Inkassounternehmen mit Gerichten zusammenfassend darzustellen.

Bei der Einziehungsvollmacht wird der eingeschaltete Rechtsanwalt namens und im Auftrage des Gläubigers tätig. Das Inkassounternehmen nimmt höchstens mittelbar durch die Weitergabe der nötigen Informationen auf das Prozeßgeschehen Einfluß. Der Streit entzündet sich vornehmlich an der Einziehungsermächtigung und der Inkassozession. Hier ist das Unternehmen kraft gewillkürter Prozeßstandschaft oder als Inhaber der Forderung prozeßführungsbefugt.[283]

Der Fall des Forderungskaufs[284] ist für diese Problemstellung nicht von Relevanz. § 1 Abs. 1 5. RBerV 29.03.1938[285] bestimmt zwar die Erlaubnispflicht auch für den Ankauf von Forderungen, falls dieser geschäftsmäßig betrieben wird. Hiervon ist bei Inkassounternehmen auszugehen.[286] Diese Vorschrift wurde jedoch durch Urteil des VG Bremen für verfassungswidrig erklärt.[287] Zudem hat der BGH[288] für der Forderungskauf bereits entschieden, daß Inkassounternehmen zur gerichtlichen Geltendmachung der angekauften Forderung unter Einschaltung eines Rechtsanwalts befugt sind. Die anderen Konstellationen wurden jedoch ausdrücklich offen gelassen.

a) Problemstellung

Der Fall, daß sich das Inkassounternehmen aufgrund Einziehungsermächtigung oder bei einer fiduziarisch abgetretenen Forderung eines Rechtsanwaltes zur gerichtlichen Geltendmachung der Forderung im eigenen Namen bedient, ist äußerst umstritten. Fraglich ist, ob das Inkassounternehmen damit den von der Erlaubnis gedeckten außergerichtlichen Bereich verläßt. Ansatzpunkt zur Beantwortung dieser Frage ist das Kriterium der "außergerichtlichen Einziehung" gemäß Art. 1 § 1 Abs. 1 Satz 2 Nr. 5 RBerG. Dessen Auslegung ist strittig. Einerseits wird eine sehr enge Auslegung des Begriffes "außergerichtlich" ver-

---

283 siehe oben 1. Teil C. I. 1. a) α), ß)

284 siehe oben 1. Teil C. I. 2.

285 RGBl I, S. 359; BGBl III 303-12-5; Text bei Rennen/Caliebe 5. AVO

286 Michalski BB 1995, S. 1361; Rennen/Caliebe Art. 1 § 1 Rdnr. 32

287 VG Bremen NJW 1997, S. 604

288 BGH ZIP 1994, S. 447, BGH NJW 1994, S. 997 (998): Ausdrücklich offengelassen wurde der Fall der Einziehung auf fremde Rechnung

treten.[289] Dies hat zur Folge, daß das Inkassounternehmen die abgetretene Forderung selbst bei Einschaltung eines Rechtsanwalts nicht gerichtlich geltend machen darf. Ihm ist jeder Kontakt mit den Gerichten untersagt. Selbst die mittelbare Einflußnahme bei Geltendmachung der Forderung im Namen des Gläubigers wird als Verstoß gegen das RBerG gewertet. Man spricht von einer prozeßrechtlichen Auslegung.[290] Die andererseits vertretene berufsrechtliche, weite Auslegung[291] befürwortet die Zulässigkeit eines derartigen Vorgehens.

Man findet zwar eine BGH-Entscheidung[292], in der dem Inkassounternehmen der Verkehr mit den Gerichten gestattet wurde. Gestützt wurde dies aber auf den Wortlaut der Erlaubnisurkunde. Diese umfaßte im konkreten Fall, unter Abweichung von der allgemein üblichen Formulierung der Erlaubnisurkunde, explizit den Verkehr mit den Gerichten. Zur Frage der Auslegung des Begriffs "außergerichtlich" im Sinn des Art. 1 § 1 Satz 2 Nr. 5 RBerG mußte nicht Stellung genommen werden. Der Wortlaut der Erlaubnisurkunde ist zur Bestimmung der von der Erlaubnis gedeckten Tätigkeit vorrangig zu berücksichtigen, da es sich bei dieser um einen Verwaltungsakt handelt, der mit dem Inhalt bestandskräftig wird, mit dem er bekanntgegeben wurde.[293] Der direkte Kontakt mit den Gerichten ist Inkassounternehmen nach dem Wortlaut der Erlaubnis in der Regel nicht gestattet.

Im Rahmen eines ablehnenden Beschlusses[294] gemäß § 554 b Abs. 1, 2 ZPO hat der BGH zudem festgestellt, daß Inkassounternehmen unter Einschaltung eines Rechtsanwalts befugt sind, Forderungen gerichtlich geltend zu machen,

---

289 Altenhoff/Busch/Chemnitz Art. 1 § 1 RBerG Rdnr. 175 ff; OLG Karlsruhe WRP 1987, S. 640; LG Berlin NJW-RR 1988, S. 1313; OLG Nürnberg NJW-RR 1990 S. 1261; OLG Köln MDR 1991, S. 1085; OLG Stuttgart OLG-Rspr. 6/94, S. 7; LG Köln OLG-Rspr. 11/94, S. 6

290 Michalski BB 1995, S. 1361 (1362)

291 Klinger NJW 1993, S. 3165; Michalski BB 1995, S. 1361 (1362); Rennen/Caliebe Art. 1 § 1 RBerG Rdnr. 83; LG Berlin MDR 1989, S. 467; LG Dortmund MDR 1989, S. 749; KG NJW-RR 1990, S. 429; LG Köln DB 1990, S. 2161; OLG Hamm MDR 1992, S. 1187; OLG Schleswig-Holstein BB 1995, S. 431; LG Bonn JurBüro 1995, S. 659

292 BGH MDR 1991, S. 1088; ebenso OLG Hamm WM 1992, S. 371; OLG Hamburg JurBüro 1994, S. 280; LG Bonn JurBüro 1995, S. 659

293 OLG Hamburg MDR 1993, S. 477

294 BGH NJW 1996, S. 393: In den Gründen des Beschlußes wird festgestellt, daß die Revision in der Sache keine Erfolgsaussichten hat. ablehnend hierzu Chemnitz EWiR 1996, S. 83

die ihnen durch Inkassozession abgetreten worden sind. Trotz dieser Entscheidung ist die Problematik, nach wie vor, umstritten.[295]

Die Gegner einer Befugnis der Inkassobüros zur selbständigen Beitreibung von Forderungen argumentieren vorrangig mit dem Wortlaut der gesetzlichen Regelung und mit deren Schutzzweck.[296] Demzufolge sei den Inkassounternehmen jede Art gerichtlichen Vorgehens untersagt. Insbesondere dürften sie, trotz Einschaltung eines Rechtsanwalts, nicht zum eigentlichen Betreiber des gerichtlichen Verfahrens werden.[297] Hiergegen führen die Befürworter einer gerichtlichen Tätigkeit der Inkassounternehmen ebenso den Schutzzweck der Regelung, den sie nicht als verletzt ansehen, ins Feld.[298] Die Auslegung nach dem Wortlaut des Gesetzes müsse ihrer Meinung nach dem gegenüber zurücktreten. Beide Meinungen differieren somit kaum hinsichtlich der angeführten Aspekte. Sie unterscheiden sich vornehmlich in deren Bewertung. Eine detaillierte Darstellung der einzelnen Meinungen erübrigt sich daher. Es wird statt dessen im folgenden Punkt, unter Berücksichtigung der einzelnen Wertungen, abschließend Stellung genommen.

---

[295] siehe ablehnende Kommentierung zu BGH NJW 1996, S. 393 bei Chemnitz EWiR 1996, S. 83

[296] Altenhoff/Busch/Chemnitz Art. 1 § 1 RBerG Rdnr. 175 ff; OLG Karlsruhe WRP 1987, S. 640; LG Berlin NJW-RR 1988, S. 1313; OLG Nürnberg NJW-RR 1990 S. 1261; OLG Köln MDR 1991, S. 1085; LG Köln OLG-Rspr. 11/94, S. 6; OLG Stuttgart OLG-Rspr. 6/94, S. 7

[297] BVerwG NJW 1991, S. 58: Entscheidung über eine Nichtzulassungsbeschwerde gemäß §§ 132 Abs. 2 Nr. 2, 133 Abs. 1 VwGO. Die Ausführungen erfolgten inzidenter. Anmerkung hierzu Caliebe NJW 1991, S. 1721

[298] Caliebe NJW 1991, S. 1721; Lehmann ZIP 1989, S. 351; Klinger NJW 1993, S. 3165; Michalski BB 1995, S. 1361 (1362); Rennen/Caliebe Art. 1 § 1 RBerG Rdnr. 83; LG Berlin MDR 1989, S. 467; LG Dortmund MDR 1989, S. 749; LG Köln DB 1990, S. 2161; OLG Hamm MDR 1992, S. 1187; OLG Schleswig-Holstein BB 1995, S. 431

b) Stellungnahme

Die Argumente der kontroversen Standpunkte sind folgendermaßen zu würdigen.

Die gerichtliche Durchsetzung der Forderungen wird von Inkassounternehmen betrieben. Dazu bedienen sie sich der Hilfe von Rechtsanwälten. Aufgrund der ihnen im Inkassovertrag eingeräumten Vollmachten[299] entscheiden sie in der Regel eigenständig über die Zweckmäßigkeit eines derartigen Vorgehens. Sie beauftragen und informieren den Rechtsanwalt. Insoweit kann nicht mehr von einer außergerichtlichen Beitreibung, im engsten Wortsinn, gesprochen werden. Das Inkassounternehmen strengt ein gerichtliches Verfahren, in Form des Mahnverfahrens, an. Wirtschaftlich betrachtet erfolgt die Tätigkeit aufgrund der fiduziarischen Zweckbindung im Interesse des Gläubigers. In Art. 1 § 1 Abs. 1 Satz 1 RBerG werden die hauptsächlich streitigen Ausgestaltungen der Einziehungsermächtigung und der Inkassozession[300] ausdrücklich benannt. Der Gesetzgeber hatte daher den Fall, daß das Inkassounternehmen rein formal Forderungsinhaber wird, bedacht. Die Auslegung nach dem Wortlaut des Begriffs "außergerichtliche Einziehung" verbietet in erster Linie das direkte Auftreten des Inkassounternehmens vor Gericht. Für diese Auslegung spricht weiterhin, daß seitens des Inkassounternehmens trotz der Einschaltung eines Rechtsanwalts entscheidend auf die Prozeßführung Einfluß genommen werden kann. Sogar im Fall der Einziehungsvollmacht wird die mittelbare Einflußnahme des Inkassounternehmens auf das Prozeßgeschehen beklagt. Dieser strikt am Wortlaut orientierten Auslegung ist entgegenzuhalten, daß im letzteren Fall streng formal betrachtet kein Kontakt zwischen Inkassounternehmen und Gericht besteht. Eine gerichtliche Tätigkeit scheidet aus. Das Unternehmen handelt nur im Namen des Gläubigers. Für den Ausschluß auch der mittelbaren Einflußnahme auf das Prozeßgeschehen ist der Wortlaut des Gesetzes nicht eindeutig. Es ist eine teleologische Auslegung vorzunehmen.

Die bloße Beschränkung auf die Auslegung an Hand des Wortlautes der Vorschrift ist ohnehin nicht ausreichend. Überzeugender erscheint die entgegenstehende Auslegung. Diese orientiert sich insbesondere am Regelungszweck des RBerG.[301] Das RBerG ist in erster Linie das Berufsrecht der Rechtsbei-

---

299 siehe oben 1. Teil B. II.

300 Für diesen Fall ist mit BGH NJW 1996, S. 393 bereits eine Vorentscheidung getroffen. Hiernach ist die gerichtliche Geltendmachung durch das anwaltschaftlich vertretene Inkassounternehmen zulässig.

301 so insbesondere Klinger NJW 1993, S. 3165

stände.[302] Es bezweckt[303] den Schutz des Rechtsverkehrs vor Rechtsberatung durch inkompetente Personen, den Schutz der Anwaltschaft vor unlauterer Konkurrenz und den Schutz der Ordnung der Rechtspflege. Unter der Ordnung der Rechtspflege ist der ordnungsgemäße Ablauf des gerichtlichen Verfahrens aufgrund der ausschließlichen Beteiligung hierzu zugelassener Personen zu verstehen. In allen diesen Punkten ist keine Gefährdung bei Zulassung der Geltendmachung von Ansprüchen durch Inkassounternehmen zu erkennen.

Das Unternehmen tritt nicht selbst vor Gericht auf, sondern ist durch eine zugelassene rechtskundige Person vertreten. Insoweit ist der ordnungsgemäße prozessuale Ablauf gewährleistet. Es entsteht keine unlautere Konkurrenz zur Anwaltschaft, da diese zur Geltendmachung der Forderung, wie bei jedem anderen Prozeß, eingeschaltet wird. Die mittelbare Einflußnahme des Inkassounternehmens auf den Rechtstreit steht dem nicht entgegen, da insoweit nur die Belange des eigentlichen Forderungsgläubigers geltend gemacht werden. Die Vertreter der prozeßrechtlichen Auslegung nehmen insbesondere diesen Punkt der unzulässigen Beeinflussung des Prozeßgeschehens durch das Inkassounternehmen zum Anlaß ihrer Ablehnung.[304] Dem ist entgegenzuhalten, daß der Rechtsanwalt als unabhängiges Organ der Rechtspflege dafür Sorge zu tragen hat, daß die Interessen seines Mandanten, des Gläubigers, gewahrt sind. Das Inkassounternehmen kann zudem im vorprozessualen Bereich durch Ratenzahlungsvereinbarungen und Vergleiche großen Einfluß auf den Bestand der Forderung nehmen. Hierzu ist es ermächtigt. Aufgrund der Erlaubnispflicht wird die Qualifikation der Inkassounternehmer gewährleistet.[305] Der faktische Einfluß im Rahmen eines Prozesses ist nicht größer.[306] Der vorrangig bezweckte Schutz des Gläubigers vor inkompetenter Rechtsberatung ist folglich nicht eingeschränkt. Letztlich wird die Prozeßführung nicht, wie von der ablehnenden Ansicht behauptet[307], von den wirtschaftlichen Interessen des Inkassounternehmens beeinflußt. Die hier diskutierte Problematik bezieht sich nur noch auf

---

302 BGHZ 122, S. 327 (329)

303 König S. 22; Prütting/Weth ZIP 1994, S. 424 (427); BVerfGE 41, S. 378 (390); BGHZ 37, S. 258 (281); 122, S. 327 (329), OLG Köln JurBüro 1994, S. 551; LG Bonn JurBüro 1995, S. 659; EuGH EuZW 1997, S. 53 (55)

304 BVerwG NJW 1991, S. 58

305 siehe oben 1. Teil A. III. 1. a)

306 BGH NJW 1996, S. 393

307 LG Köln JurBüro 1992, S. 404; hiergegen LG Bonn JurBüro 1995, S. 659 Für die Prozeßführungsbefugnis ist es irrelevant, ob die geltend gemachte Forderung lediglich treuhänderisch an den Kläger abgetreten wurde.

die Beitreibung der Forderung auf Risiko des Gläubigers[308], so daß das Inkassobüro eigene wirtschaftliche Interessen nur dann verfolgt, wenn eine Erfolgsprovision vereinbart ist. Dies ist beim vorgerichtlichen Inkasso selten. Der Gläubiger muß die Inkassokosten unabhängig vom Ausgang des Prozesses tragen.

Des weiteren sei ein Vergleich mit der Geltendmachung der Forderung im Fall der Erteilung einer Einziehungsvollmacht gestattet. In diesem Fall wird die Forderung von einem Anwalt im Namen des Gläubigers geltend gemacht. Das Inkassounternehmen hat keinen Gerichtskontakt und verläßt damit nicht den außergerichtlichen Bereich. Bei näherer Betrachtung stellt sich heraus, daß, wie oben[309] gezeigt, das Inkassounternehmen den Anwalt meist im Auftrage des Gläubigers beauftragt. Der Gläubiger will sich durch die Einschaltung eines Inkassounternehmens gerade von der Forderungsrealisierung entlasten. Das Inkassounternehmen wird somit den Rechtsanwalt mit den nötigen Informationen versehen und ihm im Namen des Gläubigers die entsprechenden Weisungen zur Prozeßführung erteilen. Im Rahmen der AGB lassen sich die Unternehmen zum Vorgehen nach eigenem Ermessen ermächtigen.[310] Der Umfang der tatsächlichen Einflußnahme auf den prozessualen Ablauf hält sich in beiden Fällen die Waage. Es besteht somit kein Anlaß sie aus rein formalen Gründen unterschiedlich zu behandeln.

Ein weiteres Argument ist in der historischen Entwicklung zu sehen[311]. Es war seit jeher anerkannt, daß Inkassounternehmen die gerichtliche Geltendmachung der ihnen zur Beitreibung übergebenen Forderungen unter Hinzuziehung eines Vertragsanwalts veranlassen können. Dies sollte ausweislich der Gesetzgebungsmaterialien[312] auch durch die Neufassung des RBerG im Jahr 1980 nicht erkennbar geändert werden. Der Wortlaut wurde lediglich der Verwaltungspraxis bei der Formulierung der Erlaubnisurkunde angepaßt. Eine neue Inhaltsbestimmung der erlaubten Tätigkeit war nicht angestrebt.[313]

---

[308] Der Fall, der Beitreibung auf Risiko des Inkassounternehmens wurde bereits entschieden. BGH ZIP 1994, S. 447

[309] siehe oben 1. Teil B. II.

[310] Dietrich S. 159

[311] OLG Schleswig-Holstein BB 1995, S. 432, Behr BB 1990, S. 795 (800); BGH NJW 1996, S. 393

[312] BT-Dr. 8/4277, S. 22; BGBl I 1980, S. 1503; Caliebe NJW 1991, S. 1721 (1722); OLG Dresden, OLG-Report 1995, S. 42

[313] OLG Köln JurBüro 1994, S. 551

Letztlich ist noch der Schutz des Inkassounternehmen über Art. 12 GG ins Feld zu führen. Das RBerG greift auf der Ebene der Berufsausübungsfreiheit in dieses Grundrecht ein. Die Freiheit der Berufsausübung darf nur eingeschränkt werden, wenn vernünftige Erwägungen des Gemeinwohls dies als zweckmäßig erscheinen lassen.[314] Im Rahmen der Verhältnismäßigkeitsprüfung hat eine Abwägung aller involvierten Interessen stattzufinden. Die durch das RBerG geschützten Belange können für diesen Fall dahinstehen, da sie, wie oben gezeigt, nicht betroffen sind. Daher erscheint eine weitere Einschränkung der Tätigkeit der Inkassounternehmen schon aus diesem grundrechtlichen Aspekt als unzulässig.

Ergänzend zu berücksichtigen ist in diesem Zusammenhang das Recht der Europäischen Union. Art. 59 EGV garantiert den freien Dienstleistungsverkehr. Sofern ein ausländisches Inkassounternehmen bei seiner Tätigkeit in Deutschland durch die Regelung des Art. 1 § 1 Abs. 1 Satz 2 Nr. 5 RBerG eingeschränkt wird ist Art. 59 EGV tangiert.[315]

Die einschlägige EuGH-Entscheidung[316] betrifft das nachgerichtliche Inkasso, das für diese Untersuchung nur am Rande interessant ist. Sie beschäftigt sich mit der Frage, ob es gegen Art. 59 EGV verstößt, wenn gemäß Art. 1 § 1 Abs. 1 Satz 2 Nr. 5 RBerG Inkassounternehmen der direkte Kontakt zu Gerichten, ohne anwaltschaftliche Vertretung, untersagt ist. Diese Frage wird verneint. Es wird zudem festgestellt, daß die Beurteilung der Notwendigkeit die geschäftsmäßige Einziehung von Forderungen Rechtsanwälten vorzubehalten in die Zuständigkeit der Mitgliedstaaten fällt. Aus der dargestellten Entscheidung ergeben sich für die hier diskutierte Frage, ob Inkassounternehmen bei anwaltschaftlicher Vertretung Forderungen selbst gerichtlich geltend machen dürfen, keine Anhaltspunkte.

Derartige Regelungen sind nur dann gerechtfertigt, wenn sie durch zwingende Gründe des Allgemeinwohls des betreffenden Staates legitimiert sind. Solche Gründe finden sich, wie oben gezeigt, für die Einschränkung des Umfangs der erlaubten Inkassotätigkeit nicht. Die Entscheidung betrifft den Fall, daß ein ausländisches Unternehmen in Deutschland seine Dienstleistung erbringen will. Fraglich ist, ob sich auch ein inländisches Unternehmen auf die Regelung des Art. 59 EGV berufen kann. Dies wird unter dem Stichwort "Inländer-

---

314 BVerfGE 41, S. 378 (395); Maunz/Dürig/Herzog Art. 12 Rdnr. 324

315 EuGH EuZW 1997, S. 53 (54)

316 EuGH EuZW 1997, S. 53 (54)

diskriminierung"[317] diskutiert. Nach der Rechtsprechung des BGH[318] besteht der Grundsatz, daß die innerstaatliche Rechtsordnung bei rein internen Vorgängen durch die Vorschriften des Gemeinschaftsrechts nicht verdrängt oder modifiziert wird. Dies gilt auch, sofern eine Benachteiligung des Inländers in seinem Heimatstaat im Vergleich zu Angehörigen anderer Mitgliedstaaten zu erwarten ist. Daher greift Art. 59 EGV nicht direkt. Bei der zunehmenden Internationalisierung des Wirtschaftsverkehrs ist die Tätigkeit von ausländischen Inkassogesellschaften nur eine Frage der Zeit.[319] Die über die Medien und das Internet offerierten Angebote zur Bestellung von Waren ausländischer Versandhäuser ziehen zwingend die entsprechenden Tätigkeiten von Inkassogesellschaften nach sich. Unter Berücksichtigung dieses Aspekts empfiehlt sich eine weite Auslegung des Art. 1 § 1 Satz 2 Nr. 5 RBerG.

Im Ergebnis ist festzustellen, daß die prozessuale Geltendmachung der Forderung im eigenen Namen bei Einschaltung eines Rechtsanwaltes, wie auch die mittelbare Einflußnahme auf die gerichtliche Forderungsdurchsetzung, von der Erlaubnis nach dem RBerG gedeckt ist.

Nach dem nun die tatsächlichen und rechtlichen Rahmenbedingungen der Inkassotätigkeit umfassend dargestellt wurden, soll im nächsten Teil die materielle Ersatzfähigkeit der angefallenen Inkassokosten untersucht werden.

---

317 Fastenrath JZ 1987, S. 170

318 BGHZ 108, S. 342

319 Für die Vereinheitlichung der Zahlungsfristen sowie der Regelungen des Verzuges und der Verzugsfolgen siehe Empfehlung der Kommission der Europäischen Gemeinschaften über die Zahlungsfristen im Handelsverkehr vom 30.11.1994; zum Verbraucherschutz bei Fernvertragsabschlüßen siehe Gemeinsamer Standpunkt (EG) Nr. 19/95 Amtsblatt der Europäischen Gemeinschaften Nr. C 288/1 vom 30.10.1995; EuGH EuZW 1997, S. 53

2. Teil: Der materielle Anspruch auf Ersatz der Inkassokosten

Bevor eingehend zu der Problematik Stellung genommen werden kann, ob der Rechtspfleger bei der Geltendmachung von Inkassokosten im Mahnverfahren ein Prüfungsrecht hat, und wie weit ein solches gehen kann und darf, ist materiell-rechtlich der Maßstab für die Ersatzfähigkeit der Inkassokosten zu bestimmen. Es ist zu klären, ob und in welchem Rahmen sich der Gläubiger für die ihm tatsächlich angefallenen Kosten bei seinem Schuldner schadlos halten kann. Bei der Klärung der Frage der Ersatzfähigkeit von Inkassokosten findet man eine Fülle divergierender Entscheidungen und Literaturmeinungen vor, in die es eine Ordnung zu bringen gilt.

A. Überblick über die Anspruchsgrundlagen

I. Ersatz der Inkassokosten auf vertraglicher Grundlage

Die einfachste und direkteste Möglichkeit für den Gläubiger, sich für die ihm erwachsenen Inkassokosten schadlos zu halten, ist, daß sich der Schuldner vertraglich zur Übernahme derselben verpflichtet hat. Dies wird aber kaum einzelvertraglich, durch Individualvereinbarung, sondern meist durch die AGB des Gläubigers geschehen.[320] Es findet sich beispielsweise die Klausel in Kfz-Mietverträgen: "Wird bei Verzug des Mieters ein Inkassobüro beauftragt, so hat der Mieter die hieraus entstandenen Kosten zu tragen."[321]

Fraglich ist, ob eine derartige Klausel in AGB mit dem AGBG vereinbar ist. Sowohl das LG Itzehoe[322] als auch das LG Bremen[323] haben bisher eine auf AGB beruhende Erstattungsfähigkeit von Inkassokosten anerkannt. Dabei waren die zu ersetzenden Kosten teilweise auf die üblichen Kosten eines Inkassounternehmens begrenzt. Zu messen sind derartige AGB-Klauseln an § 11 Nr. 5 AGBG und § 9 Abs. 1, Abs. 2 Nr. 1 AGBG.

---

320 Dies empfiehlt David S. 87 den Gläubigern zur Vermeidung von Rechtsstreitigkeiten mit einem entsprechenden Formulierungsvorschlag

321 OLG Hamburg NJW-RR 1989, S. 881 entschied, daß eine derartige Klausel unwirksam ist.

322 Philipp JurBüro 1991, S. 467 (472)

323 Lüddringhaus JurBüro 1991, S.478 (480); ebenso OLG Frankfurt in Hummel JurBüro 1990, S. 281: Es wird nur von vertraglicher Übernahme und nicht direkt von AGB gesprochen; ebenso LG München, JurBüro 1989, S. 648

§ 11 Nr. 5 AGBG regelt die Pauschalierung von Schadensersatzansprüchen. Die Pauschale betrifft aber nur die Anspruchshöhe nicht den Anspruchsgrund.[324] Die Frage der grundsätzlichen Erstattungsfähigkeit von Inkassokosten wird durch § 11 Nr. 5 AGBG nicht erfaßt. Maßstab kann somit nur § 9 AGBG sein. Werden dem Vertragspartner durch AGB Inkassokosten auferlegt, die nicht zum ersatzfähigen Schaden gehören, so verstößt dies gegen die gesetzlich anerkannte Ersatzfähigkeit und ist nach § 9 Abs. 2 Nr. 1 AGBG unwirksam.[325] Ein ausdrückliches Klauselverbot i. S. d. §§ 10, 11 AGBG ist nicht ersichtlich.[326] § 9 Abs. 2 Nr. 1 AGBG setzt einen Verstoß gegen einen wesentlichen Grundgedanken der gesetzlichen Regelung voraus. Die Ersatzfähigkeit von Inkassokosten ist gesetzlich nicht explizit geregelt. Unter den Begriff der gesetzlichen Regelung i. S. d. § 9 Abs. 2 Nr. 1 AGBG sind alle Rechtssätze zu subsumieren, die von der Rechtsprechung und Rechtslehre durch Auslegung, Analogie oder Rechtsfortbildung aus einzelnen gesetzlichen Bestimmungen, aus einem gesetzlichen Normenkomplex oder aus allgemeinen Grundgedanken eines Rechtsgebietes oder aus der Natur eines Schuldverhältnisses erarbeitet und anerkannt sind.[327] Damit ist letztlich für die Wirksamkeit von AGB, die die Erstattung von Inkassokosten dem Schuldner auferlegen, die allgemeine Rechtsprechung zum Ersatz der Inkassokosten entscheidend, die im folgenden dargestellt wird. Ist danach der Schuldner zum Ersatz verpflichtet, so kann dies auch durch AGB festgelegt werden. Wird darüberhinaus eine Regelung bzgl. der Höhe getroffen so ist diese an § 11 Nr. 5 AGBG zu messen, da es sich, wie noch zu zeigen ist, bei dem Ersatz- um einen Schadensersatzanspruch handelt. Zu der eingangs beispielhaft aufgeführten Klausel eines Kfz-Mietvertrag ist auszuführen, daß sie gegen § 9 Abs. 2 Nr. 1 AGBG verstößt, da dem Schuldner der Einwand des § 254 Abs. 2 Satz 1 BGB, auf den im folgenden näher einzugehen ist, abgeschnitten wird.[328]

II. Ersatz der Inkassokosten als Verzugsschaden

Im Regelfall liegt aber eine derartige vertragliche Regelung nicht vor. Der Schuldner gerät mit seiner Forderung in Zahlungsverzug, woraufhin der Gläu-

---

324 Ulmer/Brandner/Hensen § 11 Nr. 5 AGBG Rdnr. 10; Wolf/Horn/Lindacher § 11 Nr. 5 AGBG Rdnr. 3

325 Wolf/Horn/Lindacher § 11 Nr.5 AGBG Rdnr. 3

326 Löwisch NJW 1986, S. 1725 (1728)

327 Ulmer/Brandner/Hensen § 9 AGBG Rdnr. 137; Wolf/Horn/Lindacher § 9 AGBG, Rdnr. 66; BGH NJW 1985, S. 2585 (2586)

328 OLG Hamburg NJW-RR 1989, S. 881 (883)

biger ein Inkassounternehmen mit der Beitreibung der Forderung beauftragt. Im Vordergrund steht damit der Anspruch auf Ersatz der Inkassokosten als Verzugsschaden gemäß §§ 284, 286 Abs. 1, 249 ff BGB. Dieser Anspruch ist sowohl dem Grunde wie der Höhe nach äußerst umstritten. Er wird unter dem folgenden Kapitel B eingehend untersucht.

III. Prozessualer Kostenerstattungsanspruch

Als weitere Anspruchsgrundlage sei der prozessuale Kostenerstattungsanspruch gemäß §§ 91 Abs. 1, 103 ff ZPO erwähnt. Das Gericht hat gemäß § 308 Abs. 2 ZPO von Amts wegen in jeder Instanz eine Kostengrundentscheidung über die Verteilung der Prozeßkosten zu treffen. Im Kostenfestsetzungsverfahren gemäß §§ 103 ff ZPO werden die konkreten Prozeßkosten durch den Rechtspfleger[329] festgelegt. Von § 91 Abs. 1 ZPO werden die Kosten des Rechtsstreits selbst, sowie die Kosten, die zu einer zweckentsprechenden Rechtsverfolgung notwendig sind erfaßt.[330] Eingeschlossen sind die Kosten für die Vorbereitung des Rechtsstreits. Dies sind die sog. prozeßbezogenen Kosten.[331] Hierunter sind die Inkassokosten nach h.M.[332] nicht zu subsumieren. Sie können daher nicht in das Kostenfestsetzungsverfahren einbezogen werden. Es handelt sich vielmehr um einen der Hauptforderung zuzurechnenden Verzugsschaden.[333] Die Einschaltung eines Inkassobüros zur Forderungsbeitreibung dient gerade der Vermeidung des Rechtsstreits und nicht seiner Vorbereitung. Daher fallen Inkassokosten nicht unter den Begriff der prozeßbezogenen Vorbereitungskosten.[334]

Des Sachzusammenhangs wegen wird an dieser Stelle auf die Kostenentscheidung im Mahnverfahren eingegangen. Gemäß § 692 Abs. 1 Nr. 3 ZPO wird

---

329 Zöller/Herget § 91 Rdnr. 12

330 Münchener Kommentar/Belz § 91 ZPO Rdnr. 12; Zöller/Herget § 91 Rdnr. 6

331 Zöller/Herget § 91 Rdnr. 6

332 Burhoff NWB 1991, S. 1759 (1764); Göttlich/Mümmler "Inkassoauftrag"; Jäckle JZ 1978, S. 675 (678); Münchener Kommentar/Belz § 91 ZPO Rdnr. 42; Stein-Jonas/Leipold § 91 Rdnr. 35; Stein-Jonas/Schlosser § 691 Rdnr. 5; Zöller/Herget § 91 Rdnr. 13 "Inkassobüro"

333 Holch NJW 1991, S. 3177 (3181), Jenisch JurBüro 1989, S. 730

334 OLG München Rpfleger 1989, S. 301; OLG Bamberg JurBüro 1982, S. 601 stellt fest, daß Kosten zur Abwendung des Rechtsstreites keine Vorbereitungskosten im Sinn des § 91 ZPO sind. Trotz dieser Trennung fordert Jäckle BB 1993, S. 2463 (2467) ein Prüfungsrecht des Rechtspflegers im Mahnverfahren, daß dem der Prozeßkosten entspricht. Er nähert damit die Inkassokosten den Anwaltsgebühren an.

der Antragsgegner im Mahnbescheid aufgefordert, die dem Betrage nach bezeichneten Kosten zu begleichen. Im Mahnbescheid ist eine, bis zum Erlaß des Vollstreckungsbescheides aufschiebend bedingte Kostengrundentscheidung integriert.[335] Die Kosten werden gemäß § 308 Abs. 2 ZPO von Amts wegen überprüft. Zugleich ist im Antrag auf Erlaß des Mahnbescheids ein Antrag auf Festsetzung der dem Antragsteller zu erstattenden Verfahrenskosten zu sehen, so daß das Mahnverfahren als vereinfachtes Kostenfestsetzungsverfahren wirkt.[336] Die obigen Ausführungen zur Frage der Inkassokosten als Prozeßkosten sind daher im Mahnverfahren entsprechend heranzuziehen. Im Ergebnis besteht kein prozessualer Kostenerstattungsanspruch auf Ersatz angefallener Inkassokosten.

B. Ersatzfähigkeit der Inkassokosten als Verzugsschaden gem. §§ 284, 285, 286 Abs. 1, 249 ff BGB

I. Ersatz von Rechtsverfolgungskosten

Im Rahmen der Untersuchung der Ersatzfähigkeit von Inkassokosten als Verzugsschaden wird die allgemeine Problematik des Ersatzes von Rechtsverfolgungskosten relevant. Die Frage, ob diese als Schadensersatz gemäß §§ 249 ff BGB ersatzfähig sind, soll deshalb im Vorfeld geklärt werden.

Der aus §§ 284, 285, 286 Abs. 1 BGB resultierende Anspruch auf Ersatz des Verzugsschadens bemißt sich nach §§ 249 ff BGB.[337] Hiernach gilt der Grundsatz der Totalreparation.[338] Rechtsverfolgungskosten im weitesten Sinn sind diejenigen Aufwendungen, die dem Geschädigten in Folge des schädigenden Ereignisses zur Beseitigung etwaiger Unklarheiten der Rechtslage und/oder zur Durchsetzung seines, wie auch immer gearteten, Anspruchs gegen den Schuldner entstanden sind.[339]

Die Kosten resultieren aus einem zum Schadensereignis hinzutretenden Willensentschluß des Geschädigten. Dies wirft die Frage nach der Kausalität zwischen dem schädigenden Ereignis und den Rechtsverfolgungskosten auf. Dem

---

335 Münchener Kommentar/Holch § 690 ZPO Rdnr. 24, § 692 ZPO Rdnr. 8

336 Münchener Kommentar/Holch § 690 ZPO Rdnr. 24

337 Palandt/Heinrichs § 286 Rdnr. 5

338 Palandt/Heinrichs vor § 249 Rdnr. 6, Staudinger/Medicus § 249 Rdnr. 2

339 Lange § 6 I, XIV, S. 385; Münchener Kommentar/Grunsky vor § 249 BGB Rdnr. 66; Staudinger/Medicus § 251 Rdnr. 84

Grundsatz nach können Rechtsverfolgungskosten, trotz der Veranlassung durch den Geschädigten, Schäden im Sinn des § 249 BGB darstellen, da sie letztlich nicht Folge eines freiwilligen Willensentschlusses sind, sondern auf die durch das Schadensereignis hervorgerufene faktische Zwangslage zurückzuführen sind.[340]

Bei der Frage des Ersatzes der Rechtsverfolgungskosten ist grundsätzlich zwischen vorprozessualen und im Prozeß anfallenden Kosten zu trennen. Im letzteren Fall tritt neben oder an die Stelle eines evtl. bestehenden materiellrechtlichen Ersatzanspruchs ein prozessualer Kostenerstattungsanspruch. Für die vorliegende Untersuchung interessiert vornehmlich der vorprozessuale Kostenanfall. Inkassokosten entstehen bevor gerichtliche Maßnahmen eingeleitet werden. Aus diesem Grund bleibt der prozessuale Kostenerstattungsanspruch weitgehend unberücksichtigt. Beide Ansprüche bestehen unabhängig voneinander.[341]

Es ist allgemein anerkannt, daß der Ersatzpflichtige dem Geschädigten die Kosten sachgerechter Rechtsverfolgung zu ersetzen hat.[342] Diese Ersatzpflicht besteht aber nicht grenzenlos. Ersatzfähig sind diejenigen Kosten, die adäquat und ohne Eigenverschulden des Geschädigten zur Klärung der Rechtslage und Realisierung des Anspruchs entstanden sind. Der Schadensersatz ist auf die sog. notwendigen Kosten der Rechtsverfolgung begrenzt. Über das Kriterium der "notwendigen Kosten" wird eine Begrenzung auf die Aufwendungen, die bei gegebener Sachlage zur Schadensabwendung vernünftig und zweckmäßig erscheinen, erreicht.[343] Die Grenze der Ersatzfähigkeit der Rechtsverfolgungskosten findet sich auch in der Schadensminderungspflicht des Geschädigten. Anknüpfungspunkt hierfür ist zum einen die Person des Geschädigten. Von der Haftung des Schädigers ist der Aufwand des Geschädigten zur ersten Schadensanmeldung nicht erfaßt.[344] Ist der Geschädigte selbst in der Lage, seinen

---

340 Becker-Eberhard S. 55; mit dem selben Ergebnis Michalski ZIP 1994, S. 1501

341 Münchener Kommentar/Grunsky vor § 249 BGB Rdnr. 68 m.w.N.; Staudinger/Medicus § 251 Rdnr. 85; zum Konkurrenzverhältnis eingehend Becker-Eberhard §§ 14, 15 ff

342 Becker-Eberhard S. 55; Geigel Kap. 4 Rdnr. 73; Lange § 6 I; Münchener Kommentar/Grunsky vor § 249 BGB Rdnr. 66; Staudinger/Medicus § 251 Rdnr. 85; BGH NJW 1986, S. 2243

343 Geigel Kap. 4 Rdnr. 73; Michalski ZIP 1994, S. 1501; BGH NJW 1986, S. 2243

344 BGH NJW 1995, S. 446 (447)

Anspruch geltend zu machen,[345] so sind die dennoch verursachten Rechtsverfolgungskosten nicht ersatzfähig. Ein weiterer Anknüpfungspunkt ist die Art des Schadensereignisses. In einfach gelagerten Schadensfällen bei völliger Klarheit der Haftung nach Grund und Höhe ist es dem Geschädigten zuzumuten, seinen Anspruch selbst durchzusetzen.[346]

Ausgangspunkt dieser Entwicklung war die Rechtsprechung zu Straßenverkehrsunfällen. Für den Bereich der unerlaubten Handlung ist die Ersatzfähigkeit der Rechtsverfolgungskosten seit langem anerkannt.[347] Dies wurde auf Schadensersatzansprüche aufgrund der Verletzung vertraglicher Pflichten übertragen.[348] Nicht zuletzt zur Wahrung des Prinzips der Waffengleichheit, auf das später näher eingegangen wird, sind dem Geschädigten die Rechtsanwaltskosten zu ersetzen.[349] Weiterhin sind als Rechtsverfolgungskosten die Kosten eines Dolmetschers[350], eines Sachverständigen[351] und eines selbständigen Beweissicherungsverfahrens[352] ersatzfähig. Strittig aber mittlerweile anerkannt sind die Anwaltskosten, die bei Geltendmachung von Ansprüchen gegen die eigene Vollkaskoversicherung des Geschädigten entstanden sind.[353]

Die Erstattungsfähigkeit der Kosten im Einzelfall hängt davon ab, ob die konkrete Aufwendung dem Schadensereignis nach allgemeinen schadensrechtlichen Kriterien zurechenbar ist. Der Zurechnungszusammenhang ist unterbrochen, wenn der Geschädigte zu absolut außergewöhnlichen Mitteln der Rechtsverfolgung greift.[354]

---

345 eingehende Diskussion bei Lange § 6 XIV 3, S. 388: Differenzierung zwischen Großbetrieben mit eigener Schadensabteilung und Kleinbetrieben bzw. Privatpersonen

346 OLG Karlsruhe NJW-RR 1990, S. 929; BGH NJW 1995, S. 446 (447)

347 BGHZ 30, S. 154 (157); 39, S. 60 ff; BGH NJW 1968, S. 2384; BGH VersR 1970, S. 41

348 Becker-Eberhard S. 63 ff

349 Geigel Kap. 4 Rdnr. 73; Michalski ZIP 1994, S. 1501

350 Geigel Kap. 4 Rdnr. 73

351 Lange § 6 XIV 3, S. 387

352 Münchener Kommentar/Grunsky vor § 249 BGB Rdnr. 97; Staudinger/Medicus § 251 Rdnr. 93

353 Geigel Kap. 4 Rdnr. 74; OLG Karlsruhe NJW-RR 1990, S. 929; OLG Karlsruhe NZV 1990, S. 431

354 Becker-Eberhard S. 55 m. w. N.

Abschließend wird auf den Anspruch auf Ersatz der Rechtsverfolgungskosten im Fall des Schuldnerverzugs eingegangen. Dies dient zugleich als Einführung in die zentrale Frage dieser Untersuchung, der Ersatzfähigkeit von Inkassokosten als Verzugsschaden. Becker-Eberhard spricht in diesem Zusammenhang von einem selbständigen schadensrechtlichen Kostenerstattungsanspruch.[355] Neben den eigentlichen Leistungsanspruch des Gläubigers tritt ein weiterer Anspruch, der auf Ersatz der durch die Leistungsverzögerung entstandenen Schäden gerichtet ist. Hiervon sind grundsätzlich die Rechtsverfolgungskosten umfaßt, sofern sie sich in dem oben beschriebenen Rahmen halten. Die entscheidende Zäsur ist der Zeitpunkt des Verzugseintritts. Der Verzugsschaden gemäß § 286 Abs. 1 BGB tritt als Folge des Verzugs ein. Auch die Rechtsverfolgungskosten müssen daher zeitlich nach dem Verzugseintritt und als dessen Folge entstanden sein.

Inwieweit Inkassokosten als Verzugsschaden ersatzfähig sind, wird im folgenden geklärt. Die grundsätzliche Ersatzfähigkeit von Rechtsverfolgungskosten ist hiermit festgestellt.

II. Allgemeine Anerkennung als Verzugsschaden gemäß §§ 284, 285, 286 Abs. 1 BGB

Inkassokosten treten definitionsgemäß[356] nur auf, wenn der Schuldner unstreitige Geldforderungen des Gläubigers, aus welchem Grund auch immer, nicht oder nicht rechtzeitig begleicht. Inkassounternehmen beschäftigen sich nur mit der Durchsetzung derartiger Forderungen. Die durch den Forderungseinzug beim Gläubiger anfallenden Inkassokosten können als Verzugsschaden gemäß §§ 286 Abs. 1, 249 ff BGB vom Schuldner zu ersetzen sein.

Wie aus § 284 Abs. 1 BGB zu entnehmen ist, sind die allgemeinen Voraussetzungen des Schuldnerverzuges Nichtleistung trotz Fälligkeit der Forderung und darauf erfolgter Mahnung des Gläubigers. Hinzukommen muß nach § 285 BGB, daß das Ausbleiben der Leistung auf einen Umstand beruht, den der Schuldner zu vertreten hat.[357] Die Leistung muß dem Schuldner noch möglich sein, wovon bei Geldschulden grundsätzlich auszugehen ist.[358] Es wird auf die Nachholbarkeit der Leistung, ohne daß sich der Leistungsinhalt als solcher än-

---

[355] Becker-Eberhard S. 63

[356] siehe oben 1. Teil A. I.

[357] Larenz § 23, S. 344

[358] Larenz § 8 III, S. 105

dert, abgestellt.[359] Die Tatsache, daß der Schuldner absolut zahlungsunfähig und ihm damit die Zahlung subjektiv unmöglich ist, steht dem Verzugseintritt nicht entgegen. Für die folgende Untersuchung wird angenommen, daß die genannten allgemeinen Verzugsvoraussetzungen vorliegen.

Nur bei deren Vorliegen stellt sich die Frage der Ersatzfähigkeit der Inkassokosten als Verzugsschaden. Der Schuldner muß sich bei Einschaltung des Inkassounternehmens bereits in Verzug befinden. Da Verzug für den Schadensersatz in § 286 Abs. 1 BGB vorausgesetzt wird, ist die verzugsbegründende Mahnung für den Schuldner kostenfrei, unabhängig davon, wer diese im Namen des Gläubigers veranlaßt.[360] Die Mahnung als ernsthafte Leistungsaufforderung braucht keinen Hinweis auf etwaige Verzugsfolgen zu beinhalten.[361] Die Leistungsverzögerung hat der Schuldner bei einer Geldschuld stets zu vertreten, sofern sie auf seiner Zahlungsunfähigkeit beruht.[362] Bei bloßer Zahlungsunwilligkeit ist dies unproblematisch der Fall.

Die Beweislast für das Vorliegen der Verzugsvoraussetzungen trägt der Gläubiger.[363] Er muß die Fälligkeit der Leistung und die Mahnung beweisen. Befindet sich der Schuldner demnach in Verzug, hat er dem Gläubiger den daraus entstandenen Schaden gem. § 286 Abs. 1 BGB zu ersetzen. Er bleibt daneben aber zur Primärleistung verpflichtet. Dem Gläubiger sollen lediglich diejenigen Nachteile ausgeglichen werden, die er gerade durch die Leistungsverzögerung erleidet.[364] Der Gläubiger kann nur den Ersatz des durch den Verzug des Schuldners adäquat verursachten Schadens verlangen.[365]

Für Inhalt und Umfang des Schadensersatzanspruchs gelten die §§ 249-255 BGB. Der Gläubiger ist demnach so zu stellen, wie er bei rechtzeitiger Erfüllung seitens des Schuldners stehen würde. Hieran ändert sich nichts, wenn die

---

[359] Münchener Kommentar/Thode, § 284 BGB Rdnr. 21

[360] Barnbeck JurBüro 1989, S. 561

[361] Larenz § 23, S. 345

[362] BGH WM 1982, S. 399; Erman/Battes § 285 BGB Rdnr. 1; Münchener Kommentar/Emmerich § 279 BGB Rdnr. 5; Palandt/Heinrichs § 279 Rdnr. 4: Es besteht ein unserer Rechts- und Wirtschaftsordnung immanenter Grundsatz, daß der Schuldner einer Geldschuld stets für seine finanzielle Leistungsfähigkeit einzustehen hat.

[363] Baumgärtel/Strieder § 284 BGB Rdnr. 1; Münchener Kommentar/Thode § 284 BGB Rdnr. 44

[364] Larenz § 23 II, S. 352

[365] Münchener Kommentar/Thode § 286 BGB Rdnr. 4; Palandt/Heinrichs § 286 BGB Rdnr. 3; RGZ 109, S. 97 (99)

Forderung eventuell im Rahmen einer Inkassozession nach Verzugseintritt an das Inkassounternehmen abgetreten wurde.[366] Für die Schadensermittlung bleibt alleine die Person des Zedenten maßgeblich. Bei diesem fallen die Inkassokosten an. Durch eine spätere Forderungszession darf nicht zum Nachteil des Schuldners ein bei einer dritten Person eingetretener Schaden ersetzt werden. Vertragspartei des Schuldners ist, nach wie vor, der ursprüngliche Gläubiger.

Die Inkassokosten müssen adäquat durch den Verzug des Schuldners verursacht worden sein. Ein derartiger Zusammenhang ist zu bejahen, wenn mit der Einschaltung eines Inkassounternehmens zur Realisierung der Forderung "im allgemeinen und nicht nur unter besonders eigenartigen, ganz unwahrscheinlichen und nach dem regelmäßigen Verlauf der Dinge außer Betracht zu lassenden Umständen"[367] gerechnet werden kann. Bei der Bildung des erforderlichen Wahrscheinlichkeitsurteils über die Schadensfolge hat sich das Gericht in den Zeitpunkt des die Haftung begründenden Ereignisses zurückzuversetzen.[368] Es hat dann alle diejenigen Umstände zu berücksichtigen, die dem Schädiger damals bekannt waren oder nach allgemeiner Lebenserfahrung hätten bekannt sein müssen. Der Schuldner muß bei Nichtbezahlung einer Geldschuld grundsätzlich mit der Beauftragung eines Inkassounternehmens rechnen, da diese Unternehmen "im Bereich der außergerichtlichen Einziehung von Forderungen im Wirtschaftsleben eine erhebliche Bedeutung"[369] erlangt haben und somit anerkannte Institutionen des Geschäftsverkehrs sind.[370] Dies findet Bestätigung in der Rechtsprechung des BGH[371]. Er stellte fest, daß die einem Gläubiger durch den Auftrag zur Einziehung einer Forderung bei einem Inkassounternehmen entstehenden Kosten sich als Verzugsschaden darstellen können, der nach § 286 BGB zu ersetzen ist. Der Verzug ist grundsätzlich die adäquate Ursache der Kosten, weil ein im Verzug befindlicher Schuldner mit Beitrei-

---

366 Münchener Kommentar/Thode § 286 BGB Rdnr. 5 a

367 BGHZ 7, S. 198 (204)

368 Larenz § 27 III, S. 405

369 BT-Dr. 8/4277, S. 22: Entwurf eines Gesetzes zur Änderung der Bundesgebührenordnung für Rechtsanwälte; Beschlußempfehlung und Bericht des Rechtsausschußes; Hierin wird das RBerG geändert. Die Erlaubnis nach Art. 1 § 1 RBerG wird nicht mehr unbeschränkt erteilt. Inkassounternehmen werden als Gewerbe, die der Erlaubnis bedürfen, definiert.

370 Die Zulassung ist in Art.1 § 1 Abs. 1 Satz 2 Nr. 5 RBerG geregelt.

371 Urteil vom 24.05.1967 VIII. ZR 278/64 in Barnbeck JurBüro 1989, S. 561 Fußnote 14

bungskosten rechnen muß. Dieser Auffassung folgen Rechtsprechung[372] und Literatur[373], die Inkassokosten grundsätzlich als möglichen Verzugsschaden anerkennen. In der neuen Rechtsprechung zweifelt lediglich das OLG Dresden[374] die Ersatzfähigkeit als Verzugsschaden an, ohne dies aber argumentativ zu stützen und letztlich zu entscheiden.

Mit dieser grundsätzlichen Feststellung ist die Einigkeit in Literatur und Rechtsprechung aber bereits zu Ende. An Hand der folgenden Prüfungspunkte werden die konträren Standpunkte hinsichtlich der weiteren Voraussetzungen der Ersatzfähigkeit von Inkassokosten als Verzugsschaden verdeutlicht.

1. Zurechnung als Verzugsschaden

a) Grundsatz

Der Klarheit halber ist nochmals auf die Zurechenbarkeit der Inkassokosten zum Verzug des Schuldners einzugehen.[375] Im Unterschied zu den sonstigen Verzugsschäden beruht der Schaden durch Inkassokosten nicht direkt auf dem Verhalten des Schuldners, sondern auf einer davon unabhängigen Entscheidung des Gläubigers zur Einschaltung eines Inkassobüros. Der Schaden entsteht im Zeitpunkt des Vertragsschlusses mit diesem. Der Gläubiger ist Vertragspartner

---

372 OLG Hamm JurBüro 1984, S. 1535; OLG Koblenz Urt.v. 29.03.1984 - 9 U 499/83; OLG Saarbrücken Urt.v. 13.07.1984 - 4 U 196/82; OLG Hamburg Urt.v. 20.10.1985 - 9 U 114/85; LG Darmstadt Urteil vom 20.09.1979 und vom 15.10.1986 in Hummel JurBüro 1990, S. 281; OLG Stuttgart JurBüro 1988, S. 1364; OLG München JurBüro 1989, S. 90; OLG Frankfurt Urteil vom 31.03.1989 in Hummel JurBüro 1990, S. 281; OLG Nürnberg JurBüro 1990, S. 1387; OLG Nürnberg JurBüro 1994, S. 280; OLG Bamberg NJW-RR 1994, S. 412; OLG Dresden JurBüro 1996, S. 38 mit Anmerkung Wedel; im Ergebnis auch Umfrage von Finger WRP 1978, S. 785 bei 72 Landgerichten

373 Burhoff NWB 1991, S. 1759 (1761); Hummel JurBüro 1990, S. 281 (286); Jäckle Diss. 1978, S. 95; Jenisch JurBüro 1989, S. 271; Kronenbitter/Magnussen S. 204; Lange S. 386; Löwisch NJW 1986, S. 1725; Münchener Kommentar/Thode § 286 BGB Rdnr. 8; Palandt/Heinrichs § 286 BGB Rdnr. 9; Seitz Inkasso Handbuch Rdnr. 95; Stackelberg BB 1965, S. 891 (892) für die Beitreibung von Kleinforderungen; Staudinger/Löwisch § 286 Rdnr. 44; Wedel BB 1996, S. 1527; Michalski ZIP 1994, S. 1501 (1503, 1505) erkennt Inkassokosten grundsätzlich als Verzugsschaden an. Ausgeschlossen sind jedoch Inkassokosten konzernabhängiger Inkassounternehmen bei Beitreibung von Forderungen der Muttergesellschaft.

374 OLG Dresden JurBüro 1994, S. 548=Rpfleger 1994, S. 260

375 OLG Dresden JurBüro 1994, S. 548 problematisiert diese Voraussetzung des Ersatzanspruchs ohne nähere Begründung

des Inkassounternehmens und diesem gegenüber zur Zahlung verpflichtet. Er möchte die bei ihm angefallenen Kosten auf den Schuldner verlagern.

Nach den Grundsätzen des Schadensrechts (Normzweck, Rechtswidrigkeitszusammenhang) ist die Schadensüberwälzung auf einen anderen nur so weit legitim, als der betreffende Nachteil tatsächlich aus dem fremden Gefahrenbereich herrührt.[376] Es muß eine direkte Zurechnung des schädigenden Verhaltens zum Erfolgseintritt möglich sein. Zu fragen ist, ob durch die Beauftragung des Inkassounternehmens eine Unterbrechung des Zurechnungszusammenhangs eintritt.

Dem BGH[377] zufolge scheitert der Zurechnungszusammenhang am Dazwischentreten des eigenen Willensentschlusses des Gläubigers nicht. Dies ist für den Fall der Beiziehung eines Rechtsanwalts zur Durchsetzung eines Anspruchs entschieden. Der adäquate Ursachenzusammenhang entfällt nicht deshalb, weil die Zuziehung des Rechtsanwalts auf einer eigenen Entschließung des Geschädigten beruht.[378] Die Ergebnisse dieser Rechtsprechung können, soweit sie die Kausalitätsfrage betreffen, auch für die vorliegenden Problematik herangezogen werden. Auf die obigen Ausführungen zur adäquaten Verursachung der Inkassokosten durch den Verzug des Schuldners ist zu verweisen. Da die Haftung des Schädigers aber nicht bedingungslos, vom Willen des Geschädigten abhängig, ausgeweitet werden kann, ist nach einer Grenze zu suchen, bis zu der dem Urheber einer Bedingung die Haftung billigerweise zugemutet werden kann.[379] Die Adäquanztheorie bietet diese Grenze nicht. Es wird deshalb eine Vernünftigkeitsprüfung der Gläubigerentscheidung zur Einschaltung des Inkassounternehmens vorgenommen.[380] Der Geschädigte darf den Schaden nicht durch eigene Maßnahmen erhöhen, die entweder unvernünftig sind oder doch weit jenseits der normalerweise zu erwartenden Reaktion liegen.[381] Wie bereits ausgeführt, liegt die Einschaltung eines Inkassounternehmens im allgemeinen nicht jenseits der vernünftigerweise zu erwartenden

---

376 Esser/Schmidt § 35, S. 255

377 BGHZ 30, S. 154 ff; 45, S. 255/256

378 BGHZ 30, S. 156; siehe oben 2. Teil B. I.Ersatz von Rechtsverfolgungskosten

379 BGHZ 30, S. 157

380 Palandt/Heinrichs Vorbm. v. § 249 BGB Rdnr. 83; BGHZ 66, S. 192

381 Lange § 10 X 3, S. 589; Münchener Kommentar/Grunsky Vor § 249 BGB Rdnr. 66; Jäckle BB 1993, S. 2463 (2465) läßt die Ersatzfähigkeit der Inkassokosten in Fällen erkennbarer Zahlungsunfähigkeit des Schuldners oder einer bestrittenen Forderung bereits an der Kausalität scheitern. Zum Kriterium der Erforderlichkeit bei konzerngebundenen Inkassounternehmen siehe Michalski ZIP 1994, S. 1501 (1504)

Gläubigerreaktion, so daß die dadurch entstehenden Kosten dem Schuldner als Verzugsschaden zuzurechnen sind.[382]

Begrifflich handelt es sich um einen sog. Aufwendungsschaden.[383] Der Schadensbegriff ist normalerweise durch eine unfreiwillige Vermögenseinbuße des Geschädigten gekennzeichnet. Durch die Zahlungsverweigerung des Schuldners entstehen dem Gläubiger ohne sein weiteres Zutun wirtschaftliche Schäden. In diesem Fall beruhen die entstandenen Kosten aber gerade auf einer Disposition/Aufwendung des Geschädigten.

b) Sonderfall: Erfolgsprovision

Einer besonderen Würdigung bedarf im Rahmen der Zurechnungsproblematik die sogenannte Erfolgsprovision.[384] Diese ist nach h.M.[385] kein ersatzfähiger Verzugsschaden im Sinn des § 286 Abs. 1 BGB. Die Ursache für den Anfall der Erfolgsprovision liegt nicht im Verzug des Schuldners.

Die Zahlung des Schuldners ist die vorrangige Bedingung, deren Eintritt die Erfolgsprovision anfallen läßt. Zwischen den Ursachen des Anfalls der Erfolgsprovision ist zu differenzieren. Sie beruht ebenso auf dem Verzug des Schuldners. Ohne diesen hätte der Gläubiger die entsprechende Vereinbarung mit dem Inkassounternehmen nicht abgeschlossen. Es finden sich folglich mehrere Ursachen für den Anfall der Erfolgsprovision. Die ineinandergreifenden Ursachen sind daher hinsichtlich ihrer Relevanz für den Erfolgseintritt zu ordnen. Die Zahlung durch den Schuldner ist zum einen die zeitlich näheste Ursache und zum anderen wurde sie durch die Vereinbarung zwischen Gläubiger und Inkassounternehmen nach Verzugseintritt bewußt als Bedingung für den Anfall der Erfolgsprovision festgelegt. Aus diesen Gründen treten die anderen denkbaren Bedingungen zurück. Sie sind nur mittelbar ursächlich. Die unmittelbare Ursache ist die Zahlung des Schuldners. Die Erfolgsprovision ist daher

---

[382] ebenso Seitz Inkasso-Handbuch Rdnr. 93

[383] Jäckle Diss. S. 92; Larenz § 27 III b) Nr. 4; Stoll Festschrift für Hans Dölle I, 1963, S. 397 f

[384] siehe oben 1. Teil B. IV. 5.

[385] Altenhoff/Busch/Chemnitz Art. 1 § 1 Rdnr. 105; Burhoff NWB 1991, S. 1759 (1764); David S. 78; Jäckle Diss. S. 94; Jäckle JZ 1978, S. 675; Michalski ZIP 1994, S. 1501 (1503); Münchener Kommentar/Thode § 286 BGB Rdnr. 8; Staudinger/Löwisch § 286 BGB Rdnr. 46; Rentsch/Bersiner BB 1986, S. 1245; OLG Dresden Rpfleger 1994, S. 260 (263); a.A. Stackelberg BB 1965, S. 891 (895); a.A. Rieble DB 1995, S. 195 (204) unter Vergleich zur Insolvenzversicherung. Er verneint lediglich die Ersatzfähigkeit des zusätzlichen neben der Grundvergütung vereinbarten Erfolgshonorars.

nicht mehr adäquat kausal durch den Verzug des Schuldners herbeigeführt. Für dieses Ergebnis spricht zudem, daß ansonsten an die Erfüllung der vom Schuldner geforderten Leistungspflicht durch einen Vertrag zwischen dem Gläubiger und einem Dritten eine negative Sanktion geknüpft würde.[386] Daneben fällt die Erfolgsprovision nach überwiegender Rechtsprechung[387] nicht an, wenn es zur gerichtlichen Geltendmachung der Forderung kommt, da die Bemühungen des Inkassounternehmens in diesem Fall keinen Erfolg hatten. Würde man die Erfolgsprovision zum ersatzfähigen Verzugsschaden rechnen, so müßte der Schuldner, der auf die Bemühungen des Inkassounternehmens zahlt, auch die Erfolgsprovision tragen. Derjenige, der die Zahlung verweigert und erst nach dem gerichtlichen Verfahren leistet, wäre hiervon befreit. Der rechtstreue Schuldner, der umgehend zahlt wäre damit schlechter gestellt, als derjenige, der die gerichtliche Auseinandersetzung abwartet.[388] Dieser Wertungswiderspruch bestätigt oben gefundenes Ergebnis.

2. Ausschluß über die Kosten für eigene Mühewaltung

In Teilen der Literatur[389] und Rechtsprechung[390] wird die Ersatzfähigkeit von Inkassokosten im Hinblick darauf, daß die Kosten eigener Mühewaltung bei der Schadensbearbeitung grundsätzlich nicht erstattungsfähig sind,[391] kritisch betrachtet. Man befürchtet eine Aushöhlung des Grundprinzips, daß der Geschädigte den gewöhnlichen Zeitaufwand zur Wahrung seiner Rechte nicht als Schadensersatz geltend machen kann.[392]

Zur Lösung dieses Problems ist die grundlegende Entscheidung des BGH in BGHZ 66, S. 112 heranzuziehen. Hierin heißt es: "Für eigenen Zeitaufwand bei der außergerichtlichen Abwicklung des Schadensersatzanspruchs kann der Geschädigte, jedenfalls soweit dabei der übliche Rahmen nicht überschritten wird, vom Schädiger keinen Ersatz verlangen." Es ist Sache des Geschädigten, seinen Anspruch durchzusetzen. Die Rechtsprechung hat sich gegenüber dem Anspruch auf Ersatz der dabei entstandenen Kosten immer sehr ablehnend ver-

---

386 Jäckle Diss S. 94

387 Nachweise bei Finger WRP 1978, S. 785 (788)

388 Dietrich S. 178/179

389 Jäckle NJW 1995, S. 2768; Löwisch NJW 1986, S. 1725

390 OLG Dresden JurBüro 1994, S. 548=Rpfleger 1994, S. 260

391 Barnbeck JurBüro 1989, S. 561; Geigel Kapitel 4 Rdnr. 86; Palandt/Heinrichs vor § 249 Rdnr. 38 m. w. N.; BGH NJW 1976, S. 1256; NJW 1977, S. 35

392 BGH NJW 1995, S. 446 (447)

halten.[393] Bei einem Schaden, den ein Privatmann erleidet, erfolgt regelmäßig kein Ersatz des Zeitaufwands, der ihm durch die außergerichtliche Tätigkeit zur Wahrung seines Entschädigungsanspruchs erwächst. Diesem Ausgangspunkt folgt auch die überwiegende Literatur.[394] Die tragenden Argumente sind, daß sich die Aufwendungen des Geschädigten für die Schadensdurchsetzung nur sehr schwer in Geld beziffern lassen und darüberhinaus derartige Tätigkeiten zum allgemeinen Lebensrisiko zu rechnen sind.

Für den Fall der Einschaltung eines Inkassobüros zur Forderungsbeitreibung wirken sich diese Erwägungen aber nur am Rande aus. Der Ersatz der Inkassokosten setzt voraus, daß sich der Schuldner bereits im Verzug befindet. Die den Verzug begründende Mahnung erfolgt in der Regel nicht durch das Inkassounternehmen sondern durch den Gläubiger selbst. Für diese erste Mahnung werden, selbst wenn sie durch ein Inkassounternehmen erfolgt sein sollte, keine Inkassokosten berechnet.[395] Der Gläubiger stellt höchstens eine gerechtfertigte Unkostenpauschale in Form von Schreibauslagen in Rechnung. Das Inkassounternehmen wird normalerweise erst eingeschaltet, wenn der Schuldner daraufhin nicht zahlt bzw. sich nicht äußert.

Die Kosten eigener Mühewaltung können im Rahmen des Schadensersatzanspruchs nicht geltend gemacht werden, soweit es sich um gewöhnliche Aufwendungen zur Durchsetzung des Anspruchs handelt.[396] Diese hat der Gläubiger nach obigen Grundsätzen selbst zu tragen. Werden über das gewöhnliche Maß hinausgehende Aufwendungen erforderlich, spricht man von überobligationsmäßigen Anstrengungen.[397] Die Erledigung dieser Tätigkeiten kann der Gläubiger auf Dritte übertragen. Die hierdurch veranlaßten Kosten sind ersatz-

---

[393] BGHZ 66, S. 112 (114); 75, S. 230; 76, S. 216 (218); BGH NJW 1976, S. 1932; NJW 1980, S. 119; NJW 1983, S. 2815 (2816); NJW 1985, S. 320 (324); NJW 1995, S. 446; KG WM 1985, S. 15 (16)

[394] Lipp NJW 1992, S. 1913; Münchener Kommentar/Walchshöfer § 286 BGB Rdnr. 10; Palandt/Heinrichs vor § 249 BGB Rdnr. 38; Schneider MDR 1981, S. 353 (360); Soergel/Mertens § 249 BGB Rdnr. 65; Soergel/Wiedemann § 286 Rdnr. 18; Staudinger/Medicus § 253 BGB, Rdnr. 52; Weimar NJW 1989, S. 3246; abweichend Münchener Kommentar/Grunsky Vorb. § 249 BGB, Rdnr. 25: Ersatzfähigkeit als Kosten der eigenen Arbeitskraft

[395] Barnbeck JurBüro 1989, S. 561 (568)

[396] BGH NJW 1995, S. 446; Staudinger/Löwisch § 286 Rdnr. 45; siehe hierzu Rieble DB 1995, S. 195 (200)

[397] Palandt/Heinrichs § 254 Rdnr. 33, 36; vor § 249 Rdnr. 125, 126; Geigel Kapitel 4 Rdnr. 86 spricht von ungewöhnlichen aus dem Rahmen fallenden Auswendungen

fähig. Es ist daher zu ermitteln, was dem Gläubiger an eigenen Bemühungen zugemutet werden kann.[398]

Nach Ansicht des BGH[399] ist der Geschädigte zur eigenen Mühewaltung bei der Schadensabwicklung nur in dem Umfang und solange verpflichtet, als die Einschaltung eines Rechtsanwalts nicht erforderlich ist. Die erste Anmeldung seines Anspruchs hat er in der Regel selbst zu veranlassen. Ist der Schadensfall von vornherein schwierig gelagert oder wird bei einfach gelagerten Fällen der Schaden nicht bereits aufgrund der ersten Anmeldung reguliert, so darf der Geschädigte sogleich einen Rechtsanwalt mit der weiteren Geltendmachung beauftragen.

Die den Verzug begründende Mahnung des Gläubigers entspricht der Anmeldung der Forderung. Der Schuldner wird ausdrücklich darauf hingewiesen, daß die fällige Forderung umgehend zu begleichen ist und daß er weitere, aus der Zahlungsverweigerung resultierende, Schäden zu tragen hat. Inkassounternehmen betreiben nur den Einzug dem Grunde und der Höhe nach unstreitiger Forderungen.[400] Damit greift die zweite Alternative der vorstehend genannten Entscheidung (Zahlungsverweigerung bei einfach gelagerten Fällen). Letztlich kann für die Einschaltung eines Inkassounternehmens nichts anderes gelten, als für die Beauftragung eines Rechtsanwalts. Voraussetzung ist, daß die Einschaltung des Inkassounternehmens grundsätzlich unter Beachtung der Schadensminderungspflicht des Gläubigers rechtlich zulässig ist. Hierfür ist eine Prognoseentscheidung des Gläubigers notwendig, auf die im folgenden näher einzugehen sein wird. Unter dem Gesichtspunkt der Kosten eigener Mühewaltung können die Wertungen oben genannter BGH-Entscheidung entsprechend herangezogen werden. Die Frage Löwischs[401] nach dem Ausmaß der persönlichen Bemühungen, die die Verkehrsauffassung dem Gläubiger als eigene Mühewaltung zur Durchsetzung der Forderung auferlegt, ist damit beantwortet. Bei einfach gelagerten Fällen ist eine Mahnung ausreichend. Der Gläubiger muß sich im Gegensatz zu der vom OLG Dresden[402] vertretenen Meinung nicht um Ratenzahlungsvereinbarungen, Tilgungspläne und ähnliches bemühen.

---

[398] Michalski ZIP 1994, S. 1501 (1505) problematisiert dieses Kriterium bei der Auslagerung betriebsinterner Mahnabteilungen auf konzernabhängige Inkassounternehmen. siehe hierzu auch Rieble DB 1995, S. 195; Michalski DB 1995, S. 2511

[399] BGH NJW 1995, S. 446

[400] siehe oben 1. Teil A. I., B. III. 1.

[401] Löwisch NJW 1986, S. 1725

[402] OLG Dresden, JurBüro 1994, S. 548=Rpfleger 1994, S. 260

Im Ergebnis steht daher der Grundsatz des Ausschlusses der Kosten eigener Mühewaltung dem Anspruch auf Ersatz der Inkassokosten nicht entgegen. Es hat lediglich in Ausnahmefällen, bei denen die Erstmahnung bereits das Inkassobüro erledigt hat, eine Kürzung um den Anteil der üblichen Eigenbemühungen zu erfolgen.

Zusammenfassend bleibt festzustellen, daß Inkassokosten mit Ausnahme der Erfolgsprovisionen als dem Verzug des Schuldners zurechenbarer Schaden anzuerkennen sind.

III. Aufbau und Struktur des § 254 BGB

In der Literatur[403] und Rechtsprechung[404] wird das Problem der Ersatzfähigkeit von Inkassokosten als Verzugsschaden überwiegend im Rahmen des § 254 Abs. 2 Satz 1 BGB diskutiert. Bevor die einzelnen Ansichten hierzu dargestellt werden, ist auf Aufbau und Struktur des § 254 BGB einzugehen.

§ 254 BGB regelt die Auswirkungen der Mitverantwortlichkeit des Geschädigten für den bei ihm entstandenen Schaden. Hierbei ist grundsätzlich danach zu differenzieren, ob das Verhalten des Geschädigten bereits vor der Entstehung des Schadens für diesen mitursächlich war, ober ob es nach der Entstehung des Schadens dessen Umfang beeinflußt hat.[405] Die Zäsur hinsichtlich der Verhaltensanforderungen an den Geschädigten findet sich im Zeitpunkt der Schadensentstehung.

Diese Differenzierung vollzieht § 254 BGB in seinem Abs. 1 und 2 nicht konsequent nach. § 254 Abs. 1 BGB betrifft den Fall, daß der Geschädigte schon bei der Entstehung des Schadens mitgewirkt hat. Dem stellt § 254 Abs. 2 Satz 1 Alt. 1 BGB den Fall gleich, daß der Geschädigte es vor der Schadensentstehung unterlassen hat, auf ein übermäßig hohes Schadensrisiko hinzuweisen.

---

403 Burhoff NWB 1991, S. 1759 (1761); David S. 83; Jäckle Diss. S. 92 ff; Lange § 10 X 3, S. 589; Löwisch NJW 1986, S. 1725; Soergel/Mertens § 254 Rdnr. 84; Seitz Rpfleger 1995, S. 201; Staudinger/Löwisch § 286 Rdnr. 47; Wedel JurBüro 1994, S. 74

404 OLG Köln OLGZ 1972, S. 411; OLG Hamm JurBüro 1984, S. 1534; OLG Koblenz JurBüro 1985, S. 295; OLG Karlsruhe Die Justiz 1985, S. 98; LG Berlin NJW-RR 1987, S. 802; OLG Karlsruhe NJW-RR 1987, S. 15; OLG Düsseldorf JZ 1987, S. 887; OLG Stuttgart JurBüro 1988, S. 1364; OLG München MDR 1988, S. 407; OLG München JurBüro 1989, S. 90; LG München JurBüro 1989, S. 648; OLG Nürnberg JurBüro 1990, S. 1387; OLG Frankfurt JurBüro 1990, S. 281; OLG Bamberg NJW-RR 1994, S. 412

405 Lange § 10 II 2, S. 536

Demgegenüber setzt § 254 Abs. 2 Satz 1 BGB in seiner zweiten Alternative das schadensbegründende Ereignis bereits voraus und hält den Geschädigten zur Schadensminimierung an. § 254 BGB liegt das sog. Verantwortungsprinzip[406] zugrunde. "Wer mit seinen eigenen Rechtsgütern nachlässig umgeht oder haftbar machende Gefahren in den Verkehr bringt, die sich auch gegen den Eigenbereich richten können, muß zumindest einen Teil der Folgen tragen, wenn sich die von ihm geschaffenen Risiken, wie auch immer verwirklichen."[407]

Für den hier interessierenden Fall der Einschaltung eines Inkassounternehmens zum Forderungseinzug ist nur § 254 Abs. 2 Satz 1 Alt. 2 BGB relevant. Das schadensbegründende Ereignis ist der Verzug des Schuldners. Dieser fällt in die alleinige Verantwortung des Schuldners. Fraglich ist, ob der Gläubiger durch die Einschaltung des Inkassounternehmens nach dem schädigenden Ereignis seine Schadensminderungspflicht verletzt.

§ 254 Abs. 2 Satz 1 BGB wird als Ausprägung der Schadensfernhaltungspflicht des § 254 Abs. 1 BGB verstanden[408], so daß die diesbezüglichen Ausführungen heranzuziehen sind.

§ 254 Abs. 1 BGB setzt ein mitwirkendes Verschulden des Geschädigten voraus. Damit stellt sich die Frage der Definition des Verschuldens im Rahmen des § 254 BGB. Diese ist umstritten. Im herkömmlichen Sinn ist ein Verhalten dann schuldhaft, wenn es die Verhaltensanforderungen der Rechtsordnung in vorwerfbarer Weise verletzt.[409] Es gibt in unserer Rechtsordnung aber keine Rechtspflicht, sich selbst vor Schaden zu bewahren oder eigene Rechtsgüter nicht zu verletzen. Dies steht jedenfalls so lange außer Frage, als diese Verletzung nicht zu Lasten, also auf Kosten, eines Dritten geschieht. Es besteht keine Rechtspflicht zur zumutbaren Wahrnehmung eigener Interessen. Ein diesbezügliches Versäumnis darf andererseits nicht zu Lasten Dritter gehen.[410] Bei der Schadensminderungspflicht handelt es sich somit nicht um eine einklagbare

---

406 Larenz Schuldrecht Bd. I § 31 I a, S. 541; Henke JuS 1988, S. 753 sowie Palandt/Heinrichs § 254 Rdnr. 1 m. w. N. sehen § 254 BGB als Ausprägung des Verbotes des venire contra factum proprium. Der Gläubiger setze sich zu seinem früheren mitursächlichen Verhalten in Widerspruch, wenn er nunmehr vollen Schadensersatz fordere. In der Sache führt dieser Ansatz zu keinem wesentlichen Unterschied.

407 Lange § 10 V 2, S. 549

408 Münchener Kommentar/Grunsky § 254 BGB Rdnr. 38; Palandt/Heinrichs § 254 BGB Rdnr. 32; Soergel/Mertens § 254 BGB Rdnr. 62; Staudinger/Medicus § 254 BGB Rdnr. 32

409 Palandt/Heinrichs § 276 Rdnr. 5, 8

410 Lange § 10 VI 1, S. 553

Rechtspflicht[411], sondern lediglich um eine sog. Obliegenheit.[412] Inhalt dieser Obliegenheit ist es, daß der Geschädigte den Schadensumfang möglichst gering halten und bei der Schadensbeseitigung unnötige Kosten vermeiden soll.[413] Deren Verletzung hat die Kürzung seines eigenen Schadensersatzanspruchs zur Folge. Das Schadensersatzrecht der §§ 249 ff BGB gewährleistet keine schrankenlose Individualität, sondern findet dort seine Grenze, wo sich der Geschädigte unter Mißachtung der zumutbaren Sorgfalt zumindest mitursächlich selbst in die Lage gebracht hat, in der sich das Verhalten des anderen hat schädigend auf ihn auswirken können. Entsprechendes gilt, wenn sein Verhalten mitursächlich für den Schadensumfang gewesen ist. Konsequenterweise bedarf auch der Verschuldensbegriff einer Anpassung an diese Konstellation.

In der überwiegenden Literatur und Rechtsprechung[414] wurde zur Schaffung eines Verschuldensmaßstabs für § 254 BGB der Begriff des "Verschuldens gegen sich selbst" entwickelt. Teilweise[415] wird der Begriff als solcher vermieden, um nicht den Eindruck zu erwecken, als stünde die Verletzung einer Rechtspflicht im Raum. Die dogmatische Einordnung des Verschuldensbegriffs des § 254 BGB variiert erheblich.[416] Teile der Rechtslehre befürworten eine Qualifizierung als Verschulden im herkömmlichen Sinn.[417] Das Meinungsspektrum umfaßt die Verletzung der Obliegenheit als Pflicht minderer Intensität[418] bis hin zum Verschulden gegen sich selbst. Der Schädiger hat nach allen Ansichten keinen Anspruch auf Erfüllung der Schadensminderungsobliegenheit durch den Geschädigten. Eine Verletzung derselben wird aber bei dessen Schadensersatzanspruch in Anrechnung gebracht. Das "Verschulden gegen sich selbst" wird allgemein als unverständliche Vernachlässigung der eigenen Interessen, die der Geschädigte bei gehöriger Anspannung der ihm zumutbaren

---

411 BGHZ 4, S. 174

412 Lange § 10 VI 1, S. 552; Larenz § 31 I a, S. 540; Münchener Kommentar/Grunsky § 254 BGB Rdnr. 2; a.A. Soergel/Mertens § 254 Rdnr. 4

413 Münchener Kommentar/Grunsky § 254 BGB Rdnr. 45

414 BGH NJW 1970, S. 944; BGH NJW 1983, S. 622; Lange § 10 VI 1, S. 551; Larenz Schuldrecht Bd. I § 31 I a, S. 540; Münchener Kommentar/Grunsky § 254 BGB Rdnr. 2; Palandt/Heinrichs § 254 Rdnr. 1; Soergel/Mertens § 254 Rdnr. 2 wobei der Begriff des "Verschuldens gegen sich selbst" abgelehnt wird; Staudinger/Medicus § 254 Rdnr. 30

415 Larenz Schuldrecht I § 31 I a

416 Zusammenfassende Darstellung bei Lange § 10 VI 1, S. 549

417 Greger NJW 1983, S. 1130; Schünemann VersR 1978, S. 116

418 Münchener Kommentar/Grunsky § 254 BGB Rdnr. 2

Sorgfalt hätte vermeiden können, definiert.[419] Maßgeblich für die Beurteilung des Verhaltens des Geschädigten ist dabei eine vernünftige Verkehrsanschauung[420] aus dem Blickwinkel einer ex-ante Betrachtung.

Es ist jedoch zu bemerken, daß die eben genannte Definition nicht alle denkbaren Fälle, insbesondere nicht die Dispositionsfälle, die für die vorliegende Untersuchung von Bedeutung sind, abdeckt.[421] Erstrebt wird der Ersatz von Aufwendungen, die der Geschädigte nach Eintritt des schädigenden Ereignisses zur "Schadensbeseitigung" getätigt hat. Der Geschädigte muß sich in Erweiterung der o. g. Definition dann ein Verschulden vorwerfen und seinen Schadensersatzanspruch kürzen lassen, wenn er den Schaden durch ein von sozialen Normen abweichendes und besonders kostenaufwendiges Verhalten unnötig erhöht hat. Insoweit ist auf die o. g. Grenze eines jeden Schadensersatzanspruchs[422] zu verweisen. Mertens[423] spricht von einer Soziabilitätsschranke.

Im Ergebnis wird der Schaden dann für ersatzfähig erklärt, wenn er nicht allzuweit von einer durchschnittlichen Lebensführung entfernt ist. Dieses Ergebnis wird gerade im Hinblick auf die, auf der Disposition des Geschädigten beruhende, Einschaltung eines Inkassounternehmens noch von Relevanz sein, da hiernach festzustellen ist, in welchen Konstellationen die Einschaltung eines Inkassounternehmens zulässig ist. Überschreitet die Handlung des Gläubigers das allgemein anerkannte Maß, so hat er sich den Schaden teilweise selbst zurechnen zu lassen.

Als Rechtsfolge einer so festgestellten Mitverantwortlichkeit des Geschädigten wird dessen Anspruch gemindert. Der Mitverantwortungsbeitrag des Geschädigten betrifft seinen Ersatzanspruch dem Grunde nach.[424] Dieser entsteht bereits um den Mitverschuldensbeitrag gekürzt. Das Ausmaß der Minderung

---

419 Soergel/Mertens § 254 Rdnr. 2; Lange § 10 VI 1., S. 551 m. w. N.

420 Münchener Kommentar/Grunsky § 254 BGB Rdnr. 19

421 Lange § 10 VI 1, S. 553; Soergel/Mertens § 254 Rdnr. 3

422 siehe oben 2. Teil B. I.: Der Schadensersatzanspruch gewährleistet keine grenzenlose Individualität.

423 Mertens S. 170 ff; Soergel/Mertens § 254 BGB Rdnr. 3; Staudinger/Medicus § 254 Rdnr. 107, 108

424 Die h.M. rechnet die Frage des mitwirkenden Verschuldens zum Grund des Anspruchs. Dies betrifft auch die Frage der Verteilung des Schadens. Lange § 10 V 2, S. 549, § 10 XIX, S. 660; Münchener Kommentar/Grunsky § 254 BGB Rdnr. 91; Soergel/Mertens § 254 Rdnr. 4; Stein-Jonas/Leipold § 304 Rdnr. 23; abweichend Geigel Kap. 3 Rdnr. 81, der § 254 Abs. 2 BGB zum Umfang des Anspruches zählt.

hängt nach dem Gesetzeswortlaut des § 254 Abs. 1 BGB zum einen von den Umständen des Einzelfalls und zum anderen von dem jeweiligen Verursachungsbeitrag des Schädigers bzw. Geschädigten ab. Das Verschulden ist hierbei nicht ausdrücklich genannt und zählt nur zu den zu berücksichtigenden Umständen. Die im Gesetz aufgeführte Ursächlichkeit wird vorrangig zu berücksichtigen sein. Abhängig vom Ausmaß der Mitverantwortlichkeit des Geschädigten, kann dessen Schadensersatzanspruch gemindert werden oder ganz entfallen. § 254 BGB kann somit sowohl als Ausschlußtatbestand als auch als Begrenzungstatbestand wirken.[425] Die Gewichtung der einzelnen Kausalitätsbeiträge bleibt der richterlichen Wertung[426] vorbehalten, um eine Berücksichtigung der Besonderheiten des Einzelfalls zu ermöglichen. Gerade dies ist der Sinn und Zweck des § 254 BGB, der das "Alles- oder Nichts-Prinzip des Schadensrechts" durchbricht und eine auf den Einzelfall abgestimmte Schadensteilung ermöglicht.[427] Als Richtschnur für die Gewichtung der Verursachungsbeiträge von Schädiger und Geschädigtem ist die Entscheidung des BGH vom 20.09.1982[428] heranzuziehen, wonach derjenige einen Schaden verursacht hat, der dessen Eintritt nicht nur objektiv ermöglicht, sondern darüber hinaus in einem höherem Maß wahrscheinlich gemacht hat als der andere Beteiligte. Letztlich liegt immer eine Einzelfallabwägung zugrunde. Der sich daraus ergebenden Rechtsunsicherheit wurde durch die Bildung von Fallgruppen[429] begegnet.

Sofern der Geschädigte durch eigene Dispositionen gegen seine Schadensminderungspflicht aus § 254 Abs. 2 Satz 1 BGB verstößt, läßt sich der daraus resultierende Schaden und die entsprechende Minderung des Ersatzanspruchs meist genau ermitteln. Die entscheidende Fragestellung für die Beurteilung einer Mitverantwortlichkeit ist, ob der Geschädigte Kosten verursacht hat, die eine mit der im Rechtsverkehr erforderlichen Sorgfalt handelnde Person in dieser Situation ebenfalls herbeigeführt oder eben nicht herbeigeführt hätte. Bezogen auf die Einschaltung eines Inkassounternehmens ist die Frage dahingehend zu formulieren, ob ein mit der erforderlichen Sorgfalt handelnder Gläubiger im konkreten Fall ein Inkassounternehmen mit der Beitreibung der Forderung be-

---

425 Differenzierung nach Seitz Inkasso-Handbuch Rdnr. 96

426 BGH NJW 1983, S. 622, 623

427 Motive zu dem Entwurf eines bürgerlichen Gesetzbuches für das Deutsche Reich, Berlin/Leipzig 1988, Bd.II, S. 23; Henke JuS 1988, S. 753 (758); Jauernig/Teichmann § 254 Anm. 1; Lange § 10 V 1, S. 547

428 BGH NJW 1983, S. 622

429 Münchener Kommentar/Grunsky § 254 BGB Rdnr. 22 ff; Palandt/Heinrichs § 254 BGB Rdnr. 16 ff; Soergel/Mertens § 254 BGB Rdnr. 33 a ff

auftragt hätte. Es erfolgt ein Ist/Soll-Vergleich, an Hand des von der Rechtsprechung entwickelten Maßstabs des "mit der erforderlichen Sorgfalt handelnden Gläubigers". Diejenigen Aufwendungen, die über dieses Maß hinausgehen werden nicht ersetzt.

Die allgemeinen Voraussetzungen des § 254 Abs. 2 Satz 1 Alt. 2 BGB für den Fall der Einschaltung eines Inkassounternehmens zur Forderungsrealisierung sowie der hierfür an den Gläubiger angelegte Verhaltensmaßstab werden nachfolgend untersucht. Zugleich wird auf die Auswirkungen eines Verstoßes hiergegen eingegangen.

IV. § 254 Abs. 2 Satz 1 BGB im Hinblick auf Inkassokosten

Entscheidend für die Ersatzfähigkeit im konkreten Einzelfall ist die Frage, ob dem Gläubiger bei Einschaltung des Inkassounternehmens ein Mitverschulden gemäß § 254 Abs. 2 Satz 1 Alt. 2 BGB entgegengehalten werden kann. Bevor die einzelnen Fallgruppen dargestellt werden, sind die Grundlagen für den, an den Gläubiger anzulegenden, Verhaltensmaßstab zu fixieren.

1. ex-ante Gläubigersicht

Beurteilungsmaßstab für das Gläubigerverhalten ist das Handeln eines sorgfältigen Gläubigers. Den Gläubiger trifft die Schadensminderungspflicht des § 254 Abs. 2 Satz 1 BGB. Die Kosten, die durch die Einschaltung eines Inkassounternehmens zur Forderungsdurchsetzung entstanden sind, sind nur dann ersatzfähig, wenn er dadurch diese Pflicht nicht verletzt hat. Der "sorgfältige" Gläubiger bedient sich der Hilfe eines Inkassounternehmens nur, wenn dessen Einschaltung seine Chance, daß der Schuldner die Forderung begleicht, erhöht und daneben kein einfacherer und vor allem billigerer Weg in Betracht kommt. Nach der weitaus überwiegenden Ansicht[430] ist der für die Beurteilung maßgebliche Zeitpunkt die Beauftragung des Inkassounternehmens. Zu diesem Zeitpunkt muß der Gläubiger diese für einen erfolgversprechenden Weg der Forderungsdurchsetzung halten dürfen. Der BGH[431] hat für die Einschaltung

---

430 Burhoff NWB 1991, S. 1759 (1762); Erman-Battes § 286 BGB Rdnr. 10; Jäckle Diss. S. 98; Jäckle BB 1993, S. 2463; Münchener Kommentar/Grunsky Vor § 249 BGB Rdnr. 66; Soergel/ Wiedemann § 286 BGB Rdnr. 27; Wedel BB 1996, S. 1527 (1528); BGHZ 30, S. 154 (158); BGH-Urteil VIII ZR 278/64 in Seitz Inkasso Handbuch Rdnr. 240; LG Koblenz JurBüro 1980, S. 447; OLG Düsseldorf JZ 1987, S. 887; OLG München MDR 1988, S. 407; OLG Frankfurt Urteil vom 31.03.1989 in Hummel JurBüro 1990, S. 281; OLG Frankfurt JurBüro 1990, S. 487; OLG Nürnberg JurBüro 1994, S. 280; siehe oben 2. Teil B. III: Allgemeine Ausführungen zu § 254 BGB

431 BGHZ 30, S. 154 (158)

eines Rechtsanwalts zur Schadensregulierung und die damit einhergehende Prüfung des § 254 Abs. 2 Satz 1 BGB entschieden,[432] daß man sich in die Lage versetzen muß, in die der Geschädigte durch den Unfall geraten war, und die Dinge von seinem damaligen Standpunkt aus zu betrachten hat. Unabhängig von der Frage der Vergleichbarkeit von Rechtsanwalts- und Inkassotätigkeit ist die Grundaussage der Entscheidung bezüglich des Beurteilungszeitpunkts für § 254 Abs. 2 Satz 1 BGB für diese Untersuchung heranzuziehen.

Es verbietet sich demnach eine Betrachtung aus der ex-post Perspektive. Das dann aus der Position des mit überlegenem Wissen ausgestatteten nachträglichen Beobachters gefällte Urteil kann dem Gläubiger nicht mehr als möglicher Verhaltensmaßstab vorgehalten werden.

Deshalb kann es kein Argument gegen die Ersatzfähigkeit von Inkassokosten sein, daß die gerichtliche Durchsetzung der Forderung nach erfolglosen Bemühungen des Inkassounternehmens notwendig geworden ist, und hierbei neben den Inkassokosten auch noch Rechtsanwaltsgebühren angefallen sind.[433] Hieran ändert sich nichts, wenn sich der Schuldner einer zunächst unstreitigen Forderung nach Beauftragung des Inkassounternehmens entschließt, diese zu bestreiten.[434] Die aus der ex-ante Perspektive legitime Einschaltung des Inkassounternehmens und der damit entstandene Schadensersatzanspruch des Gläubigers auf Ersatz der Inkassokosten, wird durch das nachträgliche Bestreiten nicht zum Wegfall gebracht. Grundsätzlich sind Inkassokosten neben Rechtsanwaltsgebühren ersatzfähig.

Etwas anderes kann nur gelten, wenn die Notwendigkeit der gerichtlichen Geltendmachung bereits bei Einschaltung des Inkassounternehmens absehbar war. Für die vorliegende Untersuchung ist gerade der Fall des doppelten Ko-

---

432 zur grundsätzlichen Ersatzfähigkeit von Rechtsverfolgungskosten siehe oben 2. Teil B. I.

433 David S. 79; OLG Köln JuS 1972, S. 471 mit Anmerkung Emmerich; OLGZ 1972, S. 411; OLG Nürnberg JurBüro 1994, S. 280; OLG Frankfurt Urteil vom 31.03.1989 in Hummel JurBüro 1990, S. 281; Jenisch JurBüro 1989, S. 721 (732); Staudinger/ Löwisch § 286 Rdnr. 50; Steinbild JurBüro 1990, S. 1387; Garmissen JurBüro 1993, S. 641; die Umfrage von Finger WRP 1978, S. 785 belegt, daß die Mehrheit der befragten 72 Landgerichte von der Ersatzfähigkeit der Inkassokosten neben Rechtsanwaltsgebühren ausgeht. a. A.: OLG Dresden Rpfleger 1994, S. 260, 261 läßt eine überzeugende dogmatische Begründung für die Abweichung von der ex-ante Betrachtung vermissen und führt vornehmlich die durch die Einschaltung von Inkassounternehmen eröffneten Mißbrauchsmöglichkeiten ins Feld. Dies rechtfertigt eine Abweichung von den allgemeinen Grundsätzen des § 254 BGB nicht.

434 Burhoff NWB 1991, S. 1759 (1762); Stackelberg BB 1965, S. 391 (394)

stenanfalls interessant, da das Mahnverfahren nur bei Erfolglosigkeit des Inkassounternehmens und in der Regel durch einen Rechtsanwalt[435] durchgeführt wird. Im Mahnverfahren werden die Inkassokosten als Nebenforderung und die Rechtsanwaltsgebühren als Prozeßkosten geltend gemacht.

2. Prognoseentscheidung des Gläubigers

Dem Gläubiger wird vor der Einschaltung des Inkassounternehmens eine Prognoseentscheidung[436] dahingehend abverlangt, ob dies sinnvoll und erfolgversprechend ist. In diese Entscheidung kann der Gläubiger in der Regel nur zwei, ihm bekannte, Kriterien einstellen. Zum einen weiß er um die grundsätzliche Eignung eines Inkassounternehmens zum Forderungseinzug, und zum anderen kann er das Verhalten des Schuldners im konkreten Fall beurteilen.

An Hand dieser Informationen muß er seine Prognoseentscheidung treffen, bzw. müssen die Gerichte diejenige eines idealen Gläubigers als Maßstab für die Beurteilung der Gläubigerentscheidung im Einzelfall entwickeln.

Für das erstgenannte Kriterium der grundsätzlichen Eignung des Inkassounternehmens zum Forderungseinzug ist von einer Erfolgsquote von 50-60 % auszugehen.[437] Die Reaktionsquote liegt mit 70 % wesentlich darüber.[438] Ein Inkassounternehmen ist damit grundsätzlich zum Einzug unbestrittener Geldforderungen geeignet. Das zweitgenannte Kriterium stellt auf das Schuldnerverhalten im konkreten Einzelfall ab. Hierfür hat die Rechtsprechung Fallgruppen entwickelt, die im folgenden dargestellt werden.

Je nach dem, wie die Prognoseentscheidung ausfällt, bzw. hätte ausfallen müssen, ist das Mitverschulden des Gläubigers zu beurteilen. Die Einschaltung eines Inkassounternehmens ist nur dann kein Verstoß gegen die Schadensminderungsobliegenheit, wenn sie die Chance, daß der Schuldner die Forderung begleicht, aus der Sicht des Gläubigers erhöht.[439] Weiterhin muß der Gläubiger auch den zweckentsprechendsten Weg[440] der Rechtsverfolgung wählen. Er

---

[435] Zur Möglichkeit der Einschaltung eines Rechtsanwaltes durch das Inkassounternehmen siehe oben 1. Teil B. II.

[436] OLG Düsseldorf JZ 1987, S. 887; Garmissen JurBüro 1993 S. 643; Wedel JurBüro 1994, S. 74; so im Ergebnis die Umfrage von Finger WRP 1978, S. 785

[437] siehe oben 1. Teil A. V.

[438] siehe oben 1. Teil A. V.

[439] OLG Karlsruhe Rpfleger 1987, S. 422

[440] Löwisch NJW 1986 S. 1726

muß sich demnach fragen, ob es nicht sinnvoller wäre, sofort einen Rechtsanwalt zu beauftragen, da sowieso ein gerichtliches Verfahren zu erwarten ist, bzw. dieser die Forderung grundsätzlich besser und kostengünstiger beitreiben kann. Der Rechtsanwalt beschäftigt sich typischerweise mit der Durchsetzung streitiger Forderungen, wogegen das Inkassounternehmen durch intensiven Kontakt zum Schuldner, Adreß- und Arbeitgeberermittlung sowie der Entwicklung von Ratenzahlungsvereinbarungen und Tilgungsplänen die Realisierung unstreitiger Forderungen[441] betreibt. Das Inkassounternehmen ist auf die massenhafte Beitreibung von Kleinforderungen spezialisiert. Die folgenden Fallgruppen sind auch im Hinblick auf diese Differenzierung zu betrachten.

3. Entscheidungsübersicht / Fallgruppenbildung

Wie oben ausgeführt[442], wird im Rahmen des § 254 Abs. 2 Satz 1 Alt. 2 BGB der Verursachungsbeitrag des Schuldners und des Gläubigers gegeneinander abgewogen. Dies kann vom gänzlichen Ausschluß des Ersatzanspruchs über seine Begrenzung der Höhe nach bis zu seinem vollständigen Ersatz führen. Die Rechtsprechung hat Fallgruppen herausgebildet, bei denen sich der Mitverursachungsbeitrag des Gläubigers anspruchsausschließend bzw. anspruchsbegrenzend auswirkt.[443] Diese Fallgruppen orientieren sich wesentlich am zweiten, dem Gläubiger bekannten, Kriterium, dem Verhalten des Schuldners.

a) § 254 Abs. 2 Satz 1 BGB als Ausschlußtatbestand

In den folgenden Konstellationen hätte ein sorgfältiger Gläubiger kein Inkassounternehmen beauftragt, da ihm hätte klar sein müssen, daß sich dessen Tätigkeit auf die Zahlungsbereitschaft des Schuldners nicht auswirken würde. Beauftragt der Gläubiger dennoch ein Inkassobüro, so trifft ihn ein Mitverschulden an der Entstehung dieser Schadensposition. Dieses ist im Verhältnis zum Schuldnerverschulden aufgrund des Verzugs so überwiegend, daß man im Rahmen der Abwägung der Verursachungsbeiträge[444] zu einem Ausschluß des Anspruchs auf Ersatz der Inkassokosten kommen muß. Dies ist für die folgenden Fälle anerkannt.

---

441 so Richtlinie Nr.1.2 der "Grundsätze für die Berufsausübung zugelassener Inkassounternehmen in der Bundesrepublik Deutschland und West-Berlin" verbindlich für alle dem Bundesverband Deutscher-Inkasso-Unternehmen e.V. angeschlossener Mitglieder; siehe Anhang 1

442 siehe oben 2. Teil B. III.

443 Seitz Inkasso-Handbuch Rdnr. 71, 190 hat hierfür die Termini Ausschlußtatbestand und Begrenzungstatbestand geprägt. Diese werden im folgenden verwandt.

444 siehe oben 2. Teil B. III.

α) Bestrittene Forderung

Hat der Schuldner gegen die Forderung Einwendungen erhoben oder sie aus sonstigem Grund ernsthaft bestritten, ist nicht damit zu rechnen, daß er durch ein Inkassounternehmen zur Zahlung veranlaßt wird. Es kann die streitige Forderung nicht klären. Es ist vielmehr die vorrangige Aufgabe der Rechtsanwaltschaft, derartige Forderungen durchzusetzen. Nach nahezu einhelliger Ansicht[445] wirkt hier § 254 Abs. 2 Satz 1 Alt. 2 BGB als Ausschlußtatbestand, und es liegt daher kein ersatzfähiger Vermögensschaden vor.

Entsprechend[446] ist die Interessenlage, wenn der Gläubiger im Mahnverfahren neben der Hauptforderung auch Inkassokosten geltend macht, sofern er hat absehen können, daß der Schuldner aufgrund vorgerichtlich bereits geäußerter Einwände (z.B. Mängelrügen) im Mahnverfahren Widerspruch einlegen wird. In diesem Fall hätte er bereits das Inkassounternehmen nicht beauftragen dürfen. Für den Gläubiger war erkennbar, daß es zum Rechtsstreit kommen wird. Eine ähnliche Konstellation[447] findet sich, wenn der Gläubiger das Mahnverfahren durch seinen ortsansässigen Rechtsanwalt einleiten läßt, obwohl ihm bekannt ist, daß der Gerichtsstand für den zu erwartenden Rechtsstreit nicht im Zulassungsbereich des Rechtsanwalts liegt und der Schuldner Widerspruch einlegen wird. Die zusätzlichen Anwaltskosten sind nicht gemäß § 91 ZPO ersatzfähig, da keine notwendigen Kosten vorliegen.

β) Erkennbare Zahlungsunwilligkeit / Zahlungsunfähigkeit

Für den Fall der erkennbaren Zahlungsunwilligkeit des Schuldners sieht die überwiegende Rechtsprechung[448] das Kriterium, daß der Gläubiger mit der au-

---

[445] Burhoff NWB 1991, S. 1759 (1762); Hummel JurBüro 1990, S. 281 (286); Jäckle JZ 1978, S. 675 (678); Jäckle BB 1993, S. 2463; Münchener Kommentar/Thode § 286 BGB Rdnr. 8; Rieble DB 1995, S. 195 (201); Seitz Inkasso Handbuch Rdnr. 100, 224 m.w.N.; Soergel/Wiedemann § 286 BGB Rdnr. 27; Wedel BB 1996, S. 1527 (1528); OLG Köln OLGZ 1972, S. 411; OLG Nürnberg MDR 1973, S. 671; LG Wiesbaden Urteil vom 14.11.1980 in Hummel JurBüro 1990, S. 281; OLG Frankfurt Urteil vom 30.06.1983 in Hummel JurBüro 1990, S. 281; OLG Karlsruhe Rpfleger 1987, S. 422; OLG München MDR 1988, S. 407; OLG Dresden Rpfleger 1994, S. 260

[446] OLG Stuttgart AnwBl 1973, S. 46

[447] OLG Karlsruhe Die Justiz 1985, S. 98

[448] OLG Frankfurt Urteil vom 30.06.1983 in Hummel JurBüro 1990, S. 281; OLG Düsseldorf JZ 1987, S. 887; OLGZ 1987, S. 494; OLG Karlsruhe Rpfleger 1987, S. 422; LG Stuttgart JurBüro 1988, S. 1516; OLG München MDR 1988, S. 407; OLG Frankfurt NJW-RR 1990, S. 729; OLG Bamberg NJW-RR 1994, S. 412; a.A. LG Frankfurt Urteil vom 16.10.1980 in Hummel JurBüro 1990, S. 281 läßt die Einschaltung eines In-

ßergerichtlichen Beitreibbarkeit seiner Forderung rechnen konnte und durfte, nicht als erfüllt an. Hat der Schuldner ernsthaft die Erfüllung verweigert, so ist nicht davon auszugehen, daß ihn das Inkassounternehmen wird umstimmen können. Die Frage der Zahlungsunfähigkeit wird dagegen unterschiedlich beurteilt.[449] Zum einen wird davon ausgegangen, daß auch das Inkassounternehmen beim illiquiden Schuldner nichts mehr wird beitreiben können. Zum anderen wird argumentiert, daß gerade die Einschaltung derartiger Unternehmen sinnvoll ist, da der Schuldner die Gläubiger, die die Beitreibung forcieren, jedenfalls sobald er wieder zu Geld kommt, vorrangig befriedigen oder sich auf eine Ratenzahlungsvereinbarung einlassen wird. Kritisch angemerkt wird zu diesem Ansatz, daß die Begriffe der Zahlungsunwilligkeit und Zahlungsunfähigkeit als solche zu unscharf seien.[450]

Die von Seitz[451] angeführte Argumentation, daß in Fällen erkennbarer Zahlungsunfähigkeit die Einschaltung des Inkassounternehmens u. a. durch das Ziel der Verjährungsunterbrechung legitimiert sei, kann nicht nachvollzogen werden. Alleine die Einschaltung des Inkassounternehmens führt keine Verjährungsunterbrechung herbei. Dies ist gemäß § 209 Abs. 1, Abs. 2 Nr. 1 BGB durch die Zustellung des Mahnbescheids zu erreichen. Der Gläubiger kann das Mahnverfahren entweder selbst veranlassen oder sich hierzu eines Rechtsanwaltes bedienen, da ein Rechtsstreit absehbar ist. Ein Argument für die Einschaltung eines Inkassounternehmens auch in diesem Fall, kann hieraus nicht gewonnen werden. Die allenfalls durch das Inkassounternehmen zu erreichende Verjährungsunterbrechung aufgrund eines Anerkenntnisses des Schuldners gemäß § 208 BGB ist dagegen bei einem zahlungsunfähigen Schuldner denkbar. Im Fall eines erkennbar zahlungsunwilligen Schuldners ist die Einschaltung des Inkassounternehmens auch unter dem Gesichtspunkt der Verjährungsunterbrechung nicht der zweckentsprechendste Weg der Rechtsverfolgung, da nicht zu erwarten ist, daß der zahlungsunwillige Schuldner die Forderung anerkennt oder einer Ratenzahlungsvereinbarung zustimmt. In beiden Fällen ist die Durchführung des Mahnverfahren der kostengünstigere und zweckentsprechendste Weg der Rechtsverfolgung. Es bietet zudem den Vorteil, daß der Gläubiger einen Vollstreckungstitel erlangt.

---

kassobüros auch bei bloßer Zahlungsunwilligkeit des Schuldners zu, sofern die Forderung als solche nicht bestritten wird.

449 Burhoff NWB 1991, S. 1759 (1762); Jäckle JZ 1978, S. 675 (678); Seitz Inkasso-Handbuch Rdnr. 104

450 Seitz Inkasso-Handbuch Rdnr. 220 m.w.N.

451 Seitz Inkasso-Handbuch Rdnr. 104

Die überwiegende Meinung[452] geht von einem Verstoß gegen die Schadensminderungspflicht durch Einschaltung eines Inkassounternehmens bei erkennbarer[453] Zahlungsunwilligkeit- oder -unfähigkeit des Schuldners aus.

Die Erkennbarkeit der Zahlungsunwilligkeit/Zahlungsunfähigkeit wird beispielsweise angenommen, wenn der Schuldner die Annahme der seitens des Gläubigers geschuldeten Leistung abgelehnt oder gravierende Mängelrügen geltend gemacht hat.[454] Das OLG Nürnberg[455] fordert eine ernstliche, klar zu verstehende Äußerung des Schuldners, daß er nicht zahlen werde. Dies kann sich auch aus der dem Gläubiger zugänglichen Korrespondenz des Schuldners ergeben. Es muß für den Gläubiger offensichtlich sein, daß keine Zahlung zu erwarten ist. Dienen die Einwände des Schuldners nur der Verzögerung der Zahlung und sind offensichtlich nicht begründet, so kann der verständige Gläubiger trotzdem ein Inkassounternehmen beauftragen.[456] Es ist hierbei nicht Sache des Gläubigers, sich bei Unklarheiten um Sachaufklärung zu bemühen. Das Risiko einer fehlerhaften Prognoseentscheidung des Geschädigten trägt der Schuldner.[457]

γ) Keine Schuldnerreaktion

Fraglich ist, wie der Gläubiger reagieren darf, wenn sich der Schuldner auf seine Mahnung(en) hin nicht äußert. Dieser Fall tritt sehr häufig auf und ist gerade im Hinblick auf die Durchsetzbarkeit von Inkassokosten im Mahnverfahren relevant. Diese Konstellation ist in Literatur und Rechtsprechung äußerst um-

---

452 Jäckle JZ 1978, S. 675 (678); Jäckle BB 1993, S. 2463; Michalski ZIP 1994, S. 1501 (1504); Münchener Kommentar/Thode § 286 BGB Rdnr. 8; Palandt/Heinrichs § 286 BGB Rdnr. 9; Soergel/Wiedemann § 286 BGB Rdnr. 27; Staudinger/Löwisch § 286 Rdnr. 49; Wedel JurBüro 1994, S. 74; so im Ergebnis Umfrage von Finger WRP 1978, S. 786; OLG Frankfurt Urteil vom 30.06.1983 in Hummel JurBüro 1990, S. 281; OLG Düsseldorf JZ 1987, S. 887; OLGZ 1987, S. 494; OLG Karlsruhe Rpfleger 1987, S. 422; LG Stuttgart JurBüro 1988, S. 1516; OLG München MDR 1988, S. 407; OLG Frankfurt NJW-RR 1990, S. 729; OLG Bamberg NJW-RR 1994, S. 412; a.A. LG Frankfurt Urteil vom 16.10.1980 in Hummel JurBüro 1990, S. 281 läßt die Einschaltung eines Inkassobüros auch bei bloßer Zahlungsunwilligkeit des Schuldners zu, sofern die Forderung als solche nicht bestritten wird.

453 Burhoff NWB 1991, S. 1759 (1762); OLG Düsseldorf JZ 1987, S. 887

454 OLG München in Garmissen JurBüro 1993, S. 641

455 OLG Nürnberg in Steinbild JurBüro 1990, S. 1387

456 Löwisch NJW 1986, S. 1725 (1727)

457 Löwisch NJW 1986, S. 1725; allgemeiner Grundsatz des Schadenrechts Lange § 5 VIII 1., S. 240; OLG Frankfurt NJW-RR 1992, S. 603; Palandt/Heinrichs § 249 Rdnr. 7

stritten. Der Streit konzentriert sich auf die Frage, ob der Gläubiger grundsätzlich mit dem Erfolg des Inkassounternehmens rechnen darf, oder ob er mit dessen Erfolglosigkeit rechnen muß und daher nur zur Beauftragung eines Inkassounternehmens schreiten darf, wenn er aufgrund positiver Anhaltspunkte mit der außergerichtlichen Beitreibung der Forderung rechnen konnte.

Es stellt sich damit die Frage, welchen Schluß ein "sorgfältiger" Gläubiger hinsichtlich der Erfolgsaussichten der Einschaltung eines Inkassounternehmens aus einer oder mehrerer erfolgloser Mahnungen zieht ?

Diejenigen Entscheidungen in der Rechtsprechung[458], die von der grundsätzlichen Erfolglosigkeit der Bemühungen des Inkassounternehmens ausgehen, fordern folgerichtig für die Ersatzfähigkeit der Inkassokosten, daß dem Gläubiger positive Anhaltspunkte für den Erfolg der Inkassobemühungen vorliegen müssen. Sie argumentieren folgendermaßen. Zum einen wird vorgebracht,[459] daß bei zunehmendem Rechtsbewußtsein der Bürger und weitgehender Absicherung von Prozeßrisiken durch Rechtsschutzversicherungen der Gläubiger nicht mehr davon ausgehen kann, die Zahlungsbereitschaft des Schuldners erhöhe sich alleine durch die Einschaltung eines Inkassounternehmens. Zahlt der Schuldner auf Mahnungen des Gläubigers nicht, dann läßt er es auch auf einen Prozeß ankommen. In manchen Entscheidungen[460] liest man, daß dies jedenfalls nach mehreren erfolglosen Mahnungen der Fall sei. Konsequenterweise kann der geduldigere Gläubiger, der mehrmals mahnt, dann kein Inkassounternehmen mehr einschalten. Der Gläubiger, der nur einmal mahnt, ist noch dazu berechtigt. Zum anderen lege die Tatsache, daß der Schuldner nicht reagiert, den Schluß auf dessen Zahlungsunfähigkeit nahe.[461] In diesem Fall seien Inkassokosten gerade nicht ersatzfähig.[462] Im Ergebnis wird festgestellt, das Inkassounternehmen könne auch nicht mehr Druck ausüben als der Gläubiger selbst bzw. dessen Rechtsanwalt. Diese Rechtsprechung muß sich die Erfolgsquo-

---

458 AG Offenbach JurBüro 1993, S. 484; KG Cottbus in Wedel JurBüro 1994, S. 74; LG Gießen MDR 1986, S. 144; LG Frankfurt in Hummel JurBüro 1990, S. 281 Mindermeinung im OLG Bezirk; LG Lübeck in Philipp JurBüro 1991, S. 467 Mindermeinung im OLG Bezirk; OLG Düsseldorf JZ 1987, S. 887; OLG Karlsruhe NJW-RR 1987, S.15; LG Berlin NJW-RR 1987, S. 802

459 OLG Düsseldorf JZ 1987, S. 887; hiergegen David S. 81

460 LG Berlin NJW-RR 1987, S. 802; OLG Karlsruhe NJW-RR 1987. S. 15

461 LG Gießen Urteil vom 17.09.1985 in Hummel JurBüro 1990, S. 281 (285); OLG Karlsruhe Rpfleger 1987, S. 422 ablehnend David S. 80; LG Regensburg in Steinbild JurBüro 1990, S. 1387 im Widerspruch zur sonstigen Rechtsprechung im OLG Bezirk

462 siehe oben 2. Teil IV. 3. a) β)

ten[463] von Inkassounternehmen bei vorgerichtlicher Beitreibung von 50-60 % entgegenhalten lassen. Die Reaktionsquote[464] liegt um 5-10 % über der Erfolgsquote. Die Masse der Schuldner reagiert also nach der Einschaltung eines Inkassounternehmens, obwohl sie die bisherigen Gläubigerbemühungen ignoriert hat. Es hat den Anschein, als ob Erwägungen des Schuldnerschutzes eine juristisch einwandfreie Argumentation unter Berücksichtigung der tatsächlichen Erhebungen in den Hintergrund drängen. Daneben ist im Vergleich zur Einschaltung eines Rechtsanwalts zu berücksichtigen, daß auch dieser Weg keine 100 % Erfolgsaussicht verspricht. Der illiquide Schuldner bleibt illiquid, unabhängig davon, wer mit der Beitreibung der Forderung beauftragt wird.

Die überwiegende Literatur[465] und Rechtsprechung[466] geht hingegen vom grundsätzlichen Erfolg der Bemühungen des Inkassounternehmens bei Schweigen des Schuldners aus. Der Gläubiger kann davon ausgehen, daß das Inkassobüro mit seinen Beitreibungsbemühungen Erfolg haben wird[467]. Zu be-

---

463 Hauschildt/Stahrenberg BB 1991, S. 3; siehe oben 1.Teil A. V.

464 Hauschildt/Stahrenberg BB 1991, S. 3, Stahrenberg S. 102; siehe oben 1.Teil A. V.

465 Burhoff NWB 1991, S. 1759 (1762); Jenisch JurBüro 1989, S. 721 (731); Seitz Inkasso-Handbuch Rdnr. 100; Wedel JurBüro 1994, S. 325; David S. 80 bemüht den Vergleich zu § 138 ZPO und zieht aus der unterbliebenen Schuldnerreaktion den Schluß auf die Unstreitigkeit der Forderung; Jäckle BB 1993, S. 2463 (2465) differenziert nach der Art der beizutreibenden Forderung (dubiose Forderungen/berechtigte Forderungen) und nach der Art des Inkassounternehmens (Inkassounternehmen im engeren Sinn mit begrenzter Mahntätigkeit/Handelsauskunftei unter Ausnutzung des Rückkoppelungseffekts); Rieble DB 1995, S. 195 (201) verneint eine Grundregel, die bei Schweigen des Schuldners undifferenziert die Einschaltung eines Inkassounternehmens zuläßt. Er befürwortet eine Einzelfallprüfung.

466 OLG Köln OLGZ 1972, S. 411; OLG Hamm MDR 1983, S. 497; OLG Koblenz JurBüro 1985, S. 295; LG Frankfurt Urteil vom 13.06.1986 bestätigt durch OLG Frankfurt Urteil vom 17.12.1986 in Hummel JurBüro 1990, S. 281; Jäger JurBüro 1989, S. 1073; Löwisch NJW 1986, S. 1725; Lüddringhaus JurBüro 1991, S. 478 divergierende Entscheidungen; OLG München MDR 1988, S. 407; OLG Frankfurt MDR 1990, S. 438; Philipp JurBüro 1991, S. 467; Steinbild JurBüro 1990, S. 1387; Stöver JurBüro 1989, S. 1071; Gramissen JurBüro 1993, S. 641; OLG Oldenburg Urteil vom 27.02.1989 und Rspr. des OLG Oldenburg dargestellt bei Hilse JurBüro 1989, S. 1278, OLG Dresden OLG-Report 9/95 S. 113

467 Jäckle JZ 1978, S. 678; NJW 1986, S. 2692 trennt zwischen Inkassounternehmen im engeren Sinn sowie Handelsauskunfteien und Kreditschutzorganisationen. Nur für letztere nimmt er an, daß der Gläubiger vom grundsätzlichen Erfolg der Bemühungen des Inkassounternehmens ausgehen kann. Diese Differenzierung wird in der sonstigen Literatur und Rechtsprechung nicht nachvollzogen. In NJW 1995, S. 2767 hebt Jäckle die Differenzierung nicht mehr hervor. Ablehnend Dietrich S. 179

rücksichtigen ist, daß in vereinzelten Fällen der genannten Rechtsprechung[468] in den Mahnungen des Gläubigers die Einschaltung des Inkassounternehmens bereits angedroht wurde. Dies ist aber im Überblick der Entscheidungen nicht Voraussetzung für die Ersatzfähigkeit der Inkassokosten. Man findet folgende Argumentation. Der Schuldner hat seine Zahlungspflicht nicht erfüllt. Er hat sich durch den Verzug ins Unrecht gesetzt und ist daher nicht besonders schutzwürdig. Es ist zudem nicht Sache des Gläubigers, die Beweggründe des Schuldners für seine Zahlungsverweigerung zu erforschen. Er kann vielmehr davon ausgehen, daß gegen die Forderung keine Einwendungen bestehen, sonst hätte sie der Schuldner spätestens auf seine Mahnungen hin vorgebracht. Eine unbestrittene Forderung kann im Normalfall ohne gerichtliche Hilfe durchgesetzt werden. Es ist jetzt Sache des Schuldners, tätig zu werden. Darüberhinaus sei die Konsequenz der Gegenmeinung zu berücksichtigen. Diese würde dazu führen, daß der Gläubiger in allen Fällen, in denen der Schuldner auf eine Mahnung nicht reagiert, kein Inkassounternehmen mit der Beitreibung seiner Forderung beauftragen dürfte.[469] Für die Einschaltung des Inkassobüros bliebe nur der seltene Fall, daß sich der Schuldner bereit erklärt, bei Einschaltung eines Inkassobüros zu zahlen. Daneben würde dies eine Bevorzugung des unehrlicheren Schuldners bedeuten. Derjenige Schuldner, der seine momentane Zahlungsunfähigkeit anzeigt und vorschlägt, die Schuld ratenweise zu tilgen, kann mittels eines Inkassobüros zur weiteren Zahlung veranlaßt werden, falls er mit seinen Raten in Verzug kommt, da er grundsätzliche Zahlungswilligkeit[470] demonstriert hat.[471] Derjenige Schuldner, der einfach schweigt, soll dem

---

468 OLG Köln OLGZ 1972, S. 411; OLG Hamm MDR 1983, S. 497; OLG Koblenz JurBüro 1985, S. 295; LG Frankfurt Urteil vom 13.06.1986 bestätigt durch OLG Frankfurt Urteil vom 17.12.1986 in Hummel JurBüro 1990, S. 281; Jäger JurBüro 1989, S. 1073; Löwisch NJW 1986, S. 1725; Lüddringhaus JurBüro 1991, S. 478 divergierende Entscheidungen; OLG München MDR 1988, S. 407; OLG Frankfurt MDR 1990, S. 438; Philipp JurBüro 1991, S. 467; Steinbild JurBüro 1990, S. 1387; Stöver JurBüro 1989, S. 1071; Gramissen JurBüro 1993, S. 641; OLG Oldenburg Urteil vom 27.02.1989 und Rspr. des OLG Oldenburg dargestellt bei Hilse JurBüro 1989, S. 1278, OLG Dresden OLG-Report 9/95 S. 113

469 David Anmerkung zum Beschluß des OLG Karlsruhe vom 09.03.1987 (Rpfleger 1987, S. 422), Rpfleger 1987, S. 509

470 Dies gilt auch, wenn der Schuldner auf andere Weise seine Zahlungswilligkeit gezeigt hat, beispielswiese durch sein Versprechen demnächst zu bezahlen. OLG Oldenburg JurBüro 1989, S. 1278 mit Anmerkung Hilse; Jäckle BB 1993, S. 2463 (2464) geht von der Ersatzfähigkeit der Inkassokosten auch bei nicht eingehaltenem Zahlungsversprechen aus.

471 LG Fulda Urteil vom 10.06.1988 in Hummel JurBüro 1990, S. 281 (285); OLG Frankfurt JurBüro 1990, S. 488

gegenüber nicht besser gestellt werden. Zudem ist zu berücksichtigen, daß Inkassounternehmen, wie oben gezeigt[472], eine anerkannte Institution des Wirtschaftslebens sind und Erfolgsquoten bis zu 60 % vorzuweisen haben.

Vielfach wird als Argument vorgebracht, daß es Sache des Schuldners sei, die Umstände des § 254 Abs. 2 Satz 1 BGB vorzubringen. Die Beweislast liege alleine bei ihm. Die das Mitverschulden des Gläubigers begründenden Tatsachen seien mangels entsprechenden Vortrags durch den Schuldner nicht zu berücksichtigen. Dies ist zwar grundsätzlich richtig, bedarf aber noch einer detaillierteren Untersuchung.[473] Sofern Tatsachen bekannt sind, die den Schluß auf Mitverschulden des Gläubigers zulassen, sind diese von Amts wegen zu berücksichtigen. Nur, wenn nichts dergleichen vorgetragen ist, geht dies zu Lasten des Schuldners.

Im Ergebnis ist daher kein für den Gläubiger erkennbarer positiver Anhaltspunkt nötig, daß die Einschaltung des Inkassounternehmens erfolgversprechend ist. Alleine das Schweigen des Schuldners ist kein Indiz für die voraussichtliche Erfolglosigkeit der Bemühungen des Inkassounternehmens.[474] In einem derartigen Fall ist daher die Beauftragung des Inkassounternehmens mit der Forderungsbeitreibung ohne ein Mitverschulden des Gläubigers möglich.

b) § 254 Abs. 2 Satz 1 BGB als Begrenzungstatbestand

Sofern man mit der überwiegenden Rechtsprechung davon ausgeht, daß § 254 Abs. 2 Satz 1 BGB den Anspruch auf Ersatz der Inkassokosten nur in den eben genannten Fällen[475] vollständig ausschließt, stellt sich als nächstes die Frage, ob im Rahmen der Abwägung der Kausalitätsbeiträge von Schuldner und Gläubiger eine Begrenzung der Ersatzfähigkeit der Kosten zu erfolgen hat, da dem Gläubiger die Verursachung der Kosten teilweise zuzurechnen ist. Wie oben ausgeführt, kann das Verschulden des Gläubigers auch darin liegen, ein zu teures Unternehmen beauftragt zu haben.[476] In den entschiedenen Fällen hat sich im Nachhinein die Einschaltung des Inkassobüros als erfolglos erwiesen.

---

[472] siehe oben 2. Teil B. II. 1. a)

[473] siehe unten 2. Teil B. VI. 2.

[474] LG Frankfurt Urteile vom 26.01.1977, 31.10.1986, 05.07.1989 in Hummel JurBüro 1990, S. 281 (284); ebenso Hummel JurBüro 1990, S. 281 (286) Zusammenfassung der Rspr. des OLG Frankfurt und der angehörigen LGe

[475] Burhoff NWB 1991, S. 1759 (1761); siehe oben 2. Teil B. IV. 3. a)

[476] Parallele Wertung bei Reparatur bzw. Mietwagen nach Verkehrsunfall, siehe hierzu Lange § 10 X 3, S. 583, ebenso BGH NJW 1985, S. 2693, OLG Hamm NJW-RR 1993, S. 1053

Die gerichtliche Geltendmachung der Forderung wurde notwendig. Die sofortige Beiziehung eines Rechtsanwalts wäre daher billiger gewesen. Dies ändert aber nichts an der auch im Rahmen dieses Problemkreises geltenden Beurteilung aus der ex-ante Gläubigerperspektive.[477] Es stellt sich damit das Problem der Begrenzung der ersatzfähigen Inkassokosten der Höhe nach. Hierzu findet man eine divergierende Rechtsprechung[478] und die damit einhergehende Fallgruppenbildung.

Die Diskussion wird von zwei grundsätzlich verschiedenen Ansätzen zur Lösung des Problems beherrscht. Einerseits wird eine Beschränkung der ersatzfähigen Inkassokosten auf vergleichbare Rechtsanwaltsgebühren vertreten. Eine Abwägung der Verursachungsbeiträge bzw. der Vorwurf an den Gläubiger, ein zu teueres Unternehmen ausgewählt zu haben fehlt. Andererseits wird eine Beschränkung des Schadensersatzes auf die üblichen Inkassokosten vertreten. Beide Meinungen werden im folgenden gegenübergestellt.

α) Beschränkung der ersatzfähigen Inkassokosten auf die Höhe vergleichbarer Rechtsanwaltsgebühren

Sofern der Gläubiger statt des Inkassobüros sofort einen Rechtsanwalt eingeschaltet hätte, wäre für die dem Inkassounternehmen vergleichbare Tätigkeit eine Gebühr gemäß § 118 Abs. 1 Nr. 1 BRAGO angefallen. Die normale Geschäftsgebühr (Mittelgebühr) bewegt sich bei einer 7,5/10 Gebühr. Diese Gebühr hat sich der Rechtsanwalt, wenn er im späteren gerichtlichen Verfahren (für diesen Fall das Mahnverfahren) tätig wird, gemäß § 118 Abs. 2 Satz 1 BRAGO auf die Gebühr gemäß § 43 BRAGO anrechnen zu lassen. Daneben steht ihm eine Auslagenpauschale gemäß § 26 BRAGO in Höhe von maximal 40,00 DM zu. Die wohl noch überwiegende Literatur und Rechtsprechung[479] will die ersatzfähigen Inkassokosten im Rahmen des § 254 Abs. 2 Satz 1 BGB auf diese Rechtsanwaltsgebühren beschränken. Vielfach drängt sich der Ein-

---

477 LG München JurBüro 1989, S. 648; OLG Frankfurt JurBüro 1990, S. 281; OLG Frankfurt JurBüro 1990, S. 487; OLG Nürnberg JurBüro 1990, S. 1387

478 Übersicht siehe Seitz Inkasso Handbuch Rdnr. 238

479 Altenhoff/Busch/Chemnitz Art. 1 § 1 Rdnr. 106; Burhoff NWB 1991, S. 1759 (1763); Garmissen JurBüro 1993, S. 641; Lappe Rpfleger 1986, S. 161; Lüddringhaus JurBüro 1991, S. 478; Münchener Kommentar/Thode § 286 BGB Rdnr. 8; Palandt/Heinrichs § 286 BGB Rdnr. 9; Seitz Inkasso Handbuch Rdnr. 238 Tabelle 1 m.w.N.; so die Mehrheit, der von Finger WRP 1978, S. 785 befragten Landgerichte; LG Koblenz JurBüro 1980, S. 447; OLG Hamm JurBüro 1984, S. 1535; OLG Bamberg JurBüro 1988, S. 72; OLG Bamberg NJW-RR 1994, S. 412; OLG Nürnberg JurBüro 1994, S. 280; OLG Dresden OLG-Report 9/95 S. 113

druck auf, als geschehe dies vor dem Hintergrund, daß die Bemühungen des Inkassobüros erfolglos gewesen sind. Dieser Ansatz verstößt gegen den oben[480] dargestellten Grundsatz der ex-ante Gläubigersicht.

Zur genaueren Untersuchung werden exemplarisch die Ausführungen des OLG Bamberg[481] im Urteil vom 13.10.1993 herausgegriffen. Der Gläubiger war nach der vorliegenden Fallkonstellation berechtigt, ein Inkassounternehmen einzuschalten. Dies stellte das Gericht fest. Die Bemühungen des Inkassounternehmens die Forderung beizutreiben hatten keinen Erfolg. Obwohl das Gericht die Wahlfreiheit des Gläubigers zwischen der Einschaltung eines Rechtsanwalts und eines Inkassounternehmens anerkennt, begrenzt es die ersatzfähigen Kosten auf vergleichbare Rechtsanwaltsgebühren. Es wird weder geprüft, ob das konkret eingeschaltete Inkassounternehmen zu teuer war, noch ob der Gläubiger bei dessen Auswahl Fehler begangen hat. Als Argument für die Begrenzung führt das Gericht aus, daß gemäß § 254 Abs. 2 BGB nur diejenigen Kosten ersatzfähig sind, die für eine zweckmäßige Durchsetzung der Forderung notwendig sind. Die Beauftragung eines Inkassounternehmens war in diesem Fall nicht zweckmäßig, da erfolglos. Diese dem Gericht nunmehr vorliegende Erkenntnis wird dem Gläubiger vorgehalten. Einerseits ein freies Wahlrecht des Gläubigers anzuerkennen, andererseits aber grundsätzlich nur die Kosten für eine mögliche Alternative zu ersetzen, ist in sich widersprüchlich und bedeutet faktisch den Ausschluß des Wahlrechts des Gläubigers. Diese Argumentation widerspricht den oben dargestellten Grundprinzipien des § 254 BGB. Das Gericht verstößt gegen den Grundsatz der ex-ante Betrachtungsweise.

Die Widersprüchlichkeit der Argumentation wird noch dadurch bestätigt, daß meist keine Begrenzung der ersatzfähigen Inkassokosten erfolgt, sofern der Schuldner auf die Einschaltung des Inkassobüros hin gezahlt hat.[482] Der Erfolg des Inkassounternehmens gibt dem Gläubiger im nachhinein recht. Als Argument für die Begrenzung der Inkassokosten auf vergleichbare Rechtsanwaltsgebühren wird in erster Linie die Vergleichbarkeit der Tätigkeit des Rechtsanwalts mit der des Inkassounternehmens bzw. die im Verhältnis zum Schuldner sogar noch größere Autorität herangezogen. Dies seien jedenfalls die maximalen Kosten einer zweckentsprechenden Rechtsverfolgung, die das Inkassoun-

---

480 siehe oben 2. Teil B. IV. 1.

481 OLG Bamberg NJW-RR 1994, S. 412

482 Dieser Fall kommt nur sehr selten zur Entscheidung wird aber meist am Rande erwähnt. In der Literatur: Nach Jäckle JZ 1978, S. 675 (678) gibt der Erfolg dem Gläubiger recht. Eine erfolgreiche Aufwendung ist prinzipiell als notwendige und damit ersatzfähige Aufwendung zu sehen. ebenso Burhoff NWB 1991, S. 1759 (1761)

ternehmen auch nicht besser hätte erledigen können.[483] Nicht berücksichtigt wird im Rahmen dieser Argumentation neben den dogmatischen Widersprüchen, daß Inkassounternehmen gemäß Art. IX Abs. 2 KostÄndG explizit von der Anwendung der BRAGO ausgeschlossen sind.

Dieser Auffassung ist vornehmlich entgegenzuhalten, daß es sich bei der Beauftragung eines Rechtsanwalts und der Einschaltung eines Inkassounternehmens um zwei grundsätzlich verschiedene Wege der Forderungsrealisierung handelt.[484] Vergleichbar sind sie lediglich in dem verfolgten Ziel, der Zahlung des Schuldners.

Zum einen unterscheiden sie sich hinsichtlich der zur Realisierung übergebenen Forderungen. Inkassounternehmen treiben nur unbestrittene Geldforderungen bei. Das Forderungsspektrum beschränkt sich zudem auf Kleinbeträge. Im Gegensatz zur Rechtsanwaltschaft sind Inkassounternehmen auf deren massenhafte Beitreibung spezialisiert. Gravierend unterscheiden sie sich jedoch in der Art der Forderungsrealisierung.[485] Die Tätigkeit des Inkassounternehmens ist von personalintensiver und um persönlichen Kontakt zum Schuldner bemühter Beitreibungstätigkeit geprägt. Diese kann sich über einen Zeitraum von mehreren Jahren bis hin zur 30 jährigen Schuldnerüberwachung erstrecken. Der Rechtsanwalt wird dagegen in der Regel nach 1-2 Mahnschreiben das gerichtliche Mahnverfahren einleiten. Die Anwaltschaft ist meist organisatorisch und technisch nicht auf die extensive Bearbeitung derartiger Forderungsbestände eingerichtet.[486] Zudem verwehren ihr ihre standesrechtlichen Bindungen das persönliche Herantreten an den Schuldner und das Ausüben psychologischen Drucks. Nicht zuletzt aufgrund der unterschiedlichen gesetzlichen Rahmenbedingungen[487] für die Ausübung der Tätigkeit scheidet ein Vergleich mit der Rechtsanwaltschaft aus. Aus der unterschiedlichen Behandlung[488] läßt sich zudem der Wille des Gesetzgebers entnehmen, beide Alternativen der Forderungsrealisierung unabhängig voneinander zu beurteilen.

---

483 OLG Dresden Rpfleger 1994, S. 260 (262)

484 Stackelberg BB 1965, S. 891 (894); Finke NJW 1973, S. 1310 spricht von einem "aliud"

485 Vorgehensweise eines Inkassounternehmens siehe oben 1. Teil B. III. 4.-9.; Seitz Inkasso-Handbuch Rdnr. 1

486 Stahrenberg S. 14; kritisch hierzu OLG Dresden Rpfleger 1994, S. 260 (262) mit dem Hinweis, daß sich jeder Rechtsanwalt entsprechend ausstatten könnte

487 siehe oben 1.Teil A. III. 2. b), 3., 4.

488 VGH Mannheim NJW-RR 1987, S. 617 (618)

Somit stellen sich beide Wege der Forderungsbeitreibung als eigenständige Möglichkeiten dar, die in erster Linie von der Art der Forderung und dem Verhalten des Schuldners abhängen.[489] Für die unstreitige Geldforderung ist die Einschaltung des Inkassounternehmens ebenso zweckentsprechend, wie die des Rechtsanwalts, so daß dem Gläubiger die freie Wahl zusteht. Er kann sich bei seiner Entscheidung beispielsweise davon leiten lassen, daß die Einschaltung eines Rechtsanwalts die laufenden Geschäftsbeziehungen zu einem momentan illiquiden Kunden unnötig belasten würde.[490]

β) Beschränkung der ersatzfähigen Inkassokosten auf die übliche Vergütung

Eine im Vordringen[491] begriffene Ansicht stellt dagegen bezüglich der ersatzfähigen Inkassokosten auf die üblichen Inkassovergütung und eine damit einhergehende Höchstgrenze einer 15/10 Rechtsanwaltsgebühr ab.[492] Die übliche Inkassovergütung wurden oben[493] dargestellt. Sie bewegt sich zwischen 10-15 % der Hauptforderung, sofern keine Pauschalvergütung angelehnt an die Gebührensätze der BRAGO vereinbart ist. Soweit die Unternehmen in Anlehnung an die BRAGO abrechnen, finden sie sich in Übereinstimmung mit der obig dargestellten Rechtsprechung. Ob die vielfach vertretene Obergrenze der ersatzfähigen Inkassokosten in Höhe einer 15/10 Rechtsanwaltsgebühr sachgerecht ist, wird im folgenden untersucht.

Es stellt sich in diesem Zusammenhang die Frage, ob den Gläubiger, der grundsätzlich zur Einschaltung eines Inkassounternehmens berechtigt ist, die Obliegenheit trifft, ein Unternehmen auszuwählen, dessen Gebühren sich im Rahmen des Üblichen bewegen. Der Gläubiger genügt der sich aus § 254 Abs. 2 Satz 1 Alt. 2 BGB ergebenden Schadensminderungspflicht, wenn sich die

---

489 Der Annahme des OLG Dresden Rpfleger 1994, S. 260 (262), daß die Einschaltung eines Rechtsanwaltes immer vorzugswürdig sei, kann nicht gefolgt werden. Allein die Tatsache, daß in diesem Bereich Mißbrauch vorkommt, kann nicht zur generellen Versagung der Ersatzfähigkeit der Inkassokosten führen. Es bedarf einer Einzelfallprüfung.

490 siehe oben 1. Teil B. I.

491 Burhoff NWB 1991, S. 1759 (1763); Wedel JurBüro 1994, S. 74; ohne Begrenzung auf vergleichbare Rechtsanwaltsgebühren AG Otterndorf JurBüro 1995, S. 593

492 AG Heidenheim/Brenz JurBüro 1989, S. 649; LG Frankfurt in Hummel JurBüro 1990, S. 281; Garmissen JurBüro 1993, S. 641; Jensich JurBüro 1989, S. 721; Löwisch NJW 1986, S. 1725; Seitz Inkasso Handbuch Rdnr. 238 Tabelle 2 m.w.N.; Staudinger/ Löwisch § 286 BGB Rdnr. 51; Steinbild JurBüro 1990, S. 1387

493 siehe oben 1. Teil B. IV.

von ihm veranlaßten Aufwendungen nicht allzuweit von der durchschnittlichen Lebensführung entfernen.[494]

Eine ähnliche Interessenlage findet sich bei der Anmietung eines Ersatzwagens im Zuge der Abwicklung eines Verkehrsunfalls.[495] Das geschädigte Unfallopfer ist an der Schadensverursachung nicht beteiligt. Es hat einen Schadensersatzanspruch, der grundsätzlich die Kosten für ein Ersatzfahrzeug für die Dauer der Reparatur umfaßt.[496] Die Mietwagenkosten beruhen auf der Disposition des Geschädigten. Auch in diesem gleichartig gelagerten Fall wird zwischen der Frage der Ersatzfähigkeit der Mietwagenkosten dem Grunde[497] und der Höhe nach differenziert. Im Rahmen der hier interessierenden Frage der Begrenzung der Inkassokosten der Höhe nach sollen die Parallelen beider Konstellationen nur diesbezüglich aufgezeigt werden.

Als Mietwagenkosten sind die angemessenen, d.h. die marktüblichen, Kosten ersatzfähig. Der Geschädigte ist ohne besondere Anhaltspunkte, ein besonders teueres Unternehmen gewählt zu haben, nicht verpflichtet, zugunsten des Schädigers Marktforschung zu betreiben.[498] Er darf sich aber auch nicht an das erstbeste Unternehmen wenden. Es ist ihm vielmehr zuzumuten einen Preisvergleich anzustellen, sofern dies unter geringer Mühewaltung, wie beispielsweise zwei Telefonaten mit anderen Vermietern, möglich ist.[499] Vielfach wird diese Verpflichtung nur bei zu erwartenden hohen Kosten angenommen.[500] Eine Beschränkung des Ersatzanspruchs auf marktübliche Kosten findet sich

---

494 siehe oben 2. Teil B. II. 1. a)

495 Greger NZV 1994, S. 337

496 Palandt/Heinrichs § 249 Rdnr. 12, 13 m. w. N.

497 Für die Anerkennung des Ersatzanspruches dem Grunde nach ist umstritten, ob eine generelle Ersatzpflicht des Schädigers besteht, oder ob der Mietwagenbedarf im Einzelfall nachzuweisen ist. sehr instruktiv Greger NZV 1994, S. 337; BGH NJW 1996, S. 1958 (1959) m.w.N.

498 Lange § 6 VII 3, S. 272; Staudinger/Medicus § 251 Rdnr. 68; BGH NJW 1996, S. 1958

499 Greger NZV 1994, S. 337; BGH VersR 1985, S. 283 (285), 1092; Geigel Kap. 4 Rdnr. 49 lehnt eine Pflicht zur Marktforschung grundsätzlich ab, gibt dem Geschädigten bei höheren Kosten aber auf, sich um mindestens ein Konkurrenzangebot zu bemühen; ähnlich Lange § 6 VIII 3, S. 272; Soergel/Mertens § 254 Rdnr. 79; Staudinger/Medicus § 251 Rdnr. 68

500 BGH VersR 1985 S. 1092: Mietwagenkosten für dreiwöchige Urlaubsreise; LG Wiesbaden NJW-RR 1987, S. 858; OLG Karlsruhe VersR 1989, S. 59

auch bei der Auswahl des den Geschädigten behandelnden Arztes[501] und der Reparatur des beschädigten Kraftfahrzeugs.[502]

Die genannten Fälle haben mit der Einschaltung eines Inkassounternehmens gemein, daß Aufwendungen, die durch einen Willensentschluß des Geschädigten verursacht wurden, als Schaden zu ersetzen sind. Im Gegensatz zum Anspruch auf Ersatz der Inkassokosten als Verzugsschaden, steht dem Geschädigten aber bei einem Verkehrsunfall ein Herstellungsanspruch gemäß § 249 S. 1 BGB zu. Nach ständiger Rechtsprechung des BGH gehören die Mietwagenkosten zum Herstellungsaufwand.[503] Dieser ist gemäß § 249 S. 2 BGB auf die erforderlichen Aufwendungen begrenzt.

Beim Anspruch auf Ersatz der Inkassokosten handelt es sich dagegen um einen Verzugsschaden gemäß § 286 Abs. 1 BGB. Für Inhalt und Umfang des Anspruchs gelten die §§ 249 ff BGB, so daß der Gläubiger so zu stellen ist, wie er bei rechtzeitiger Leistung durch den Schuldner stehen würde. Die grundsätzlich vorrangige Naturalrestitution gemäß § 249 S. 1 BGB ist praktisch kaum möglich, so daß in der Regel Geldersatz gemäß § 251 Abs. 1 BGB zu leisten ist.[504] Die Erwägungen der Rechtsprechung zum Mietwagenkostenersatz sind dennoch übertragbar, zumal der Rechtsgedanke des § 254 BGB[505] auch im Rahmen der Erforderlichkeitsprüfung des § 249 Satz 2 BGB ergänzend herangezogen wird. Der Gläubiger hat daher, sofern er Anhaltspunkte dafür hat, daß das von ihm gewählte Unternehmen zu teuer ist, durch eine kurze Anfrage bei der Konkurrenz die marktüblichen Preise festzustellen und gegebenenfalls ein anderes Unternehmen mit der Forderungsrealisierung zu beauftragen. Damit wird er seiner Schadensminderungspflicht gerecht. Er muß nicht das billigste Unternehmen wählen. Die Vergütung muß sich aber im wirtschaftlich üblichen Rahmen halten.

Diesen Rahmen gilt es abzustecken. Wie oben[506] dargestellt liegen die Inkassokosten üblicherweise bei 10-15 % der Forderung zuzüglich Auslagen und MwSt.. Die Mindestkosten betragen DM 10,00 nebst Auslagen und MwSt..

---

501 Lange § 10 X 3, S. 577

502 Lange § 10 X 3, S. 582

503 BGH VersR 1985, S. 283 (284) m. w. N.; BGH NJW 1996, S. 1958

504 Münchener Kommentar/Thode § 286 BGB Rdnr. 5 m. w. N.

505 BGH VersR 1985, S. 1092; Lange § 5 VIII 1, S. 242 vertritt, daß über den Rechtsgedanken des § 254 BGB die Erforderlichkeitsprüfung des § 249 S. 2 BGB umfassend gilt.

506 siehe oben 1. Teil B. IV. 6.

Die eingangs dargestellte Ansicht vertritt zwar eine Beschränkung der ersatzfähigen Inkassokosten auf die übliche Vergütung. Sie setzt aber für die Beurteilung des Üblichen eine 15/10 Rechtsanwaltsgebühr fest.[507] Dies erscheint widersprüchlich. An Hand einer beispielsweisen Berechnung[508] läßt sich nachvollziehen, daß eine 15/10 Rechtsanwaltsgebühr im Bereich der üblichen Inkassokosten liegt.

Argumentativ stützt sich diese Ansicht darauf, daß die Tätigkeiten von Inkassounternehmen und Rechtsanwälten gerade nicht vergleichbar sind.[509] Eine Vergleichbarkeit liege deshalb nicht vor, weil das Inkassounternehmen vollständig andere Wege der Forderungsrealisierung gehen kann als ein Rechtsanwalt. Darüberhinaus erscheint diese Ansicht in rechtsdogmatischer Sicht überzeugender. Wenn man dem Gläubiger aus seiner ex-ante Perspektive die Einschaltung eines Inkassounternehmens im Rahmen des § 254 Abs. 2 Satz 1 BGB nach seiner freien Wahl in den genannten Fällen[510] der grundsätzlichen Ersatzfähigkeit von Inkassokosten zugesteht, dann kann man ihm beim Ersatz der Kosten nicht den Gang zum Rechtsanwalt vorhalten. Er darf lediglich kein besonders teures Unternehmen auswählen. Die üblichen Inkassokosten werden ersetzt. Es ist kein stichhaltiger Grund ersichtlich, weshalb dieser Fall anders behandelt werden soll als die entsprechenden Fälle der Reparatur eines Kfzs nach einem Verkehrsunfall bzw. der Anmietung eines Ersatzwagens.

Für die Ermittlung der üblichen Kosten haben die Rechtsanwaltsgebühren lediglich indirekte Bedeutung.[511] Wenn die Kosten des Inkassounternehmens völlig außer Verhältnis zu den Anwaltskosten liegen, muß der Gläubiger ein anderes Unternehmen wählen, weil das ursprüngliche zu teuer ist. Die Grenze der 15/10 Rechtsanwaltsgebühr kann hierbei nur als "Faustregel" herangezogen werden. Sie ist nicht strikt einzuhalten. Die konsequente Fortsetzung oben dargestellter Differenzierung zwischen Rechtsanwalts- und Inkassotätigkeit gebietet eine von den BRAGO-Gebühren unabhängige Festlegung der üblichen Inkassovergütung. Inkassounternehmen sind auch hinsichtlich der Kostenkalku-

---

[507] AG Heidenheim/Benz JurBüro 1989, S. 649; LG Frankfurt in Hummel JurBüro 1990, S. 281; Jenisch JurBüro 1989, S. 721; Löwisch NJW 1986, S. 1725; Seitz Inkasso-Handbuch Rdnr. 238 Tabelle 2 m. w. N.; Staudinger/Löwisch § 286 BGB Rdnr. 26; Steinbild JurBüro 1990, S. 1387; Garmissen JurBüro 1993, S. 641

[508] siehe Anhang 4

[509] Seitz Inkasso-Handbuch Rdnr. 195; LG Frankfurt Urteil vom 18.09.1974; LG Hanau Urteil vom 25.08.1976 beide in Hummel JurBüro 1990, S. 281 (284)

[510] Fehlen eines Ausschlußtatbestandes gemäß 2. Teil B. IV. 3. a)

[511] Löwisch NJW 1986, S. 1725

lation mit der Rechtsanwaltschaft nicht vergleichbar.[512] Da sie vornehmlich Kleinforderungen mit relativ großem Aufwand für die einzelne Forderung beitreiben, müssen sie schon in diesem Bereich kostendeckend abrechnen. Ein Rechtsanwalt der den gleichen Forderungsbestand beitreiben würde, könnte angesichts der niedrigen Gebühren nicht wirtschaftlich arbeiten, da der konkrete Bearbeitungsaufwand bei der Gebührenerhebung unberücksichtigt bleibt. Für Schuldnerbesuche und ähnlich zeitintensive Bearbeitung müßte er nach Zeithonorar abrechnen. Zudem ist das Inkassounternehmen gewerbesteuerpflichtig[513], was in der Kostenkalkulation zu berücksichtigen ist. Die Befreiung der freien Berufe von der Gewerbesteuerpflicht gründet sich vornehmlich darauf, daß diese gewissen standesrechtlichen Schranken und einer Gebührenordnung unterworfen sind.[514] Die Tatsache, daß der Gesetzgeber Inkassounternehmen der Gewerbesteuer unterwirft, schafft eine Distanz zu den freien Berufen. Dies spricht dafür, die ersatzfähigen Inkassokosten nicht an Rechtsanwaltsgebühren anzulehnen. Es erscheint daher sinnvoller sich direkt an den üblichen Inkassokosten zu orientieren. Sofern der Rahmen von 10-15 % der Hauptforderung nicht überschritten wird, ist dem Gläubiger kein Mitverschulden bei der Wahl des Unternehmens vorzuwerfen. Bei Kleinstforderungen[515] gilt dies ebenso, sofern nach den Mindestbearbeitungskosten abgerechnet wird. Die Inkassokosten sind bis zu dieser Höhe als Verzugsschaden ersatzfähig. Hiervon unabhängig ist die Frage, wieviele Inkassokosten dem Gläubiger aufgrund seiner vertraglichen Bindung gegenüber dem Inkassounternehmen tatsächlich entstanden sind. Als ersatzfähigen Schaden kann er gegenüber seinem Schuldner nur die übliche Vergütung geltend machen. Hierin findet sich gleichsam eine Höchstgrenze der erstattungsfähigen Kosten. Darüber hinausgehende Kosten hat der Gläubiger selbst verschuldet und daher auch selbst zu tragen.

Es erscheint sowohl für den Gläubiger als auch für den Schuldner sinnvoller, die üblichen Inkassokosten prozentual im Verhältnis zur Hauptforderung festzulegen. Weder Gläubiger noch Schuldner können in der Regel mit der Größe einer 15/10 BRAGO Gebühr etwas anfangen. Die prozentuale Festlegung der ersatzfähigen Inkassokosten im Verhältnis zur Hauptforderung eröfffnet dem Gläubiger die Möglichkeit, ein Inkassounternehmen auszuwählen, daß zu üblichen Konditionen arbeitet, dessen Kosten also ersatzfähig sind. Der Schuldner kann bei entsprechender Information die Rechtmäßigkeit der Höhe der Inkassokosten unschwer überprüfen.

---

512 Stahrenberg S. 13; siehe Anhang 4 Vergleich der Gebührenstruktur

513 siehe oben 1. Teil A. III. 2. b)

514 siehe oben 1. Teil A. III. 2. b)

515 unter 100,00 DM siehe oben 1. Teil B. IV. 6.

V. Konsequenz aus der Geltendmachung überhöhter Inkassokosten

Geht man von den oben dargestellten Konstellationen[516] aus, in denen Inkassokosten grundsätzlich erstattungsfähig sind, so stellt sich die Frage, wie bei der Geltendmachung überhöhter Inkassokosten zu verfahren ist. Der Gläubiger hat mit der Einschaltung des konkreten Inkassounternehmens gegen § 254 Abs. 2 Satz 1 Alt. 2 BGB verstoßen. Der Umfang des zu ersetzenden Verzugsschadens richtet sich gemäß § 254 Abs. 1 BGB nach den jeweiligen Verursachungsbeiträgen. Die Abwägung der Verursachungsbeiträge obliegt dem Gericht. Um eine Kürzung des geltend gemachten Anspruchs zu ermöglichen, hat sich der Gesetzgeber in § 254 Abs. 1 BGB des Wortes "inwieweit" bedient. Es erfolgte die oben[517] gezeigte Abkehr vom "Alles-oder-Nichts" Prinzip des Schadensrechts. Somit ist der überhöhte Anspruch materiellrechtlich nicht als Ganzes zurückzuweisen, sondern durch das Gericht auf das angemessene Maß, also um den Verursachungsbeitrag des Gläubigers, zu kürzen.[518]

VI. Behauptungs- und Beweislast

Anlaß für die Einschaltung eines Inkassounternehmens ist vielfach das Schweigen des Schuldners auf die Mahnungen des Gläubigers. Diese Passivität setzt sich bis zur gerichtlichen Geltendmachung der Forderung nebst Inkassokosten fort. Für die weitere Untersuchung wird es deshalb von Relevanz sein, wie die Behauptungs- und Beweislast zwischen Gläubiger und Schuldner des Verzugsschadensersatzanspruchs verteilt ist. Im folgenden Punkt wird die Beweislastverteilung bei §§ 284, 285, 286 Abs. 1 BGB und § 254 BGB zunächst allgemein dargestellt. Im Hinblick auf den Gegenstand der Untersuchung wird der Anspruch auf Ersatz von Inkassokosten als Verzugsschaden immer wieder beispielhaft einbezogen.

1. Behauptungs- und Beweislast des Gläubigers

Der Gläubiger der Forderung macht aufgrund des Schuldnerverzugs gegen den Schuldner neben dem Zahlungsanspruch einen Anspruch auf Ersatz des ihm entstandenen Verzugsschadens geltend. Dieser beinhaltet die Inkassokosten. Neben der Behauptungs- und Beweislast für die Hauptforderung ist der Gläu-

---

[516] Es liegt kein Ausschlußtatbestand im Sinn von 2. Teil B. IV. 3. a) vor

[517] siehe oben 2. Teil B. III.

[518] so h.M., OLG Bamberg NJW-RR 1994, S. 412; Soergel/Wiedemann § 286 BGB Rdnr. 27 m.w.N.

biger für das Vorliegen des Schuldnerverzugs gemäß § 284 BGB[519], die haftungsbegründende Kausalität, den Schaden gemäß § 286 Abs. 1 BGB und die haftungsausfüllende Kausalität[520] vollumfänglich beweispflichtig. Es gilt der allgemeine Grundsatz[521], wonach derjenige, der ein Recht geltend macht, die tatsächlichen Voraussetzungen der rechtsbegründenden und der rechtserhaltenden Tatbestandsmerkmale zu beweisen hat. Wer demgegenüber das Bestehen eines Rechts ganz oder teilweise leugnet, trägt die Beweislast für die tatsächlichen Voraussetzungen der rechtshindernden, rechtshemmenden und rechtsvernichtenden Tatbestandsmerkmale.

Der Gläubiger muß daher behaupten und beweisen, daß eine Hauptforderung besteht, mit der sich der Schuldner in Verzug befindet, und daß diese Voraussetzungen zum Zeitpunkt der Einschaltung des Inkassounternehmens bereits vorlagen. Des weiteren obliegt ihm der Nachweis des ursächlichen Zusammenhangs zwischen dem Verzug des Schuldners und der Beauftragung des Inkassounternehmens sowie der Höhe der entstandenen Kosten.

2. Behauptungs- und Beweislast des Schuldners

Der Schuldner beruft sich dem gegenüber auf die Einwendung[522] des § 254 Abs. 2 Satz 1 Alt. 2 BGB. Er ist nach der allgemeinen Regel der Beweislastverteilung für die dem Einwendungstatbestand des § 254 BGB zugrundeliegenden Tatsachen darlegungs- und beweispflichtig.[523] Hiervon ist die Beweislast des Gläubigers strikt zu trennen.

Bei der den Schuldner treffenden Beweislast ist zu differenzieren.[524] Zum einen hat der Schädiger/Schuldner die Obliegenheitsverletzung des Geschädigten/Gläubigers im Sinn des § 254 Abs. 2 BGB als solche und zum anderen deren Kausalität für den entstandenen Schaden zu beweisen.[525] Der für den Schaden Verantwortliche muß das Mitverschulden des Geschädigten für Eintritt oder

---

519 Baumgärtel/Strieder § 284 BGB Rdnr. 1; Soergel/Wiedemann § 284 Rdnr. 53

520 Baumgärtel/Strieder § 286 BGB Rdnr. 1; Soergel/Wiedemann § 286 Rdnr. 35

521 BGH NJW 1986, S. 2426; Thomas/Putzo vor § 284 Rdnr. 23 m. w. N.

522 Nach h.M. handelt es sich bei § 254 BGB um eine Einwendung: BGH VersR 1979, S. 769, 773; Baumgärtel/Strieder § 254 BGB Rdnr. 1; Palandt/Heinrichs § 254 Rdnr. 82; Soergel/Mertens § 254 Rdnr. 132; Staudinger/Medicus § 254 Rdnr. 148

523 Baumgärtel/Strieder § 254 BGB Rdnr. 1 m. w. N.

524 BGH VersR 1986, S. 705; Baumgärtel/Strieder § 254 BGB Rdnr. 16; Lange § 10 XIX, S. 660

525 BGH NJW-RR 1986, S. 1083; BGH NJW 1991, S. 167

Umfang des Schadens (haftungsbegründende Kausalität) zur Überzeugung des Gerichts beweisen.[526] Eine generelle, statistisch belegte, Wahrscheinlichkeit genügt nicht. Verbleibende Zweifel gehen zu seinen Lasten.[527] Die Überzeugung hinsichtlich des Mitverschuldens muß der Richter aufgrund der strengen Beweisregel des § 286 ZPO gewinnen.[528] Lediglich bezüglich des Umfangs des Mitverschuldens und damit bezüglich der Auswirkung der bewiesenen Obliegenheitsverletzung auf den Schaden (haftungsausfüllende Kausalität) ist auf § 287 ZPO zurückzugreifen.[529]

Nach den eben dargestellten Grundsätzen muß der Schuldner behaupten und beweisen, daß der Gläubiger mit der Einschaltung des Inkassounternehmens gegen die Schadensminderungspflicht verstoßen und den Schadensumfang unnötig erhöht hat. Da es sich bei § 254 BGB aber um eine Einwendung handelt, sind die diesbezüglichen Tatsachen unabhängig davon, wer sie vorträgt, von Amts wegen zu berücksichtigen[530]. Somit trifft den Schuldner lediglich die Beweislast bei deren Nichterweislichkeit.

Wie bereits gezeigt wurde, wird dem Gläubiger im Rahmen seiner Obliegenheit gemäß § 254 Abs. 2 Satz 1 Alt. 2 BGB eine Prognosentscheidung abverlangt.[531] Er darf das Inkassounternehmen nur einschalten, wenn dies die Erfolgsaussichten für die Realisierung der Forderung erhöht. Der Schuldner muß daher zur Überzeugung des Gerichts die Unrichtigkeit der Prognose des Gläubigers beweisen. Teilweise[532] wird die Ansicht vertreten, der Gläubiger müsse die Tatsachen, die auf den Erfolg des Inkassounternehmens schließen lassen, selbst vortragen. Hierbei wird übersehen, daß der Gläubiger lediglich die Kausalität zwischen Schuldnerverzug und Einschaltung des Inkassounternehmens zu beweisen hat. Dieser Beweis ist angesichts obiger Ausführungen[533] un-

---

526 Weber NJW 1986, S. 2667 (2669)

527 Weber NJW 1986, S. 2669

528 Münchener Kommentar/Grunsky § 254 BGB Rdnr. 90, 67; Soergel/Mertens § 254 BGB Rdnr. 133

529 Baumgärtel/Strieder § 254 BGB Rdnr. 16; Seitz Inkasso-Handbuch Rdnr. 310; BGH NJW 1986, S. 2945

530 BGH NJW 1991, S. 166 (167)

531 zu den Detaills der Prognoseentscheidung siehe oben 2. Teil B. IV. 2.

532 AG Mönchengladbach JurBüro 1969, S. 488; AG Schwäbisch-Hall Rpfleger 1971, S. 364; LG Bad Kreuznach BB 1972, S. 637; OLG München NJW 1975, S. 832;

533 siehe oben 2. Teil B. II. 1. a): Die Einschaltung eines Inkassounternehmens ist adäquat kausal durch den Verzug des Schuldners verursacht.

schwer zu erbringen. Davon zu trennen ist die Frage, ob diese Maßnahme des Gläubigers sinnvoll war und damit die angefallenen Kosten vom Schuldner zu ersetzen sind. Verneint man dies, so mindert sich der gegen den Schuldner gerichtete Ersatzanspruch, was an Hand des § 254 BGB zu beurteilen ist. Nach dem allgemeinen Grundsatz, daß jede Partei die ihr günstigen Tatsachen zu beweisen hat,[534] ist somit der Schuldner in der Beweispflicht. Der Schuldner ist beweispflichtig für das Mitverschulden des Gläubigers und dessen Kausalität für den Schaden.[535]

Bei der Einschaltung eines Inkassounternehmens ist ein Verschulden des Gläubigers in zweierlei Hinsicht denkbar. Zum einen kann die Einschaltung des Inkassounternehmens als solches unzulässig, da nicht erfolgversprechend, sein.[536] Der Schuldner muß somit das Vorliegen eines Ausschlußtatbestandes behaupten und beweisen. Zum anderen kann der Gläubiger bei rechtlich zulässiger Einschaltung eines Inkassounternehmens ein zu teures Unternehmen ausgewählt haben.[537] Auch hierdurch verstößt er gegen seine Schadensminderungspflicht. Eine Parallele hierzu findet sich bei der Abwicklung von Verkehrsunfällen. Wendet sich der Schädiger gegen die Höhe der vom Geschädigten geltend gemachten Mietwagenkosten, so muß er nachweisen, daß es diesem bei zumutbarem Preisvergleich gelungen wäre, einen Mietwagen zu einem günstigeren Preis anzumieten.[538] Ebenso verhält es sich bei der Beauftragung eines zu teuren Inkassounternehmens. In beiden Fällen liegen, wie oben[539] gezeigt, vergleichbare Interessenlagen vor. Im Fall überhöhter Inkassokosten wird der Schuldner den Nachweis für ein Mitverschulden des Gläubigers immer dann führen können, wenn die geltend gemachten Inkassokosten den Rahmen des Üblichen verlassen. Der Umfang des ersatzfähigen Schadens ist objektiv durch die übliche Vergütung eines Inkassounternehmens begrenzt.

Sofern sich beide Parteien im Prozeß zur Sache einlassen, wird die Frage der Behauptungs- und Beweislast nur relevant, wenn eine Tatsache nicht beweisbar ist.[540] Sie gewinnt dagegen entscheidende Bedeutung, wenn sich eine Partei

---

534 Rosenberg/Schwab/Gottwald § 117 II 1.

535 BGHZ 74, S. 25; 83, S. 71; nach Jenisch JurBüro 1989, S. 721 (731) braucht der Gläubiger positive Anhaltspunkte für die Beitreibbarkeit der Forderung weder vorzutragen noch zu beweisen.

536 Vorliegen eines Ausschlußtatbestandes siehe oben 2. Teil B. IV. 3. a)

537 Vorliegen eines Begrenzungstatbestandes siehe oben 2. Teil B. IV. 3. b)

538 Baumärtel/Strieder § 254 BGB Rdnr. 18

539 siehe oben 2. Teil B. IV. 3. b) β)

540 Thomas/Putzo vor § 284 Rdnr. 21

nicht äußert. Bei der Geltendmachung von Inkassokosten äußert sich der Schuldner vielfach nicht, was nicht zuletzt ein Grund für die Einschaltung des Inkassounternehmens gewesen ist. Von seiner Seite kommen weder Behauptungen noch Beweisangebote. Es ist daher zu untersuchen, wie sich die eben gewonnenen Erkenntnisse bei Erlaß eines Versäumnisurteils gegen den Schuldner gemäß § 331 Abs. 1 ZPO auswirken.

VII. Versäumnisurteil gegen den Schuldner

Bei Erlaß eines Versäumnisurteils gegen den Beklagten gemäß § 331 ZPO ist nicht nach der Beweis- sondern ausschließlich nach der Behauptungslast des Klägers zu fragen. Die gesetzliche Folge der Säumnis ist die Geständnisfiktion der zur Begründung des klägerischen Anspruchs vorgebrachten Tatsachen gemäß § 331 Abs. 1 Satz 1 ZPO.[541] Es wird unterstellt, daß das tatsächliche Vorbringen des Klägers wahr ist. Der Kläger ist somit nicht mehr in der Beweispflicht. Die Säumnisfolge ist unbedingt, so daß eine richterliche Beweiswürdigung nicht mehr stattfindet. Nicht von der Geständnisfunktion erfaßt werden allgemeine Erfahrungssätze.[542]

Vor Erlaß des Versäumnisurteils führt das Gericht eine Schlüssigkeitsprüfung durch. Der Tatsachenvortrag ist schlüssig, wenn die vorgetragenen Tatsachen, ihre Richtigkeit unterstellt, geeignet sind, den Klageantrag sachlich zu rechtfertigen.[543] Das Gericht subsumiert den klägerischen Tatsachenvortrag unter die einschlägigen Rechtsnormen. In der rechtlichen Würdigung der vorgetragenen Tatsachen bleibt das Gericht frei. Trägt der Kläger in seiner Anspruchsbegründung Tatsachen vor, die den Einwendungstatbestand des § 254 Abs. 2 Satz 1 Alt. 2 BGB erfüllen, so hat das Gericht diesen von Amts wegen zu berücksichtigen. Jede Partei muß ihre Behauptungen auch gegen sich gelten lassen, so daß die Klage gegebenenfalls auch bei Säumnis des Beklagten gemäß § 331 Abs. 2 ZPO als unbegründet abzuweisen ist.[544]

Im folgenden wird vorausgesetzt, daß der Gläubiger die Tatsachen für die er die Beweislast trägt[545] in den Prozeß einführt und damit seiner Behauptungslast genügt. Die von ihm vorgetragenen Tatsachen lassen erkennen, daß sich der

---

541 Münchener Kommentar/Prüttig § 331 Rdnr. 10; Stein-Jonas/Leipold § 331 Rdnr. 2

542 Münchener Kommentar/Prüttig § 331 Rdnr. 13

543 Baumbach/Lauterbach/Albers/Hartmann § 331 Rdnr. 9; Zöller/Greger vor § 253 Rdnr. 23; BGH NJW 1984, S. 2889

544 Stein-Jonas/Leipold vor § 128 Rdnr. 79

545 siehe oben 2. Teil B. VI. 1.

Schuldner im Verzug befand und keine Anhaltspunkte vorlagen, die die Einschaltung eines Inkassounternehmens nicht erfolgversprechend erscheinen ließen. Des weiteren wird die Höhe der angefallenen Inkassokosten vorgetragen.

Hinsichtlich des Anspruchsgrundes muß das Gericht im Rahmen der Schlüssigkeitsprüfung davon ausgehen, daß sich der Schuldner im Verzug befand und die Einschaltung des Inkassounternehmens grundsätzlich möglich war. Wie bereits dargelegt[546], ist der Gläubiger nicht verpflichtet, besondere Umstände vorzutragen, die auf den Erfolg des Inkassounternehmens schließen lassen. Weitere Informationen beispielsweise über das vorprozessuale Verhalten des Schuldners liegen dem Gericht nicht vor.

Hinsichtlich der Höhe des geltend gemachten Schadensersatzanspruchs hat das Gericht im Rahmen der Schlüssigkeitsprüfung die Üblichkeit der Vergütung zu berücksichtigen. Die üblicherweise bei Inkassounternehmen anfallende Vergütung kann als allgemeinkundige Tatsache im Sinn des § 291 ZPO[547] betrachtet werden, da man sich hierüber aus allgemein zugänglichen Quellen problemlos informieren kann. Sofern der Gläubiger vorträgt, daß Inkassokosten einer bestimmten Höhe angefallen sind, ist dies vom Gericht als wahr zu unterstellen. Dies besagt aber noch nichts über die Ersatzfähigkeit der Kosten, die vom Gericht zu prüfen ist. Der Umfang des Ersatzanspruchs wird objektiv an Hand der üblichen Vergütung bestimmt. Übersteigt der geltend gemachte Anspruch auf Ersatz der Inkassokosten den Rahmen des Üblichen, ist ein zwingender Schluß auf ein Mitverschulden des Gläubigers möglich. Er hätte ein anderes Unternehmen beauftragen müssen. Dieses Mitverschulden ist als Einwendung[548] von Amts wegen zu berücksichtigen. Es fehlt damit bereits an einem schlüssigen Tatsachenvortrag, da dieser nicht geeignet ist, den Ersatzanspruch vollumfänglich zu rechtfertigen. Dem könnte nur durch einem Vortrag des Gläubigers abgeholfen werden, der erkennen läßt, daß es unumgänglich war, gerade das ausgewählte Inkassounternehmen einzuschalten. Dies erscheint höchst unwahrscheinlich.

Sofern das Gericht feststellt, daß überhöhte Inkassokosten geltend gemacht werden, hat es den Anspruch um den Verursachungsbeitrag des Gläubigers auf das angemessene Maß zu kürzen.[549] Dies ist die übliche Vergütung, da der Gläubiger angesichts des zugestandenen Tatsachenvortrags grundsätzlich zur

---

546 siehe oben 2. Teil B. VI. 1.

547 Münchener Kommentar/Prüttig § 291 Rdnr. 5; Zöller/Greger § 291 Rdnr. 1

548 siehe oben 2. Teil B. VI. 2.

549 siehe oben 2. Teil B. V.

Einschaltung eines Inkassounternehmens berechtigt war. Der darüber hinausgehende Anspruch ist unbegründet. Gemäß § 331 Abs. 2 ZPO hat das Gericht nach einem entsprechenden Hinweis gemäß §§ 139, 278 Abs. 3 ZPO ein Teilversäumnisurteil[550] gegen den Schuldner auf Zahlung der Hauptforderung sowie auf Ersatz der üblichen Inkassokosten zu erlassen. Im übrigen ist die Klage durch einseitig kontradiktorisches Urteil als unbegründet abzuweisen. Dem kann der Gläubiger nur entgehen, indem er nach dem Hinweis des Gerichts seinen Klageantrag entsprechend anpaßt, die Klage also teilweise zurücknimmt.[551]

Im Ergebnis hat sich damit eine objektive Höchstgrenze für die ersatzfähigen Inkassokosten in Form der üblichen Vergütung herausgebildet. Diese ist auch im Versäumnisverfahren zu berücksichtigen.

C. Zusammenfassung

Abschließend bleibt festzustellen, daß trotz der Vielfalt divergierender Entscheidungen und Literaturmeinungen einige wesentliche Ergebnisse zur Frage der Ersatzfähigkeit von Inkassokosten herausgearbeitet werden konnten.

Inkassokosten sind grundsätzlich auf vertraglicher Grundlage oder als Verzugsschaden ersatzfähig. Die vertragliche Übernahme von Inkassokosten durch den Schuldner wird meist durch die AGB des Gläubigers festgelegt. Diese halten einer Inhaltskontrolle gemäß § 9 AGBG nur stand, wenn die dem Schuldner auferlegten Kosten auch nach den Grundsätzen des Verzugsschadens ersatzfähig wären. Vorrangige Anspruchsgrundlage sind damit §§ 284, 285, 286 Abs. 1, 249 ff BGB. Eine zwischen Gläubiger und Inkassounternehmen vereinbarte Erfolgsprovision ist mangels eines durch den Schuldner zurechenbar verursachten Schadens nicht ersatzfähig.

Als Korrektiv der Ersatzpflicht des Schuldners ist ein eventuelles Mitverschulden des Gläubigers bei der Entstehung der Inkassokosten gemäß § 254 Abs. 2 Satz 1 Alt. 2 BGB zu berücksichtigen. Das Verschulden des Gläubigers betrifft nicht die Mitverursachung des schädigenden Ereignisses selbst, sondern den Umfang des zu ersetzenden Schadens. Der Gläubiger ist gehalten, den Schaden so gering wie möglich zu halten. Die Einschaltung eines Inkassounternehmens

---

550 Baumbach/Lauterbach/Albers/Hartmann § 331 Rdnr. 9; Hölzer JurBüro 1991, S. 163; Rosenberg/Schwab/Gottwald 15. Auflage § 107 II. 3.; Stein-Jonas/Schumann § 331 Rdnr. 25

551 Hölzer JurBüro 1991, S. 163

muß sich im Rahmen des Üblichen halten. In allen Fällen des § 254 Abs. 2 Satz 1 BGB ist auf die ex-ante Gläubigerperspektive abzustellen, um den Mitverursachungsbeitrag des Gläubigers zu beurteilen. Der Gläubiger hat eine Prognoseentscheidung über die Zweckmäßigkeit der Einschaltung des Inkassounternehmens zur Forderungsrealisierung zu treffen. Die Einschaltung ist nur dann zweckmäßig, wenn sich seine Chance, den Schuldner zur außergerichtlichen Zahlung zu veranlassen, hierdurch erhöht.

Soweit die Tatsachen, die ein Mitverschulden des Gläubigers begründen oder auf ein solches schließen lassen, dem Gericht bekannt sind, sind sie von Amts wegen zu berücksichtigen. Der Schuldner trägt zwar die Beweislast für alle im Rahmen des § 254 BGB relevanten Tatsachen, doch handelt es sich bei dieser Vorschrift um eine Einwendung und nicht um eine Einrede. Das Gericht hat die Verursachungsbeiträge von Schuldner und Gläubiger zu gewichten. § 254 BGB kommt je nach Lage des Einzelfalls als Ausschluß- oder als Begrenzungstatbestand zur Anwendung.

Als Ausschlußtatbestand wirkt § 254 BGB bei einer bestrittenen Forderung bzw. bei für den Gläubiger erkennbarer Zahlungsunwilligkeit und/oder Zahlungsunfähigkeit des Schuldners. Umstritten ist die Ersatzfähigkeit der Inkassokosten bei Schweigen des Schuldners auf die Mahnungen des Gläubigers. Nach wohl überwiegender Ansicht darf der Gläubiger auch in diesem Fall ein Inkassounternehmen einschalten. Es bedarf keiner positiven Anhaltspunkte, daß der Schuldner auf dessen Bemühungen hin zahlen wird. Inkassounternehmen sind als eigenständige Institution des Wirtschaftslebens zur Forderungseinziehung anerkannt, so daß der Schuldner bei Zahlungsverzug mit ihrer Einschaltung rechnen muß. Im Zuge der ihm abverlangten Prognoseentscheidung kann der Gläubiger davon ausgehen, daß das Inkassounternehmen auch bei dem sich zunächst nicht äußernden Schuldner Erfolg haben wird.

Soweit § 254 Abs. 2 Satz 1 BGB als Begrenzungstatbestand bezüglich der Höhe ersatzfähiger Inkassokosten wirkt, wird von der noch herrschenden Meinung eine Beschränkung des erstattungsfähigen Aufwands auf die Rechtsanwaltsgebühren für eine entsprechende Tätigkeit vertreten. Dies ist als Mittelgebühr eine 7,5/10 Gebühr.

Eine vorzugswürdige Gegenmeinung vertritt die Ansicht, daß über § 254 Abs. 2 Satz 1 BGB lediglich eine Begrenzung auf die übliche Vergütung erfolgen kann. Der Korridor des Üblichen bewegt sich im Bereich von 10-15 % der einzuziehenden Forderung. Als Anhaltspunkt wird vielfach eine 15/10 Rechtsanwaltsgebühr herangezogen. Es erscheint aber sinnvoller, die übliche Vergütung prozentual im Verhältnis zur Hauptforderung anzugeben, da die Tätigkeit eines Inkassounternehmens mit der eines Rechtsanwalts nicht vergleichbar ist. Die verkehrsüblichen Mindestkosten belaufen sich bei der Inkassobearbeitung auf DM 10,00 nebst Auslagen und MwSt.. Selbst bei Kleinstforderungen[552] sind diese Mindestkosten unabhängig vom prozentualen Verhältnis zur Hauptforderung ersatzfähig. Die übliche Vergütung stellt, unabhängig von den tatsächlich angefallenen Inkassokosten, eine objektive Begrenzung des Ersatzanspruches des Gläubigers dar. Diese Grenze ist auch bei einer Entscheidung im Versäumnisverfahren zu berücksichtigen.

Damit ist der Problemkreis[553] der Ersatzfähigkeit von Inkassokosten abschließend behandelt. Unter Berücksichtigung der gewonnenen Erkenntnisse wird nunmehr der zweiten aufgeworfenen Fragestellung[554] nach der Geltendmachung dieser Kosten im gerichtlichen Mahnverfahren nachgegangen.

---

552 unter DM 100,00 siehe oben 1. Teil B. IV. 6.

553 siehe Einleitung / Problemstellung A. II. 1.

554 siehe Einleitung / Problemstellung A. II. 2.

3. Teil: Die Geltendmachung von Inkassokosten als Nebenforderung im Mahnverfahren

Die Einleitung eines Mahnverfahrens ist typischerweise der nächste Schritt zur Realisierung der Forderungen, wenn die Bemühungen des Inkassounternehmens erfolglos gewesen sind. Die Inkassokosten werden als Nebenforderung geltend gemacht. Deren materielle Erstattungsfähigkeit ist geklärt.[555] Inwieweit diese Erkenntnisse in das Mahnverfahren Eingang finden können, bedarf der näheren Erörterung.

A. Geschichtliche Entwicklung / Gesetzgeberische Intention des Mahnverfahrens

Zum Verständnis der heutigen Ausgestaltung des Mahnverfahrens und zur Klärung der Frage, welcher Zweck mit dem Mahnverfahren verfolgt werden soll und welche Verfahrensmechanismen sowie Rechtsstaatsgarantien zu diesem Zweck geschaffen wurden, ist es unerläßlich, sich mit der Entstehungsgeschichte des Mahnverfahrens detailliert zu beschäftigen. Das besondere Interesse gilt der gesetzgeberischen Intention der Vereinfachungsnovelle des Jahres 1977[556] und der Gesetzesänderung des Jahres 1990.[557]

I. Das Mahnverfahren in der CPO und die historische Entwicklung bis zur Vereinfachungsnovelle des Jahres 1977

Die Civilprozeßordnung (CPO) wurde mit dem 30.01.1877 erlassen. Hiermit führte man ein einheitliches Mahnverfahren mit den damaligen Vorschriften §§ 628 - 643 CPO ein.[558] In einer ersten Stufe beantragte der Gläubiger einen Zahlungsbefehl (Mahnbescheid), der dann nach Verstreichen der Widerspruchsfrist in einem Vollstreckungsbefehl (Vollstreckungsbescheid) für vorläufig vollstreckbar erklärt wurde. Ausweislich der Motive[559] war dieses Verfahren für Ansprüche gedacht, die unter den Parteien nicht streitig waren. Der Gläubiger war nur deshalb genötigt, "das Gericht anzugehen, damit er den säumigen Beklagten zur Erfüllung der unstreitigen Verpflichtung zwangsweise

---

[555] siehe oben 2. Teil C.

[556] BGBl 1976 I, S 3281 ff

[557] BGBl 1990 I, S. 2840 ff

[558] im Detail Helmreich S. 59 ff, zum Verfahrensablauf S. 77 ff

[559] Hahn S. 411

anhalten kann. Für solche Ansprüche ist ein auf das Vorhandensein eines Rechtsstreits und dessen Verhandlung vor Gericht berechnetes Verfahren nicht blos entbehrlich, sondern wegen der damit verbundenen Kosten und Mühen, wenn es irgend angeht, zu vermeiden."[560] Der damalige Gesetzgeber hat verschiedene Lösungsmöglichkeiten abgewogen, um das Ziel, dem Gläubiger einfach und schnell zur Durchsetzung seines Anspruchs zu verhelfen, bestmöglichst zu erreichen. Hierfür gab es in den sonstigen Civilprozeßordnungen[561] divergierende Ansätze.

Nach dem damaligen hannoveranischen Gesetz war der Zahlungsbefehl als einfache gerichtliche Mahnung zu charakterisieren. Es erfolgte keine verbindliche Feststellung des Anspruchs.[562] Dem Schuldner wurden keinerlei Einwendungen abgeschnitten. Dem Gläubiger stand lediglich die Vollstreckungsmöglichkeit zu. Dieses reine Schuldbeitreibungsmodell ohne einen der materiellen Rechtskraft fähigen Titel lag der Verordnung vom 27.07.1852 zugrunde, die das Mahnverfahren in Hannover einführte.[563] Im Zuge der Beratungen vor Erlaß der CPO erfolgte eine Auseinandersetzung mit dem, eben dargestellten, reinen Schuldbeitreibungsmodell. Ein bloßes Vollstreckungseinleitungsverfahren, wie man es erstmals im Entwurf der ZPO aus dem Jahr 1931[564] findet, wurde für nicht ausreichend erachtet, den Gläubigerinteressen gerecht zu werden.

Letztlich entschied man sich für ein gerichtliches Mahnverfahren, dessen Zielsetzung die Schaffung eines rechtskräftigen Titels sein sollte.[565] Als Argument wurde insbesondere das Interesse des Gläubigers an einer verbindlichen Feststellung des Anspruchs auch für die Zukunft ins Feld geführt. Er sollte nicht gezwungen sein, sofern er wegen mangelnder Erfolgsaussichten der Zwangsvollstreckung vorerst von dieser absieht, bei Besserung der Liquiditätslage des Schuldners nochmals die Gerichte bemühen zu müssen. Zudem mußte er, ohne die verbindliche Feststellung des Anspruchs, bei einem jederzeit möglichen Sinneswandel seines Schuldners doch auf die Durchführung eines Rechtsstreits gefaßt sein. "Nur die Wirkung einer judikatsmäßigen Feststellung des Anspruchs mit allen Wirkungen der Rechtskraft kann das Bedürfnis ganz befrie-

---

560 Hahn S. 411

561 Hahn S. 411

562 Helmreich S. 25

563 Vollkommer Erlanger Festschrift für Schwab, S. 234; zur Entstehungsgeschichte des Mahnverfahrens im Königreich Hannover siehe Helmreich S. 22

564 Vollkommer Erlanger Festschrift für Schwab, S. 235

565 so bereits im Justizministerial-Entwurf von 1871 vorgesehen; Helmreich S. 61, 74

digen."[566] Dem Gläubiger wurde ein unbeschränktes Wahlrecht zwischen dem Mahnverfahren und dem streitigen Verfahren für die dem Mahnverfahren zugänglichen Ansprüche eingeräumt.[567] Bei der rechtlichen Ausgestaltung und den Voraussetzungen des Erlasses des Zahlungs- bzw. Vollstreckungsbefehls war der historische Gesetzgeber um eine Kongruenz mit den Regelungen des Versäumnisurteils bemüht.[568] Zentraler Punkt war die Durchführung einer richterlichen Schlüssigkeitsprüfung vor Erlaß des Zahlungsbefehls. Der Richter bzw. die staatliche Gewalt sollte, ebenso wie im Säumnisverfahren, nicht zur Durchsetzung dubioser Forderungen mißbraucht werden. Die Erlangung der richterlichen Mitwirkung mußte für solche Ansprüche ausgeschlossen sein, "welche sich selbst von vornherein als überhaupt oder zur Zeit nicht begründet darstellen, nicht minder aber auch für Ansprüche, denen ihrer Natur nach ein steter Einwand droht ...."[569] Dies ergibt sich nicht zuletzt aus der Anlehnung des Vollstreckungsbefehls an das Versäumnisurteil.[570] Für dieses wird in den Motiven explizit festgestellt[571], daß es "nicht gerechtfertigt und deutscher Rechtsanschauung zuwiderlaufend wäre", wenn die "strengere Kontumazialfolge" wider den säumigen Beklagten realisiert und davon ausgegangen würde, daß er nicht blos auf seine Verteidigung verzichte, sondern den Anspruch des Gegners pure, also ganz abgesehen davon, ob derselbe in facto et jure begründet ist, anerkenne." Ein rechtskräftiger Titel sollte somit nicht ohne vorherige richterliche Schlüssigkeitsprüfung geschaffen werden.[572] Es bestand nach dem Willen der Väter der CPO ein untrennbarer Zusammenhang zwischen Schlüssigkeitsprüfung und Rechtskraft.

Diese Prüfung hatte aufgrund der Angaben des Gläubigers in seinem Antrag auf Erlaß des Zahlungsbefehls zu erfolgen. Der Umfang der vorzutragenden Angaben ergab sich aus § 630 Nr. 3 CPO. Es waren die für eine Klageerhebung notwendigen Angaben vorzubringen. "Diese sind so knapp zu bemessen, daß für ein Verfahren, welches den Rechtsstreit definitiv erledigen soll, nicht

---

566 Hahn S. 412

567 Hahn S. 414

568 Hahn S. 412; ebenso Braun, Rechtskraft und Rechtskraftdurchbrechung von Titeln über sittenwidrige Ratenkreditverträge S. 79; Helmreich S. 81

569 Hahn S. 415

570 Helmreich S. 86: Der Vollstreckungsbefehl als Urteil stand einem für vorläufig vollstreckbar erklärten, auf Versäumnis erlassenen, Endurteil gleich.

571 Hahn S. 296

572 Grün S. 163

weniger gefordert werden kann."[573] Der Anspruch mußte somit schlüssig vorgetragen werden. Aufgrund dessen wurde der Zahlungsbefehl erlassen. Sofern der Schuldner die Widerspruchsfrist verstreichen ließ, erging auf Antrag des Gläubigers der Vollstreckungsbefehl gemäß § 639 CPO. Aus Erwägungen des Schuldnerschutzes wurde dem Schuldner, wie beim Versäumnisurteil, die Einspruchsmöglichkeit eingeräumt.[574] Sowohl für den Erlaß des Zahlungs- wie auch des Vollstreckungsbefehls war aufgrund des Prinzips der Allzuständigkeit des Richters alleine dieser zuständig. Andere Zuständigkeitsverteilungen konnten sich im Gesetzgebungsverfahren nicht durchsetzen.[575]

Zusammenfassend läßt sich feststellen, daß ein richterliches Mahnverfahren mit umfassender Schlüssigkeitsprüfung vor Erlaß des Mahnbescheids vorlag. Deren Notwendigkeit ergab sich vornehmlich aus dem Zusammenhang zwischen Schlüssigkeitsprüfung und Rechtskraft.

Erst mit der ZPO-Novelle des Jahres 1909[576] wurde der offenbar zunehmenden Überlastung der Gerichte Rechnung getragen.[577] Man übertrug durch die Änderung u.a. des § 699 ZPO die Erteilung von Vollstreckungsbefehlen dem Gerichtsschreiber. "Der Gerichtsschreiber wurde nunmehr ein selbständig tätiges Rechtspflegeorgan. Allerdings blieb für den Erlaß des Zahlungsbefehls nach wie vor der Richter zuständig."[578] Damit waren die Entlastungstendenzen noch nicht beendet. Mit Reichsgesetz vom 11.03.1921[579] wurden die Landesjustizverwaltungen ermächtigt, den Erlaß von Zahlungsbefehlen den Gerichtsschreibern zur selbständigen Erledigung zu übertragen.[580] Die Schlüssigkeitsprüfung wurde vollumfänglich beibehalten.

Bemerkenswert erscheint, daß im ZPO-Entwurf des Jahres 1931[581] das Mahnverfahren als reines Vollstreckungseinleitungsverfahren konzipiert war. Die rechtskräftige Feststellung des Anspruchs war nicht vorgesehen. Vielmehr be-

---

573 Hahn S. 416

574 Grün S. 164; Helmreich S. 87

575 Helmreich S. 77; Löwe ZZP, 83. Band 1970, S. 266 (275, 284)

576 Helmreich S. 100; RGBl 1909, S. 475

577 Zur Entwicklung des Rechtspflegermahnverfahrens Helmreich S. 98; Löwe ZZP, 83. Band 1970, S. 275

578 Löwe ZZP, 83. Band 1970, S. 276

579 RGBl. 1921, S. 229

580 Löwe ZZP, 83. Band 1970, S. 276; Theilacker S. 102

581 Vollkommer Erlanger Festschrift für Schwab, S. 251; im Detail Helmreich S. 155

schränkte man sich auf die Schaffung eines Vollstreckungstitels als Grundlage der Zwangsvollstreckung. Man behielt aber die Schlüssigkeitsprüfung als Erlaßvoraussetzung bei.[582] Die Stellungnahme hierzu seitens des Bundes Deutscher Rechtspfleger war durchaus positiv. Letztlich fand dieser Vorschlag aber in die Reformen in den späteren Jahren keinen Eingang.[583]

Im Rahmen des zweiten Rechtspflegergesetzes 1969[584] wurde schließlich das Mahnverfahren vollständig auf den Rechtspfleger übertragen. Seitdem kann von einem reinen Rechtspflegermahnverfahren gesprochen werden.[585] Das Erfordernis der vollumfänglichen Schlüssigkeitsprüfung durch den Rechtspfleger vor Erlaß des Mahnbescheids als Pendant zur Rechtskraft des Vollstreckungsbescheids bestand, nach wie vor, fort.[586]

II. Die Vereinfachungsnovelle des Jahres 1977

Mit dem Gesetz zur Vereinfachung und Beschleunigung gerichtlicher Verfahren (Vereinfachungsnovelle) vom 03.12.1976[587], in Kraft getreten am 01.07.1977, wurde das Mahnverfahren wesentlich umgestaltet. Für die vorliegende Untersuchung ist diese Gesetzesänderung von grundlegender Bedeutung. Dies vor allem deshalb, weil bei der Frage der Befugnis des Rechtspflegers zur Schlüssigkeitsprüfung des Anspruchs vor Erlaß des Mahnbescheids die gesetzgeberische Intention sowohl für die befürwortende wie auch für die ablehnende Ansicht als Argument ins Feld geführt wird. Es erscheint daher angezeigt, die Entstehungsgeschichte der Vereinfachungsnovelle und die Intention des Gesetzgebers genauer zu untersuchen.

1. Bericht der Kommission für das Zivilprozeßrecht

Ausgangspunkt für die Bestrebungen, die ZPO zu reformieren, um dem erhöhten Geschäftsanfall gerecht zu werden, war die Kommission zur Vorbereitung

---

582 Helmreich S. 161

583 Bericht der Kommission zur Vorbereitung einer Reform der Zivilgerichtsbarkeit 1961, S. 185, 187, in der dieses Vorgehen noch empfohlen wird; Bericht der Kommission für das Zivilprozeßrecht 1977, S. 207, hier wird von einem derartigen Vorgehen Abstand genommen; ebenso Gesetzesentwurf der Bundesregierung für die Vereinfachungsnovelle 1977, BT-Dr. 7/2729, S. 46

584 BGBl. 1969 I, S. 2065

585 Helmreich S. 103

586 Rosenberg/Schwab, Zivilprozeßrecht, 11. Auflage 1974, § 166 III 3.

587 BGBl. 1976 I, S. 3281

einer Reform der Zivilgerichtsbarkeit. Im Anschluß daran wurde im Jahre 1964 die Kommission für das Zivilprozeßrecht einberufen. Deren Zielsetzung bestand darin, das geltende Zivilprozeßrecht auf erforderliche Änderungen und Verbesserungen hin zu überarbeiten.[588] Die Kommission schloß ihre Arbeit im Herbst 1975 ab, so daß die Ergebnisse noch in das Gesetzgebungsverfahren der Vereinfachungsnovelle Eingang finden konnten. Auf den Seiten 204 ff ihres Abschlußberichts setzte sich die Kommission eingehend mit dem Mahnverfahren auseinander. Das Verfahren soll einfacher und effizienter gestaltet werden. Die Problematik der Schlüssigkeitsprüfung im Mahnverfahren wurde näher behandelt.[589] Insbesondere der Zusammenhang zwischen Schlüssigkeitsprüfung und Rechtskraft wurde zutreffend erkannt. Konsequent stellte man fest, daß "auf die Schlüssigkeitsprüfung kaum verzichtet werden kann, wenn das Verfahren weiterhin mit einem rechtskräftigen Titel enden soll... ."[590] Eine Schlüssigkeitsprüfung ist also trotz Verfahrensvereinfachung unentbehrlich. Die Kommission sah die Lösung in einer Anspruchsschematisierung durch Einführung entsprechender Vordrucke.

Fraglich blieb, ob der Rechtspfleger bei Verwendung der schematisierten Anspruchsbezeichnungen noch zur Schlüssigkeitsprüfung berechtigt sein sollte. In diesem Fall sollte sich der Rechtspfleger "im allgemeinen" mit einer Überprüfung der ordnungsgemäßen Formularausfüllung begnügen. Mit der Schematisierung der Anspruchsbezeichnung sollten die Anforderungen an die Schlüssigkeitsprüfung zurückgenommen werden, diese aber aus oben genannten Gründen nicht entfallen. In Sonderfällen, die wohl bei erkennbar unbegründeter Forderung anzunehmen sind, bestand weiterhin ein Prüfungsrecht des Rechtspflegers. Erkennbares Ziel der Kommissionsvorschläge war die Verfahrensautomation.[591]

2. Gesetzesentwurf der Bundesregierung vom 05.11.1974[592]

Der Gesetzesentwurf der Bundesregierung zur Vereinfachung und Beschleunigung gerichtlicher Verfahren wurde von den Erkenntnissen und Vorschlägen o.g. Kommission für das Zivilprozeßrecht geprägt. Als Zielsetzungen standen die Begriffe Rationalisierung, Beschleunigung und Vereinfachung im Vorder-

---

588 Bericht der Kommission für das Zivilprozeßrecht, herausgegeben vom Bundesminister für Justiz, März 1977, S. 3

589 Kommissionsbericht S. 205

590 Kommissionsbericht S. 205

591 Kommissionsbericht S. 208

592 BT-Dr. 7/2729

grund. Zugleich sollte aber ein verbesserter Schuldnerschutz eingeführt werden.[593] Der Gesetzesentwurf erhob somit einen sehr hohen Anspruch.

Nach § 690 Abs. 1 Nr. 3 des Gesetzesentwurfs war der Anspruch nach wie vor zu begründen. Es erfolgte lediglich eine Ermächtigung zur Einführung von Vordrucken in § 703 c Abs. 1 des Entwurfes, die mit einer Anspruchsschematisierung einhergeht. Bestehen blieb aber die Schlüssigkeitsprüfung. Dies wird am Wortlaut des § 691 Abs. 1 des Entwurfes augenfällig. Hiernach war der Antrag zurückzuweisen, wenn er nicht der ordnungsgemäßen Form entsprach oder wenn sich aus seinem Inhalt ergab, daß der Anspruch nicht oder zur Zeit nicht begründet ist.[594] Dies spricht für eine auf den Antragsinhalt beschränkte Schlüssigkeitsprüfung. Ein Hinweis im Mahnbescheid, daß keine materielle Prüfung seitens des Gerichts erfolgt sei, war nicht vorgesehen. Auf Seite 46 des Gesetzesentwurfs liest man, daß die Grundform des Mahnverfahrens beibehalten werden solle. Es bleibt ein gerichtliches Verfahren, das zu einem rechtskräftigen Vollstreckungstitel führt. Der Abschnitt[595], der sich mit der beschränkten Schlüssigkeitsprüfung befaßt, läßt nicht eindeutig erkennen, wo deren Grenzen liegen sollen. Es war keine gravierende Änderung zur bereits bestehenden Rechtslage erstrebt. Da die Schlüssigkeitsprüfung als beschränkt im Hinblick auf die Schematisierung des Antrages bezeichnet wird, ist davon auszugehen, daß sie nur an Hand der typisierten Anspruchsbezeichnungen erfolgen soll. Dies wird durch den Vergleich mit der Schlüssigkeitsprüfung bei einem Versäumnisurteil verdeutlicht. Ein indirekter Hinweis findet sich auf Seite 48 des Gesetzesentwurfs. Es wurde festgestellt, daß beim Schuldner nicht der Eindruck erweckt werden solle, als sei der Anspruch über die Schlüssigkeitsprüfung hinaus, abschließend geprüft und als begründet angesehen worden. Die Schlüssigkeitsprüfung blieb daher als Minimalerfordernis bestehen.

3. Bericht und Antrag des Rechtsausschusses zu dem von der Bundesregierung eingebrachten Entwurf eines Gesetzes zur Vereinfachung und Beschleunigung gerichtlicher Verfahren[596]

Die vom Rechtsausschuß erarbeitete Gesetzesvorlage wurde unverändert in das Gesetzgebungsverfahren übernommen und vom Bundestag verabschiedet.[597] Die in diesem Bericht aufgeführte Intention ist somit als die des Gesetz-

---

593 BT-Dr. 7/2729, S. 1

594 BT-Dr. 7/2729, S. 16

595 BT-Dr. 7/2729, S. 47/48

596 BT-Dr. 7/5250

597 BGBl. 1976 I, S. 3281

gebers zu betrachten. Auch die Zielsetzung der Gesetzesvorlage war von den Begriffen Rationalisierung, Vereinfachung, Beschleunigung und Entlastung geprägt. Zwar wurde daneben ein verbesserter Schuldnerschutz angestrebt, das Ziel, den Computereinsatz im gerichtlichen Mahnverfahren zu ermöglichen, war aber eindeutig vorrangig. In Überarbeitung des Regierungsentwurfs hat der Ausschuß gerade beim Mahnverfahren wesentliche Änderungen angebracht, von der er die folgende hervorhebt:

> "Für den Antrag auf Erlaß eines Mahnbescheides wird keine "Begründung" des Anspruchs mehr verlangt, sondern nur noch eine "Bezeichnung" des Anspruchs zur Individualisierung (§ 690 Abs. 1 Nr. 3 ZPO). Damit kann die Schlüssigkeitsprüfung durch das Gericht, die nach der ursprünglichen Fassung des Gesetzesentwurfes stark eingeschränkt gewesen wäre, ganz entfallen. Zum Schutz des Antragsgegners wird in dem Mahnbescheid auf das Fehlen der Schlüssigkeitsprüfung hingewiesen (§ 692 Abs. 1 Nr. 1a ZPO)."[598]

Damit war klargestellt, daß eine Schlüssigkeitsprüfung entfällt. Der Anspruch war nur noch zu "bezeichnen" nicht mehr zu "begründen". Die Bezeichnung/ Individualisierung erfolgte, um den Streitgegenstand festzulegen, da das Ziel des Mahnverfahrens unverändert die rechtskräftige Feststellung des Anspruchs durch den Vollstreckungstitel war. Dieser gesetzgeberische Wille wurde in den eingehenden Begründungen der einzelnen Vorschriften bestätigt.[599] Mit dieser Änderung wurde auf eine Prüfung der Schlüssigkeit des materiellen Vorbringens des Antragstellers ganz verzichtet.[600] Dieser Verzicht auf die materielle Prüfung des Anspruchs zeigt sich auch in der Änderung des § 691 Abs. 1 ZPO.[601] § 691 Abs. 1 ZPO a. F. sah vor, daß das Gesuch auf Erlaß eines Zahlungsbefehls zurückzuweisen sei, wenn das Gesuch nicht den Vorschriften der vorstehenden Paragraphen entspricht oder sich aus dem Inhalt des Gesuchs ergibt, daß der Anspruch überhaupt oder zur Zeit nicht begründet ist. Hieraus ergab sich die Pflicht zur sachlichen Prüfung des Anspruchs. Mit der Vereinfachungsnovelle wurde § 691 Abs. 1 ZPO[602] dahingehend geändert, daß der Antrag zurückgewiesen wird, wenn er nicht den Vorschriften der §§ 688, 689, 690, 703 c Abs. 2 ZPO entspricht. In § 690 Abs. 1 Nr. 3 ZPO war nur noch die

---

598 BT-Dr. 7/5250, S. 6

599 BT-Dr. 7/5250, S. 13 ff

600 BT-Dr. 7/5250, S. 13

601 BGBl 1976 Teil I, S. 3292; BT-Dr. 7/5250, S. 14

602 BGBl 1976 Teil I, S. 3292

Anspruchsbezeichnung verlangt. Eine Begründetheitsprüfung war damit entfallen.

Es erfolgte nur noch eine Formalkontrolle der Angaben des Antragstellers. Der erforderliche Schutz des Antragsgegners sollte anderweitig gewährleistet werden. Der Ausschuß meinte, damit vom ursprünglichen Regierungsentwurf nur unwesentlich abgewichen zu sein. Dies ist nicht nachvollziehbar, da der Schritt von der, wenn auch faktisch eingeschränkten, Schlüssigkeitsprüfung zu deren völligem Wegfall wesentlich ist. Der Schutz des Antragsgegners wurde durch einen Hinweis auf dem Mahnbescheid, daß der Anspruch seitens des Gerichts nicht geprüft wurde, gewährleistet. Hierzu fügte man § 692 Abs. 1 Nr. 1a ZPO, in der heutigen Fassung § 692 Abs. 1 Nr. 2 ZPO, ein. Darüberhinaus wurde der Antragsgegner durch § 700 Abs. 3 Satz 3 des damaligen Gesetzesentwurfs geschützt. Dieser schrieb vor der Entscheidung über die Verwerfung des Einspruchs gegen einen Vollstreckungsbescheid wegen der Säumnis des Antragsgegners zwingend eine umfassende Schlüssigkeitsprüfung vor.

Des weiteren erfolgte eine begriffliche Umgestaltung von Zahlungsbefehl/Vollstreckungsbefehl in Mahnbescheid/Vollstreckungsbescheid und von Gläubiger/Schuldner in Antragsteller/Antragsgegner. Hierdurch sollte verdeutlicht werden, daß nicht das Gericht die Zahlung befiehlt, sondern nur eine Mahnung des Gläubigers vorliegt.[603]

Als Grenze der Anwendbarkeit des Mahnverfahrens sah der Ausschuß die Geltendmachung "unsinniger oder auch unklagbarer Ansprüche"[604] an. Diese Ansprüche können trotz Wegfalls der Schlüssigkeitsprüfung nicht zum Erlaß eines Mahnbescheids führen. Die Begriffe der unsinnigen und unklagbaren Ansprüche wurden sehr eng ausgelegt. Derartige Ansprüche wurden nicht von der Typisierung des Antragsvordrucks erfaßt. Im Hinblick auf den Gegenstand dieser Untersuchung ist anzumerken, daß Inkassokosten als vorgerichtliche Kosten im Sinn des Vordrucks[605] zu bezeichnen sind und somit der Typisierung entsprechen. Bei Ansprüchen, die der Typisierung nicht entsprechen, erfolgte eine manuelle Bearbeitung durch den Rechtspfleger. Er führte keine Schlüssigkeitsprüfung durch, sondern stellte nur fest, ob der Anspruch seiner Art nach überhaupt durchsetzbar ist. Dies ist das Kriterium für Ansprüche, für die das Mahnverfahren per se ausscheidet. Eine Schlüssigkeitsprüfung findet somit in

---

603 Crevecoeur NJW 1977, S. 1320; BT-Dr. 7/2729 S. 46, 47

604 BT-Dr. 7/5250, S. 13

605 BGBl 1977 I, S. 693

keinem Fall statt, worauf in der Begründung zur Einführung des § 692 Abs. 1 Nr. 1a ZPO (jetzt § 692 Abs. 1 Nr. 2 ZPO) nochmals hingewiesen wurde.

Aufgrund des Wegfalls der Schlüssigkeitsprüfung war fraglich, ob bei Mißbrauch des Mahnverfahrens noch ein ausreichender strafrechtlicher Schutz des Antragsgegners gewährleistet ist.[606] Zur Beurteilung dieser Frage wurde die Bundesregierung zur Erstattung eines Erfahrungsberichts nach Ablauf von 3 Jahren aufgefordert. Auf diesen Bericht wird noch eingegangen.

Mit Verordnung vom 06.05.1977[607] wurden in Ausführung der Vereinfachungsnovelle Vordrucke für das neue Mahnverfahren eingeführt. Auf dem entsprechenden Vordruck finden sich einige typisierte Anspruchsbezeichnungen für die Hauptforderungen. Die vorgerichtlichen Kosten waren davon getrennt aufzuführen. Hierfür war ein extra Feld vorgesehen. Eine gesonderte Bezeichnung war aufgrund des vorgesehenen Platzes nicht gewollt. Dieser reichte gerade aus, um den Betrag einzusetzen. Es war der Gesamtbetrag der vorgerichtlichen Kosten zu beziffern.

4. Stellungnahme der Bundesregierung vom 12.04.1978[608]

Auf eine Anfrage des Bundestages hin gab die Bundesregierung eine bemerkenswerte Stellungnahme zum Umfang der Schlüssigkeitsprüfung im Mahnverfahren ab. Diese Stellungnahme wird vielfach als Indiz für die gesetzgeberische Intention zur Beibehaltung der Schlüssigkeitsprüfung herangezogen und deshalb hier kurz erwähnt. Inwieweit aus einer Äußerung der Bundesregierung als Exekutivorgan eine gesetzgeberische Intention abgeleitet werden kann, erscheint fraglich. Ihr kommt nur indizieller Charakter zu.[609] Hinweise auf die gesetzlichen Regelungszwecke sind vor allem den Gesetzgebungsmaterialien (d.h. der Gesetzesbegründung und den Protokollen der Gesetzgebungsverhandlungen) zu entnehmen.

In dieser Stellungnahme führte die Bundesregierung aus, daß die Vereinfachungsnovelle nicht zur Folge habe, daß "überhaupt keine Prüfung des Anspruchs mehr stattfinden dürfe."[610] "Unsinnige, unklagbare oder erkennbar ungerechtfertigte Forderungen dürfen nicht zum Erlaß eines Mahnbescheids füh-

---

606 siehe hierzu Dästner ZRP 1976, S. 36

607 BGBl 1977 I, S. 693

608 DRiZ 1978, S. 189

609 eingehend hierzu siehe unten 3. Teil C. IV.

610 DRiZ 1978, S. 190

ren."[611] Von "erkennbar ungerechtfertigten Forderungen" war, wie oben gezeigt, im Gesetzgebungsverfahren nicht die Rede gewesen. Lediglich die ersten beiden Alternativen sind belegt, die letztere wurde durch die Bundesregierung eigenmächtig hinzugefügt. Daneben wurde angeführt, daß die Höhe der Forderungen auch im früheren Verfahren nicht überprüft werden konnte. Damit sollte klargestellt werden, daß dies auch im geänderten Verfahren nach der Vereinfachungsnovelle nicht möglich sei.

5. Unterrichtung durch die Bundesregierung, Bericht über die Frage der Notwendigkeit der Einführung eines neuen Straftatbestandes zum Schutz der im gerichtlichen Verfahren in Anspruch genommenen Partei[612]

In Erfüllung der ihr auferlegten Berichtspflicht über die Durchführung des neuen Mahnverfahrens legte die Bundesregierung den Bericht vor. Zentrale Frage war, ob aufgrund des Wegfalls der Schlüssigkeitsprüfung der strafrechtliche Schutz des Antragsgegners bei Mißbrauch des Mahnverfahrens noch gewährleistet sei.

Eingangs des Berichts findet man eine umfassende Darstellung aller zum Schutz des Schuldners im neu gestalteten Mahnverfahren getroffenen Vorkehrungen und deren Wirksamkeit. Bereits hier wurde darauf hingewiesen[613], daß daneben die Verpflichtung der Gerichte unberührt bleibe, sich aufdrängenden Zweifeln an der Berechtigung des Anspruchs nachzugehen. Dieser Hinweis erfolgte, obwohl im Mahnbescheid zum Ausdruck kommt, daß keine derartige Prüfung durchgeführt wurde. Die Bundesregierung ging also wenigstens von einer eingeschränkten Schlüssigkeitsprüfung aus. Bei der Darstellung der Erfahrungen der Landesjustizverwaltungen[614] wurde ein erheblicher Mißbrauch des Mahnverfahrens festgestellt. Im Rahmen der beispielhaften Aufzählung der Mißbrauchsfälle wurde auch die Geltendmachung überhöhter Inkassokosten genannt. Auf Beanstandung der Gerichte hin seien diese Ansprüche in der Regel zurückgenommen worden. Die Gerichte haben folglich ein Prüfungsrecht ausgeübt. Auf eine Prüfungspflicht, dahingehend begründeten Zweifeln nachzugehen, wurde ausdrücklich Bezug genommen.

Im Bericht der Bundesregierung wurden augenscheinlich die Begriffe "Bezeichnung" und "Begründung", die die wesentliche Änderung der Verein-

---

611 DRiZ 1978, S. 190

612 BT-Dr. 8/4347

613 BT-Dr. 8/4347, S. 4

614 BT-Dr. 8/4347, S. 7

fachungsnovelle[615] darstellen, verwechselt. Einerseits wurde festgestellt, daß die "zweifelsfreie Bezeichnung" des Anspruchs eine Frage der Zulässigkeit des Mahnverfahrens sei, was der gesetzlichen Regelung der Vereinfachungsnovelle entspricht. In diesem Zusammenhang wurde aber andererseits von der Pflicht des Gerichts gesprochen, zweifelhafte oder überhöhte Ansprüche zurückzuweisen. Dies beinhaltet eine materielle Prüfung. Es wurden zwar die Begrifflichkeiten der Vereinfachungsnovelle benutzt. Diese belegte man aber mit geändertem Sinn, so daß sich die Stellungnahme von der Intention der Vereinfachungsnovelle entfernte. Für die maschinelle Bearbeitung von Mahnanträgen wurde gar von einer "umfassenden Plausibilitätsprüfung" gesprochen. Diese Sicht der Rechtslage unterstellt, kommt der Bericht zu dem Ergebnis, daß ein weitergehender strafrechtlicher Schutz des Antragsgegners nicht erforderlich sei.

III. Das Rechtspflege-Vereinfachungsgesetz vom 17.12.1990[616]

Der Vollständigkeit halber sei in diesem Zusammenhang das Rechtspflege-Vereinfachungsgesetz vom 17.12.1990 erwähnt. Auch dieses Gesetz brachte eine Änderung des Mahnverfahrens mit sich. Es korrigierte Regelungen der Vereinfachungsnovelle, die sich in der Rechtspraxis nicht bewährt hatten.[617] Die Änderungen betrafen in erster Linie die Überleitung des Mahnverfahrens in das streitige Verfahren. Zudem wurden einige Unklarheiten der Vereinfachungsnovelle geklärt. Das Mahnverfahren wurde für Zahlungsansprüche der Wohnungseigentümer untereinander eröffnet. Die datenträgerlose Übermittlung von Anträgen an das Mahngericht wurde zugelassen. Das Rechtspflege-Vereinfachungsgesetz läßt in seinem § 697 Abs. 2 Satz 1 ZPO ein schriftliches Versäumnisurteil gemäß § 331 Abs. 3 ZPO auch nach vorausgegangenem Mahnverfahren mit Widerspruchseinlegung des Antragsgegners zu. Hinsichtlich der für diese Arbeit vorrangig interessanten Frage der Schlüssigkeitsprüfung im Mahnverfahren ergibt das Rechtspflege-Vereinfachungsgesetz keine neuen Erkenntnisse.

In diesem Zusammenhang ist bemerkenswert, daß man mit dem Entwurf des Rechtspflege-Vereinfachungsgesetzes auf die kritischen Stimmen[618] zur Ver-

---

615 siehe oben 3. Teil A. II. 3.

616 BGBl. 1990 I, S. 2847

617 Holch NJW 1991 S. 3177

618 Erklärung des Bundes Deutscher Rechtspfleger e.V. DRiZ 1978, S. 116; RpflBl. 1978, S. 20; Holzscheck/Hörmann/Daviter S. 322 ff

einfachungsnovelle reagiert hat.[619] Im Text des Gesetzesentwurfs war die Einführung einer beschränkten Schlüssigkeitsprüfung bei "auffälligem Mißverhältnis von Leistung und Gegenleistung" vorgesehen. Dem Mahngericht sollte die Befugnis zu entsprechenden Rückfragen eingeräumt werden, "wenn Anhaltspunkte dafür vorliegen, daß der geltend gemachte Anspruch nicht besteht oder die Höhe einer Forderung in auffälligem Mißverhältnis zur Leistung steht." In dem, dem Bundesrat zugeleiteten, Gesetzesentwurf der Bundesregierung[620] fehlte eine derartige Regelung.

IV. Das Gesetz über Verbraucherkredite, zur Änderung der Zivilprozeßordnung und anderer Gesetze vom 17.12.1990[621]

Diese Gesetzesänderung führte im Zusammenhang mit der Einführung des VerbrKrG abermals zu einer wesentlichen Modifizierung des Mahnverfahrens. Es wurde erstmals in der Geschichte des Mahnverfahrens eine inhaltliche Zugangsbeschränkung eingeführt.[622] Der Bundesregierung lagen die Informationen aus oben[623] genannter Stellungnahme, die Äußerung diverser Berufsverbände sowie rechtstatsächliche Untersuchungen[624] über den Mißbrauch des geänderten Mahnverfahrens, insbesondere im Bereich der Titulierung von Ansprüchen aus sittenwidrigen Ratenkreditverträgen, vor. Deren Titulierung konnte aufgrund des Wegfalls der Schlüssigkeitsprüfung und wegen der Untätigkeit der Schuldner vielfach nicht verhindert werden. Die Länder hatten bereits ein Tätigwerden des Bundesgesetzgebers zur Beseitigung dieser Mißstände angeregt.

Ausgangspunkt der Gesetzesänderung war der Gesetzesentwurf der Bundesregierung vom 25.10.1989[625]. Auf Seite 9 des Gesetzesentwurfes finden sich §§ 688 Abs. 2, 690 Abs. 1 Nr. 3, 691 ZPO in der derzeit geltenden Fassung. Der Gesetzgeber hat sich dafür entschieden, die Mißstände dadurch zu beheben, daß das Mahnverfahren für bestimmte Ansprüche gänzlich ausgeschlossen wird. Es wurde nicht erwogen, das Mahnverfahren als solches umzugestalten. Auf Seite 15 des Gesetzesentwurfs wurde festgestellt, daß im Mahnverfahren

---

619 ZRP 1988, S. 191, 192

620 BR-Dr. 400/88

621 BGBl. 1990 I, S. 2840

622 Helmreich S. 120

623 siehe oben 3. Teil A. II. 5.

624 z.B. Holzscheck/Hörmann/Daviter S. 322 ff

625 BT-Dr. 11/5462

die Schlüssigkeit des Anspruchs nicht geprüft wird. Die Individualisierung des Anspruchs dient nur der Begrenzung des Umfangs der Rechtskraft des späteren Vollstreckungstitels.[626] Der Gesetzgeber erkannte im Wegfall der Schlüssigkeitsprüfung die Ursache für die Mißbrauchsmöglichkeit. Des weiteren wurden auch die negativen Auswirkung einer Titulierung nicht bestehender Forderungen auf das Ansehen des Rechtsstaats gesehen.

Als Lösung dieser Probleme wurde eine Ausschlußgrenze festgelegt, bei deren Überschreitung "im Interesse eines fairen Verfahrens nicht auf eine substantiierte Anspruchsdarstellung und eine Schlüssigkeitsprüfung verzichtet werden kann."[627] Diese Ausschlußgrenze war für Verträge, die unter das VerbrKrG fallen, die in § 688 Abs. 2 Nr. 1 ZPO normierte Zinsgrenze. Das Mahnverfahren war damit für bestimmte Ansprüche versperrt. Im Gegensatz zu den allgemeinen Mahnverfahrenssperren[628], wie die Beschränkung des Mahnverfahrens auf bestimmte Ansprüche, wurde hiermit eine besondere Mahnverfahrenssperre[629] eingeführt, die an Hand objektiver Kriterien geprüft wird.[630] Das Vorliegen dieser Sperre ist vom Rechtspfleger von Amts wegen aufgrund des neu eingeführten § 688 Abs. 2 Nr. 1 ZPO in Verbindung mit § 691 Abs. 1 Satz 1 Nr. 1 ZPO zu beachten.

Das Verfahren als solches blieb unangetastet. Dies ergibt sich auch aus den Einzelbegründungen der betreffenden Vorschriften[631], in denen das Argument der Verfahrensbeschleunigung bemüht wird. Ein weiteres Indiz hierfür findet sich in der Gegenäußerung der Bundesregierung zur Stellungnahme des Bundesrates[632] zum Gesetzesentwurf. Hiernach sind die Angaben des Antragstellers, daß das VerbrKrG anwendbar sei, vom Rechtspfleger nicht zu prüfen und nur in Ausnahmefällen offensichtlicher Unrichtigkeit zu monieren. Am Ende der Begründung zur Änderung des § 688 Abs. 2 ZPO nimmt die Bundesregierung in dem von ihr vorgelegten Gesetzesentwurf folgendermaßen Stellung:

> "Das Mahnverfahren findet -wie bisher- auch dann nicht statt, wenn sich aus den zur Individualisierung notwendigen Angaben ergibt, daß ein An-

---

626 Bülow Rpfleger 1996, S. 133

627 BT-Dr. 11/5462, S. 16

628 Helmreich S. 122

629 Helmreich S. 123

630 BT-Dr. 11/5462, S. 31

631 BT-Dr. 11/5462, S. 30/31

632 BT-Dr. 11/5462, S. 45

> spruch offensichtlich nicht besteht oder gerichtlich nicht durchgesetzt werden kann (z.B. Spiel- oder Wettschulden, evident überhöhte Verzugszinsen, Mehrwertsteuer auf Verzugszinsen). Solchen Forderungen darf aus grundsätzlichen Erwägungen mittels eines staatlichen Verfahrens nicht zur Durchsetzung verholfen werden."[633]

Die Bundesregierung bekräftige damit ihren schon in oben[634] genannter Stellungnahme dargestellten Standpunkt einer eingeschränkten Schlüssigkeitsprüfung. Die offensichtlich unbegründeten wurden den unklagbaren Ansprüchen gleichgestellt.

Als weitere Änderung wurde die getrennte und einzelne Bezeichnung von Haupt- und Nebenforderungen gemäß § 690 Abs. 1 Nr. 3 ZPO eingeführt. Inkassokosten werden als Nebenforderungen ausdrücklich erwähnt. Die Pflicht zur gesonderten Bezeichnung soll die Zusammensetzung des Anspruchs für den Antragsgegner transparenter machen und Mißbrauch verhindern. Konsequenterweise waren die Vordrucke zu ändern.[635] Hierin ist nunmehr eine gesonderte Spalte für Nebenforderungen vorgesehen. Diese sind einzeln zu individualisieren. Daneben wurde § 691 ZPO in seine derzeitige Fassung gebracht. Vor der Zurückweisung des Mahnantrags ist immer die Anhörung des Antragstellers nötig. Die Stellungnahme des Bundesrates zu diesem Gesetzesentwurf brachte, soweit es das Mahnverfahren betraf, keine wesentlichen Änderungen.[636] Es wurde gegen eine Gesetzesänderung plädiert, da die erzielten Vorteile zu den dafür in Kauf genommenen Nachteilen in einem Mißverhältnis stünden. Der Mahnbescheidsantrag würde durch die weiteren Angaben zu überfrachtet, was erhöhte Fehlerquellen und, damit einhergehend, erhöhte Kosten bei der Antragsbearbeitung erzeugt. Die Bundesregierung wies die Einwände zurück.

Grundlage der Gesetzesänderung war letztlich die Beschlußempfehlung und der Bericht des Rechtsausschusses zu dem Gesetzesentwurf der Bundesregierung.[637] Die Ausschußempfehlung erfolgte mit breiter Mehrheit. Soweit es die Regelungen des Mahnverfahrens betrifft, wurde der Gesetzesentwurf der Bundesregierung nahezu unverändert übernommen. Lediglich in § 691 Abs. 2 ZPO wurde eine kleine Änderung angebracht. Bemerkenswert ist, daß im Ausschuß

---

633 BT-Dr 11/5462, S. 31

634 siehe oben 2. Teil A. II. 4.

635 BGBl. 1991 I, S. 1547

636 BT-Dr. 11/5462, S. 38

637 BT-Dr. 11/8274

die Möglichkeit diskutiert wurde, einem Vollstreckungsbescheid, dem Ansprüche aus einem dem VerbrKrG unterfallenden Vertrage zugrundeliegen, nur die Wirkung eines notariellen Schuldanerkenntnisses zukommen zu lassen.[638] Er sollte keine Rechtskraftwirkung entfalten. Dieser Antrag für die Einführung des Vollstreckungseinleitungsverfahrens konnte keine Mehrheit finden. Ansonsten verwies der Ausschuß vollumfänglich auf den Gesetzesentwurf der Bundesregierung.[639] Damit machte er sich auch dessen Begründung zu eigen. Sie stellt insoweit den Willen des Gesetzgebers dar.

V. Zusammenfassung

Im Ergebnis läßt sich feststellen, daß alle Gesetzgebungsvorhaben, die das Mahnverfahren betreffen, von den Ursprüngen der CPO bis zur Änderung des Jahres 1990, vom Grundgedanken beherrscht sind, schnell und unkompliziert Vollstreckungstitel für unstreitige Forderungen zu schaffen. Rechtlich streitige Ansprüche sollen nicht mittels des Mahnverfahrens verwirklicht werden.[640] Die so geschaffenen Vollstreckungstitel sind der Rechtskraft fähig. Anfänglich ging dem Erlaß des Mahnbescheides eine vollumfängliche Schlüssigkeitsprüfung voraus. Dieses Erfordernis wurde mit der Vereinfachungsnovelle im Jahr 1977 ausdrücklich abgeschafft. Es ist nur noch eine Individualisierung des Anspruchs zur Begrenzung der Rechtskraft des Vollstreckungsbescheids nötig. Der Antragsgegner muß sich zur Wehr setzen, wenn er die Titulierung einer ungerechtfertigten Forderung verhindern will. Hierauf wird er ausdrücklich hingewiesen. Die vollständige Abschaffung der Schlüssigkeitsprüfung wird vom Gesetzgeber nicht in ihrer ursprünglichen Stringenz aufrechterhalten. Aus der letzten Gesetzesänderung[641] läßt sich entnehmen, daß gewisse Grenzen aus rechtsstaatlichen Erwägungen nicht überschritten werden dürfen, ohne daß diese genaue Konturen gewinnen. Obwohl sich der Gesetzgeber anläßlich der Einführung des VerbrKrG mit der Problematik der Geltendmachung unberechtigter Nebenforderungen im Mahnverfahren beschäftigte, sah er sich nicht veranlaßt, auch hier eine Höchstgrenze beispielsweise als Prozentsatz der Hauptforderung zu fixieren. Dies ist bei der Bezugnahme auf die gesetzgeberische Intention zu berücksichtigen.

---

[638] BT-Dr. 11/8274, S. 23

[639] Bülow Rpfleger 1996, S. 133 (135)

[640] Helmreich S. 123: legislativer Grundgedanke des Mahnverfahrens

[641] siehe oben 3. Teil A. IV.: Einführung des VerbrKrG

B. Prüfungsgrundlage des Rechtspflegers

Bevor zum Begriff der sogenannten Schlüssigkeitsprüfung des Rechtspflegers und der Frage der Rechtsgrundlage einer solchen Prüfung Stellung genommen werden kann, ist zu untersuchen aufgrund welcher tatsächlicher Grundlage der Rechtspfleger über den Antrag auf Erlaß eines Mahnbescheides zu entscheiden hat. Zu klären ist weiterhin, ob ihm bereits nach den bestehenden gesetzlichen Vorschriften die Prüfung des Anspruchs obliegt.

Der Rechtspfleger als zuständiges Organ gemäß § 20 Nr. 1 RPflG ist von Amts wegen zur Prüfung der Voraussetzungen des § 691 Abs. 1 Satz 1 Nr. 1 ZPO verpflichtet. Im Hinblick auf die dieser Untersuchung zugrunde liegende Problemstellung der Geltendmachung von Inkassokosten soll nur festgestellt werden, welche Angaben den materiellrechtlichen Anspruch und die mit ihm zusammenhängenden Nebenforderungen betreffend, gemacht werden müssen. Weiterhin stellt sich die Frage, ob der, Inkassokosten geltend machende, Gläubiger Umstände vortragen muß, die diesen Anspruch materiellrechtlich tragen.

I. Pflichtangaben im Mahnbescheidsantrag

Ausgangspunkt sind die Angaben im Antrag auf Erlaß eines Mahnbescheids.[642] Bezüglich des materiellen Anspruchs findet sich die Regelung in § 690 Abs. 1 Nr. 3, 4 ZPO. Der Antragsteller ist gemäß § 138 Abs. 1 ZPO zu wahrheitsgemäßen Angaben verpflichtet. Mit Verordnung vom 06.05.1977[643], geändert durch Verordnung vom 18.07.1991[644], hat die Bundesregierung von der Ermächtigung des § 703 c Abs. 1 Satz 1 ZPO Gebrauch gemacht und Antragsvordrucke eingeführt. Gemäß § 703 c Abs. 2 ZPO ist deren Benutzung zwingend vorgeschrieben. Die Benutzung des Antragsvordrucks ist gesetzliche Formvorschrift und Zulässigkeitsvoraussetzung des Mahnverfahrens.[645]

Aus den Gesetzgebungsmaterialien zur Vereinfachungsnovelle[646] wie auch zum Gesetz über Verbraucherkredite zur Änderung der Zivilprozeßordnung und

---

[642] Münchener Kommentar/Holch § 691 ZPO Rdnr. 3

[643] BGBl 1977 I, S. 693

[644] BGBl 1991 I, S. 1547

[645] AG Halle-Saalkreis NJW 1996, S. 3423: Bereits das getrennte Ausfüllen der einzelnen Blätter des Vordrucksatzes macht den Mahnbescheidsantrag unzulässig.

[646] BT-Dr. 7/5250

anderer Gesetze[647], mit dem die Pflicht zur getrennten Bezeichnung von Haupt- und Nebenforderungen eingeführt wurde, ergibt sich, daß mit den Angaben im Mahnbescheid die Individualisierung des geltend gemachten Anspruchs und die Information des Schuldners erstrebt ist. Dies bestätigt die Rechtsprechung.[648] Haupt- und Nebenforderungen sind zu trennen. In der Hauptforderung darf keine Nebenforderung (Mahnkosten, Verzugszinsen) eingerechnet sein. Des weiteren sind mehrere in einem Mahnbescheid geltend gemachte Haupt- und/oder Nebenforderungen gesondert aufzuführen.[649] Eventuell angefallene Zinsen sind nach Zinssatz und Zeitraum der Verzinsung anzugeben.

Der im Mahnbescheid bezeichnete Hauptanspruch muß durch die Kennzeichnung von anderen Ansprüchen so unterschieden und abgegrenzt werden können, daß er über einen Vollstreckungsbescheid Grundlage eines Vollstrekkungstitels sein kann. Der Schuldner muß erkennen können, welcher Anspruch gegen ihn geltend gemacht wird, um zu beurteilen, ob er sich zur Wehr setzen will oder nicht.[650] Die Forderung ist unverwechselbar zu bezeichnen.[651] Die Bezeichnung "Forderung" alleine ist nicht ausreichend. Es ist vielmehr eine Individualisierung durch Benennung des Rechtsgrunds und Datums des zugrunde liegenden Ereignisses nötig.[652] Die unter Rubrik 5 auf dem, dem Vordrucksatz[653] beigegebenen, Vordruckblatt aufgeführten typisierten Anspruchsbezeichnungen sind zu verwenden. Denkbare Bezeichnung sind "Warenlieferung gemäß Rechnung vom ...", "Werklohnforderung gemäß Rechnung vom ...", "Schadensersatz aus Unfall vom ...", "Miete vom ... bis ... für die Wohnung ...".

Ansprüche aus Verträgen, für die das VerbrKrG gilt, sind als solche zu bezeichnen. Daneben ist das Datum des Vertragsabschlusses und der effektive bzw. anfängliche Jahreszins anzugeben. Ist dem Vertrag das Abschlußdatum nicht zu entnehmen, so ist das Fehlen anzugeben. Die Bezeichnung lautet dann: "Anspruch aus Vertrag ohne Datum". Ähnlich verhält es sich bei fehlenden

---

[647] BT-Dr. 11/5462

[648] BGH NJW 1995, S. 2230; NJW 1996, S. 2152

[649] Kronenbitter/Magnussen S. 190

[650] BGH NJW 1992, S. 1111; BGH Rpfleger 1995, S. 509; BGH NJW 1995, S. 2230 (2231); NJW 1996, S. 2151 (2153)

[651] zur genauen Anspruchsbezeichnung siehe Vollkommer Festschrift für Lüke S. 884 m.w.N.

[652] Kronenbitter/Magnussen S. 186

[653] siehe Anhang 6

Angaben zum effektiven Jahreszins. Es greift die Heilungsvorschrift des § 6 Abs. 2, 3 VerbrKrG. Im Mahnbescheid ist anzugeben, daß das Darlehen ausbezahlt bzw. die Sache übergeben worden ist.[654] Die Angabe, nach der das VerbrKrG Anwendung findet, ist vom Rechtspfleger ohne jede Prüfung zu übernehmen und nur bei offensichtlicher Unrichtigkeit zu monieren.[655] Bei maschineller Bearbeitung wird die Hauptforderung durch Eintrag der entsprechenden Kennziffer in den Antrag bezeichnet.

Für die Nebenforderungen, zu denen die Inkassokosten zu zählen sind, ist im Vordruck Rubrik 7 ein Feld für den Gesamtbetrag vorgesehen. Sie sind daneben einzeln aufzuführen und zu bezeichnen. Sofern der Platz nicht ausreicht, sind die Einzelbeträge gesondert auf einem vierfach beizufügenden Blatt auszuführen. Die Bezeichnung als Inkassokosten ist ausreichend. Die Aufstellung der genauen Zusammensetzung ist entbehrlich.[656] Bei typischerweise anfallenden Kosten (Porti, Mahnauslagen, Auskunftsgebühren) ist nach Kronenbitter[657] eine detaillierte Aufschlüsselung nicht erforderlich. Sie können pauschaliert angegeben werden. Im Regelfall werden DM 30,00 für derartige Auslagen anerkannt. Bei maschineller Bearbeitung werden in Zeile 4 die Beträge für "Mahnkosten", "Auskünfte", "Bankrücklastkosten" und "Inkassokosten" sowie der Betrag für sonstige Nebenforderungen gesondert aufgeführt.[658] Weitere Angaben hierzu sind nicht erforderlich. Insbesondere hat der Gläubiger keine sonstigen Tatsachen vorzutragen, die die Einschaltung des Inkassounternehmens rechtfertigen.[659] Zu einem derartigen Vorbringen wäre er auch für eine schlüssige Klage nicht verpflichtet.[660]

Damit ist die erste Voraussetzung des § 690 Abs. 1 Nr. 3 ZPO, die Angabe des geltend gemachten Anspruchs, erfüllt. Als zweite Voraussetzung muß die verlangte Leistung in Höhe des geforderten Geldbetrags bezeichnet werden. Zur

---

654 Braun/Raab-Gaudin FLF 1991, S. 244; Kronenbitter/Magnussen S. 188

655 BT-Dr. 11/5462, S. 45; Braun/Raab-Gaudin FLF 1991, S. 244; Holch NJW 1991, S. 3180; Rudolph MDR 1996, S. 1; anders Bülow Rpfleger 1996, S. 133 (134): Der Rechtspfleger hat die Subsumtion unter die Voraussetzungen des § 1 VerbrKrG selbst vorzunehmen.

656 Ostenried in Seitz Inkasso-Handbuch Rdnr. 315

657 Kronenbitter/Magnussen S. 192

658 Holch NJW 1991, S. 3183

659 LG Münster JurBüro 1988, S. 1023 (1025); eine Pflicht zu weitergehenden Angaben fordert LG Stuttgart Rpfleger 1989, S. 246, 247; BGH NJW 1996, S. 2152: Eine Begründung des geltend gemachten Anspruchs im Mahnantrag ist nicht erforderlich.

660 siehe oben 2. Teil B. VI. 1.

Fälligkeit des Anspruchs sind keine Angaben zu machen.[661] Es genügt, wenn er innerhalb der Widerspruchsfrist fällig wird. Weiterhin ist gemäß § 690 Abs. 1 Nr. 4 ZPO zu erklären, ob der Anspruch von einer Gegenleistung abhängig und ob diese bereits erbracht ist.

Im Ergebnis erhält der Rechtspfleger die folgenden für diese Untersuchung relevanten Angaben:

- Grund des Hauptanspruchs
- Höhe des Hauptanspruchs
- Bezeichnung der Nebenforderung als Inkassokosten
- Höhe der Inkassokosten
- Kosten für sonstige Mahnschreiben

Über das sonstige Rechtsverhältnis zwischen Gläubiger und Schuldner, insbesondere den vorprozessualen Schriftverkehr, die Mahnung des Gläubigers, den Verzug des Schuldners etc., weiß er nichts. Als weiteren Anhaltspunkt kann er die für die Beitreibung der Hauptforderung anfallenden Rechtsanwaltsgebühren ermitteln und diese in Relation zu den Inkassokosten setzen. Aus dem Antrag ergibt sich zudem, ob neben den Inkassokosten Rechtsanwaltsgebühren geltend gemacht werden. Als pauschalierter Betrag sind die Mahnauslagen angegeben. Hieraus läßt sich eventuell die Anzahl der vorgerichtlichen Mahnschreiben schließen. Als Unsicherheitsfaktor ist aber zu berücksichtigen, daß in diesem Betrag auch Telefongebühren und Porti enthalten sind.

An dieser Stelle ist nochmals dem durch die Unterrichtung der Bundesregierung vom 30.06.1980[662] hervorgerufenen und in Teilen der Literatur[663] vertretenen Mißverständnis entgegenzutreten, wonach der überhöhte Anspruch nicht ordnungsgemäß bezeichnet sei. Es ist kein Mangel in der Anspruchsbezeichnung und damit kein Zurückweisungsgrund gemäß § 691 Abs. 1 Satz 1 Nr. 1 ZPO, wenn sich aus dieser ergibt, daß der Anspruch nicht in dieser Höhe besteht. Zur Durchführung des Mahnverfahrens bedarf es nur der Individualisierung des Anspruchs. Es stellt eine Umgehung der Zwecksetzung des Mahnverfahrens dar, wenn unter Verwendung des Begriffs "ordnungsgemäße Bezeichnung" eine materielle Prüfung quasi durch die "Hintertür" eingeführt wird.

---

[661] Münchener Kommentar/Holch § 690 ZPO Rdnr. 14

[662] BT-Dr. 8/4347

[663] Herbst Rpfleger 1978, S. 199 (200)

Auch der überhöhte Anspruch ist ordnungsgemäß bezeichnet. Diese Klarstellung ist nötig, da es sich bei der Anspruchsbezeichnung um eine Zulässigkeitsvoraussetzung für das Mahnverfahren handelt, deren Vorliegen der Rechtspfleger von Amts wegen prüft und feststellt.

II. Das Prüfungsrecht des Rechtspflegers aus § 691 Abs. 1 Satz 1 Nr. 2 ZPO

In diesem Zusammenhang ist auf die in Teilen der Rechtsprechung[664] vertretene Meinung einzugehen, die aus dem Wortlaut des § 691 Abs. 1 Satz 1 Nr. 2 ZPO ein Indiz für eine trotz der Änderungen der Vereinfachungsnovelle verbliebene Prüfungsmöglichkeit des Rechtspflegers herleitet.

Zur Beurteilung dieses Ansatzes ist kurz auf die historische Entwicklung dieser Vorschrift einzugehen. Vor der Novellierung des Mahnverfahrens im Jahr 1977 bestimmte § 691 Abs. 2 ZPO, daß der Antrag auf Erlaß eines Mahnbescheids als ganzes zurückzuweisen ist, wenn er nur wegen eines Teils des Anspruchs nicht erlassen werden kann. Diese Regelung setzte eine vollständige Schlüssigkeitsprüfung voraus. Im Zuge der Vereinfachungsnovelle wurde die Vorschrift beibehalten und lediglich hinsichtlich der Begrifflichkeiten an das geänderte Verfahren angepaßt.[665] Auch bei der Änderung anläßlich der Einführung des VerbrKrG wurde der Wortlaut übernommen. Die Vorschrift des § 691 ZPO erhielt ein neues Gesicht und der vormalige § 691 Abs. 2 ZPO wurde zu § 691 Abs. 1 Satz 1 Nr. 2 ZPO. Aus der Beibehaltung dieser Vorschrift schließt die zitierte Rechtsprechung, daß "der Rechtspfleger nicht verpflichtet sein sollte, rein automatisch Titel laut Antrag zu produzieren." Sie leitet daraus ein weitergehendes Prüfungsrecht ab, da der Gesetzgeber seinen Willen kundgetan habe, doch an der Schlüssigkeitsprüfung alter Prägung festzuhalten. Weiterhin habe die Vorschrift ohne eine wenigstens beschränkte Schlüssigkeitsprüfung nur einen sehr eingeschränkten Anwendungsbereich.[666] Der Gesetzgeber hätte diese Vorschrift, wollte er damit nicht einen weitergehenden Willen zum Ausdruck bringen, ganz streichen können.

Gegen diese Argumentation sprechen einige gewichtige Erwägungen. Zum einen ist anzumerken, daß sich der ganze, die fragliche Vorschrift umgebende,

---

[664] LG Stuttgart JurBüro 1988, S. 1515 (1517)

[665] BT-Dr. 7/2729, S. 98

[666] so die h.M.: Baumbach/Lauterbach/Hartmann § 691 Rdnr. 5; Braun/Raab-Gaudin FLF 1991, S. 244 (248); Crevecoeur NJW 1977 S. 1322; Münchener Kommentar/Holch § 691 ZPO Rdnr. 28

Kontext geändert hat. Die Vorschrift selbst wurde der neuen Begrifflichkeit[667] angepaßt. Es widerspricht jeglicher Auslegungsregel und insbesondere der systematischen Auslegung, daß gerade diese eine Vorschrift ihren alten Sinngehalt behalten haben sollte. Sinn und Zweck der systematischen Auslegung ist es, eine Synchronisierung der einzelnen Regelungen, orientiert am Gesamtzweck des Gesetzes, zu erreichen. Die gegenteilige Annahme bedarf eines entsprechenden, sie stützenden Indizes im Gesetzestext. Ein solches liegt nicht vor, was die vorgenannte Rechtsprechung einräumt. Der Schluß auf die Beibehaltung des alten Sinngehalts ohne Hinweis in den Gesetzgebungsmaterialien ist nicht zulässig.[668] § 691 Abs. 1 Satz 1 Nr. 2 ZPO bezieht sich auf die in § 691 Abs. 1 Satz 1 Nr. 1 ZPO genannten Ablehnungsgründe und will keine selbständigen, neuen schaffen. Zum anderen geht die herrschende Meinung[669] davon aus, daß § 691 Abs. 1 Satz 1 Nr. 2 ZPO den Fall regelt, daß der Mahnbescheid bezüglich eines Teils eines einheitlichen Anspruchs wegen Fehlens der im Gesetz vorgesehenen Voraussetzungen nicht erlassen werden kann. Die Regelung erfaßt rechnungsmäßige Teile eines Anspruchs. Über diesen soll nur als ganzes entschieden werden. Das Fehlen der Voraussetzungen für einen Anspruchsteil versperrt dem ganzen Anspruch das Mahnverfahren. Abtrennbare Teile wie Nebenforderungen oder im Wege der Anspruchshäufung geltend gemachte weitere Hauptforderungen werden davon nicht erfaßt.

Die Vorschrift ist allerdings ebenso auf Nebenforderungen als solche anwendbar. Ist der Antrag bezüglich eines Teils der Nebenforderung unzulässig, so ist er hinsichtlich der ganzen Nebenforderung abzuweisen. Diese Problematik wird im folgenden noch vertieft. Als Ergebnis bleibt festzuhalten, daß sich aus der Regelung des § 691 Abs. 1 Satz 1 Nr. 2 ZPO keine Befugnis des Rechtspflegers zur Schlüssigkeitsprüfung herleiten läßt.

III. Amtsermittlung des Rechtspflegers ?

Wie eben gezeigt, stehen dem Rechtspfleger nur wenige Informationen zur Verfügung, an Hand derer die Begründetheit des Anspruchs auf Ersatz der Inkassokosten vielfach nicht zu beurteilen ist. Selbst wenn man davon ausgehen wollte, daß der Rechtspfleger noch weitere Informationen anfordern kann, so muß er doch bereits aus den Pflichtangaben ein Indiz für dieses weitere Informationsbedürfnis gewinnen. Bereits dies erscheint angesichts der zur Verfügung gestellten Angaben zweifelhaft.

---

667 siehe oben 2. Teil A. II. 3.

668 Jenisch JurBüro 1989 S. 721 (725)

669 Münchener Kommentar/Holch § 691 ZPO Rdnr. 28; Zöller/Vollkommer § 691 Rdnr. 2

Geht man davon aus, daß dem Rechtspfleger aufgrund der Pflichtangaben im Mahnbescheid der Anspruch zweifelhaft erscheint, sei es, weil Inkassokosten neben Rechtsanwaltsgebühren geltend gemacht werden[670] und/oder sie der Höhe nach im sogenannten Graubereich anerkannter Ersatzfähigkeit liegen, so stellt sich die Frage, ob er sich kraft eigener Kompetenz weitere Angaben verschaffen kann. Es wird vorausgesetzt, daß der Antragsteller alle nach § 690 Abs. 1 ZPO erforderlichen Pflichtangaben gemacht hat. Der Rechtspfleger kann unbestritten[671] bei Unvollständigkeit oder Fehlen dieser Angaben den Antragsteller durch eine Zwischenverfügung unter Androhung der Zurückweisung zur Vervollständigung auffordern. Dies ergibt sich nicht zuletzt aus der Verpflichtung des Gerichts aus § 139 Abs. 1 Satz 1 ZPO, auf vollständige Erklärungen und sachdienliche Anträge hinzuwirken. Der Rechtspfleger benötigt aber über diese Pflichtangaben hinausgehende Angaben. Im folgenden wird näher untersucht, ob er befugt ist, diese vom Antragsteller nachzufordern.

In diesem Rahmen ist die Regelung des § 693 Abs. 2 ZPO zu berücksichtigen, die die verjährungsunterbrechende bzw. fristwahrende Wirkung des Mahnbescheids nur bei "demnächstiger" Zustellung eintreten läßt. Gerade dieses Erfordernis ist nicht mehr erfüllt, wenn eine Zwischenverfügung erforderlich wird und der Antragsteller weitere Angaben zu erbringen hat. Es besteht damit die Gefahr, daß für den gesamten Anspruch die Verjährung nicht rechtzeitig unterbrochen wird. Der Rechtspfleger bedarf folglich zur Forderung weiterer Angaben einer Ermächtigung, da er in Rechtspositionen des Antragstellers eingreift.[672] Aus dem Gesetz ergibt sich keine derartige Befugnis. In § 690 ZPO findet sich vielmehr eine abschließende Regelung der notwendigen Angaben. Dies stellte der BGH[673] anläßlich der Entscheidung über die Frage fest, ob bei Geltendmachung von Rechtsanwaltsgebühren im Mahnverfahren Angaben über die Unmöglichkeit der Festsetzung der Ansprüche gemäß § 19 BRAGO gefordert werden können. Diese Frage betrifft das Rechtsschutzbedürfnis, also eine Zulässigkeitsvoraussetzung, die der Rechtspfleger von Amts wegen zu prüfen

---

[670] Nach Ansicht dieser Untersuchung stellt dies allerdings keinen Ausschlußtatbestand für die Ersatzfähigkeit von Inkassokosten dar. Siehe oben 2. Teil B. IV. 1.

[671] Münchener Kommentar/Holch § 691 ZPO Rdnr. 4; BGH Rpfleger 1984, S. 26 mit Anmerkung Quack

[672] Herbst Rpfleger 1978, S. 200 nimmt eine derartige Ermächtigung ohne nähere Begründung an

[673] BGH NJW 1981, S. 875, 876

hat. Er hat sich auf die Angaben im Mahnbescheidsantrag zu beschränken und ist nicht zur Amtsermittlung befugt.[674]

Ebenso verhält es sich bei der Geltendmachung von Inkassokosten. Hier steht zudem nicht die Zulässigkeit, sondern die materielle Berechtigung des Anspruchs in Frage. Der Antragsteller ist gesetzlich nicht verpflichtet, die weiteren Umstände der Entstehung des Anspruchs darzulegen. Dies würde einer Anspruchsbegründung entsprechen. Folglich kann der Rechtspfleger derartige Angaben nicht verlangen.[675] Die Einräumung einer solchen Kompetenz würde dem Sinn und Zweck des Mahnverfahrens zuwiderlaufen. Die vom AG Leipzig[676] geübte Praxis der Aufforderung des Antragstellers zu weiteren Angaben bezüglich der Inkassokosten durch ein entsprechendes Monierungsschreiben entbehrt somit jeder gesetzlichen Grundlage. Zu Zwischenverfügungen ist der Rechtspfleger nur hinsichtlich der gesetzlichen normierten Angaben befugt, nicht jedoch bei Unklarheiten hinsichtlich der Begründetheit der Forderung.[677]

Im Ergebnis ist der Rechtspfleger auf die in diesem Kapitel dargestellten Pflichtangaben beschränkt. Ob aufgrund dieser Angaben eine Prüfung der Berechtigung des Anspruchs überhaupt möglich ist und ob diese Prüfung als Schlüssigkeitsprüfung bezeichnet werden kann, soll im folgenden untersucht werden.

C. Die Prüfungsbefugnis des Rechtspflegers im Mahnverfahren

Sofern im Mahnverfahren Inkassokosten als Nebenforderung geltend gemacht werden, stellt sich die Frage, ob die oben[678] erarbeiteten materiell-rechtlichen Erkenntnisse in das Verfahren Eingang finden können. Es ist zu klären, ob der Rechtspfleger überprüfen kann und darf, ob sich die geltend gemachten Inkassokosten in dem ersatzfähigen Rahmen halten und ob er bei Vorliegen eines Ausschlußtatbestandes oder Überschreiten der erstattungsfähigen Inkassokosten den Mahnbescheidsantrag zurückweisen kann. Man spricht in diesem

---

674 Mümmler JurBüro 1988, S. 1521; Münchener Kommentar/Holch § 691 ZPO Rdnr. 3; Stein-Jonas/Schlosser § 691 Rdnr. 1; Wedel JurBüro 1994, S. 326; Wolf Rpfleger 1995, S. 173; Zöller/Vollkommer § 690 Rdnr. 23

675 Jenisch JurBüro 1989, S. 790

676 berichtet von Wedel JurBüro 1994, S. 325 mit kritischen Anmerkungen

677 Wolf Rpfleger 1995, S. 173: Für Vermutungen oder Amtsermittlung ist im Mahnverfahren kein Raum.

678 siehe oben 2. Teil C.

Zusammenhang auch von einer sogenannten eingeschränkten Schlüssigkeitsprüfung des Rechtspflegers.

I. Der Begriff der eingeschränkten Schlüssigkeitsprüfung

Der Begriff der Schlüssigkeitsprüfung entstammt dem Versäumnisverfahren. Hieran war das Mahnverfahren seiner ursprünglichen Grundkonzeption nach angelehnt.[679] Es hatte im Mahnverfahren ein Sachvortrag entsprechend einer Klage, jedoch auf die Mindesterfordernisse beschränkt, zu erfolgen.[680] Aufgrund dessen war es möglich zu prüfen, ob die vorgetragenen Tatsachen, ihre Richtigkeit unterstellt, geeignet sind, den Anspruch zu rechtfertigen. Diese Schlüssigkeitsprüfung im eigentlichen Sinn[681] wurde in den Anfängen des Mahnverfahrens vom Richter später vom Rechtspfleger durchgeführt. Insoweit sprach man berechtigterweise von einer Schlüssigkeitsprüfung des Rechtspflegers.

Im Zuge der Novellierung des Mahnverfahren werden dem Rechtspfleger nur noch sehr begrenzte Angaben hinsichtlich des geltend gemachten Haupt- und Nebenanspruchs zur Verfügung gestellt.[682] An Hand dieser Angaben ist eine Schlüssigkeitsprüfung im eigentlichen Sinn nicht mehr möglich. Da eine Begründung des Anspruchs im Mahnverfahren nicht mehr erforderlich ist, fehlt dem Rechtspfleger das notwendige Tatsachenmaterial für eine Subsumtion. Im Hinblick auf die Geltendmachung von Inkassokosten fehlt jeglicher Vortrag zum Verzug des Schuldners, dessen vorprozessuales Verhalten und die Tätigkeit des Inkassounternehmens. Insoweit stößt eine eventuell anzunehmende Prüfungsbefugnis an rein tatsächliche Grenzen.

Dem Rechtspfleger ist es nur möglich an Hand der vorliegenden Angaben eine Plausibilitätskontrolle in Form einer Zugangskontrolle zum Mahnverfahren durchzuführen. Im Hinblick auf die gesetzgeberische Intention[683], nur rechtlich unstreitige Ansprüche zum Mahnverfahren zuzulassen, kann der Rechtspfleger versuchen, Ansprüche auszuscheiden, die aufgrund der Angaben als nicht begründet erscheinen. Ob er hierzu berechtigt ist, bleibt der weiteren Untersuchung vorbehalten. Für eine derartige Prüfung haben Teile der Literatur und

---

[679] siehe oben 3. Teil A. I.

[680] siehe oben 3. Teil A. I.

[681] zum Begriff der Schlüssigkeitsprüfung siehe Baumbach/Lauterbach/Albers/Hartmann § 331 Rdnr. 9; Zöller/Greger vor § 253 Rdnr. 23; BGH NJW 1984, S. 2889

[682] siehe oben 3. Teil B. I.

[683] siehe oben 3. Teil A. V.

Rechtsprechung[684] trotz obiger Einschränkung den Begriff der Schlüssigkeitsprüfung beibehalten. Der BGH spricht in seiner grundlegenden Entscheidung zur Rechtskraft des Vollstreckungsbescheides[685] von einer weitgehenden Abschaffung der sogenannten Schlüssigkeitsprüfung vor Erlaß des Mahnbescheids. Dies läßt den Schluß auf einen verbleibenden Rest einer Schlüssigkeitsprüfung des Rechtspflegers zu.

Um begriffliche Ungenauigkeiten zu vermeiden, soll im Folgenden von der Prüfungsbefugnis oder Befugnis zur Sachprüfung des Rechtspflegers gesprochen werden. Hierunter wird die Möglichkeit zur materiell-rechtlichen Überprüfung des geltend gemachten Anspruchs an Hand der vorliegenden Angaben verstanden. Eine derartige Prüfungsbefugnis kann auch als eingeschränkte Schlüssigkeitsprüfung bezeichnet werden.[686] Der Begriff der Sachprüfung wird im Rahmen dieser Untersuchung als Gegenstück zu der dem Rechtspfleger unstreitig obliegenden Zulässigkeitsprüfung verwandt.

II. Problemstellung

Wie aus dem umfangreichen Meinungsspektrum[687] und dem etwas unklaren Willen des Gesetzgebers ersichtlich, bestehen zur Frage, ob der Rechtspfleger vor Erlaß des Mahnbescheids die materielle Berechtigung des Anspruchs prüfen darf bzw. muß, sehr unterschiedliche Meinungen. Des weiteren ist unklar, in welchem Umfang eine derartige Prüfung zu erfolgen hat. Auf die tatsächliche Grenze einer Prüfungsmöglichkeit angesichts der eingeschränkten Anga-

---

684 Bülow Rpfleger 1996, S. 133; David Rpfleger 1987, S. 507 (Anmerkung der Schriftleitung); Jenisch JurBüro 1989, S. 721; Kronenbitter/Magnussen S. 200; Keller NJW 1981, S. 1184 (1186); Ostenried in Seitz Inkasso-Handbuch Rdnr. 316; Rudolph MDR 1996, S. 1 (3); OLG Hamburg MDR 1982; S. 502; AG Walsrode Rechtsbeistand 1983, S. 218; AG Göttingen Rpfleger 1985, S. 70; AG Straubing JurBüro 1989, S. 650

685 BGHZ 101, S. 380 (382)

686 Ostenried in Seitz Inkasso-Handbuch Rdnr. 316

687 Büchel NJW 1979, S. 945; Herbst Rpfleger 1978, S. 199; Holch NJW 1991, S. 3177 (3180); Jenisch JurBüro 1989, S. 721; Keller NJW 1981, S. 1184; Kronenbitter/Magnussen S. 200; Lappe/Grünert Rpfleger 1986, S. 161; Lechner S. 133; Münchener Kommentar/Holch § 691 Rdnr. 14; Ostenried in Seitz Inkassohandbuch Rdnr. 316; Schlemmer Rpfleger 1978, S. 201; Schrameck, S. 52; Stein-Jonas/Schlosser § 691 Rdnr. 6; Wedel JurBüro 1994, S. 325; Zöller/Vollkommer § 691 Rdnr. 1; OLG Hamburg MDR 1982, S. 502; AG Göttingen Rpfleger 1985, S. 70; OLG Köln MDR 1986, S. 859; OLG Karlsruhe Rpfleger 1987, S. 422; AG Hamburg Rpfleger 1988, S. 272; LG Stuttgart JurBüro 1988, S. 1516; LG Münster MDR 1988, S. 682; AG Straubing JurBüro 1989, S. 650; AG Duisburg-Hamborn JurBüro 1990, S. 56

ben wurde bereits hingewiesen. Diejenigen Stimmen[688], die eine Prüfungsbefugnis bejahen, lassen insbesondere die Rechtsgrundlage hierfür im Unklaren. In dem folgenden Kapitel wird die grundsätzliche Befugnis zu einer Sachprüfung untersucht. Hierbei sollen mögliche Rechtsgrundlagen einer derartigen Befugnis herausgearbeitet werden und eine kritische Auseinandersetzung mit selbigen erfolgen. Die Frage nach der Rechtsgrundlage tritt deshalb in den Vordergrund, weil durch eine vorherige Anspruchsprüfung des Rechtspflegers ein Eingriff in ein subjektives Recht des Antragstellers denkbar ist. Einleitend wird dieses Recht näher konkretisiert.

1. Allgemeiner Justizgewährungsanpruch

Jeder Bürger hat ein Recht auf die Inanspruchnahme der seitens des Gesetzgebers zur Verfügung gestellten Rechtsschutzverfahren in der konkreten gesetzlichen Ausprägung. Dieses Recht fußt im allgemeinen Justizgewährungsanspruch, welcher wiederum aus dem Rechtsstaatsprinzip des Art. 20 Abs. 3 GG hergeleitet wird.[689] "Aus dem Rechtsstaatsprinzip des Grundgesetzes ist auch für bürgerlichrechtliche Streitigkeiten im materiellen Sinn die Gewährleistung wirkungsvollen Rechtsschutzes abzuleiten."[690] Die Gerichte haben somit die Pflicht, als Rechtspflegeorgan tätig zu werden. Sie müssen alles zur sachgemäßen Erledigung des Rechtsstreits Notwendige tun.[691] Anders als die Rechtsschutzgarantie des Art. 19 Abs. 4 GG ist der allgemeine Justizgewährungsanspruch im GG nicht ausdrücklich erwähnt. Der Grundsatz, daß die Bürger zur Entscheidung der zwischen ihnen bestehenden zivilrechtlichen Streitigkeiten die unabhängigen staatlichen Gerichte anrufen können müssen, liegt der Verfassung aber stillschweigend zugrunde.[692] Die konkrete Herleitung dieses Anspruchs ist umstritten, kann aber letztlich für diese Untersuchung dahinstehen. Als Rechtsgrundlagen kommen neben dem Rechtsstaatsprinzip[693] Art. 101 Abs. 1 Satz 2, 103 Abs. 1 GG sowie Art. 6 MRK in Betracht. Unbestritten

---

688 OLG Hamburg MDR 1982, S. 502; AG Freyung MDR 1986, S. 680; Herbst Rpfleger 1978, S. 199; Holch NJW 1991, S. 3177 (3181); Keller NJW 1981, S. 1184 (1187); Lappe Rpfleger 1988, S. 272; Lappe/Grünert Rpfleger 1986, S. 161; Rudolph MDR 1996, S. 1; Stein-Jonas/Schlosser § 691 Rdnr. 6; Bülow Rpfleger 1996, S. 133 (135) für Ansprüche aus Verbraucherkreditverträgen

689 Maunz/Dürig/Herzog Art. 19 Abschnitt 4, Rdnr. 16, 17

690 BVerfGE 54, S. 291

691 Zöller/Vollkommer Einleitung Rdnr. 49

692 Benda/Weber ZZP 96 (1983), S. 285 (292); Maunz/Dürig/Herzog Art. 20 Abschnitt 7, Rdnr. 11

693 Rosenberg/Schwab/Gottwald § 85 I

stellt der Justizgewährungsanspruch ein subjektiv öffentliches Recht des einzelnen gegen den Staat dar.[694] Dessen Ausgestaltung ergibt sich aus dem jeweiligen Prozeßrecht. Das Prozeßrecht konkretisiert insoweit Verfassungsrecht. Die Erfüllung dieses Anspruchs erfolgt durch Urteilserlaß bzw. Erlaß einer gleichgestellten Entscheidung. Es ist nicht von Bedeutung, ob es sich um ein Sach- oder Prozeßurteil, um eine materiellrechtlich richtige oder falsche Entscheidung handelt. Verletzt wird der Anspruch durch Justizverweigerung oder die ihr gleichgestellte Justizverzögerung[695]. Der Anspruch des Antragstellers auf ordnungsgemäße Verfahrensdurchführung ist Gegenstand dieser Untersuchung.

Davon unabhängig ist die Frage, ob das Mahnverfahren als solches dem Justizgewährungsanspruch entspricht. "Der Justizgewährungsanspruch umfaßt das Recht auf Zugang zu den Gerichten und eine grundsätzliche umfassende tatsächliche und rechtliche Prüfung des Streitgegenstands sowie die verbindliche Entscheidung durch den Richter."[696] Es wird vielfach diskutiert[697], ob das Mahnverfahren diesen Anforderungen entspricht. Dieser Frage[698] nachzugehen, würde den Umfang der vorliegenden Untersuchung sprengen und den Blick auf die eigentliche Problemstellung, die Befugnis des Rechtspflegers zur Sachprüfung, versperren.

Das Mahnverfahren wird durch die Zivilprozeßordnung als ein mögliches Verfahren zur Durchsetzung bestimmter Ansprüche angeboten. Der Antragsteller hat einen Anspruch auf Durchführung desselben in der gesetzlich vorgesehenen Form. Diese sieht keine Sachprüfung ohne besonderen Antrag des Schuldners vor.[699] Eine Abweichung hiervon zu Lasten des Berechtigten bedarf einer expliziten gesetzlichen Ermächtigung.

2. Prozessualer Justizgewährungsanspruch

Unabhängig vom grundgesetzlich garantierten Justizgewährungsanspruch bestand bereits vor Inkrafttreten des GG und besteht weiterhin ein sogenannter prozessualer Justizgewährungsanspruch[700]. Die ZPO wird von dem Grundsatz

---

694 Bethge NJW 1991, S. 2391 (2393)

695 Vollkommer, Gedächtnisschrift Bruns S. 197

696 BVerfGE 54, S. 277 (291); BVerfGE 85, S. 337 (345); BGHZ 106, S. 336 (338)

697 Braun JuS 1992, S. 177 (184); Vollkommer Erlanger Festschrift für Schwab S. 245

698 eingehende Untersuchung dieser Fragestellung bei Schrameck S. 136 ff

699 BVerfG Rpfleger 1991, S. 324; siehe oben 3. Teil A. II. 3.

700 Stein-Jonas/Schumann 20. Auflage Einleitung III C Rdnr. 210

geprägt, daß das Gericht den Parteien gegenüber zur Ausübung der Rechtspflege nach den gesetzlichen Verfahrensvorschriften verpflichtet ist. Eine ausdrückliche Regelung in der ZPO findet sich nicht. Ein Eingriff in diesen Anspruch in Form einer Abweichung von den Verfahrensvorschriften bedarf ebenfalls der gesetzlichen Ermächtigung.

3. Zusammenfassung / Vorgehensweise

Abschließend ist festzustellen, daß der Antragsteller ein subjektives Recht auf eine, den Vorschriften der §§ 688 ff ZPO entsprechende, Durchführung des Mahnverfahrens hat. Die Ersatzfähigkeit von Inkassokosten ist grundsätzlich anerkannt.[701] Wenn die Rechtsordnung ein materielles Recht anerkennt, bejaht sie dadurch mittelbar in aller Regel das Interesse des Rechtsinhabers an einem zweckentsprechenden Rechtsschutz.[702] Inkassokosten können somit als Nebenforderung im Mahnverfahren geltend gemacht werden.

Aufgrund des Grundsatzes des Vorbehalts des Gesetzes[703] bedarf ein Eingriff in dieses subjektive Recht des Antragstellers der gesetzlichen Ermächtigung. Die Sachprüfung des Rechtspflegers vor Erlaß des Mahnbescheids und eine eventuell daraus resultierende Zurückweisung des entsprechenden Antrags können einen Eingriff in die Rechtsposition des Antragstellers darstellen, da wie oben gezeigt, der gesetzgeberischen Intention nach eine Prüfung des Anspruchs nicht vorgesehen ist. Bei der Untersuchung der einschlägigen Rechtsgrundlagen ist zudem zu berücksichtigen, daß mit einer Befugnis des Rechtspflegers zur vorherigen Sachprüfung letztlich der Zugang zum Mahnverfahren reglementiert wird. Dem Antragsteller wird die Inanspruchnahme eines gesetzlichen Verfahrens verwehrt. Ob hierfür gesetzliche Grundlagen bestehen, bedarf der näheren Untersuchung.

Bevor auf die Rechtsgrundlagen im einzelnen eingegangen wird, ist zum einen der Frage nachzugehen, ob sich bereits aus der verfassungskonformen Auslegung der gesetzlichen Regelung die Pflicht zur Sachprüfung ergibt (Ziff. III.). Zum anderen ist zu untersuchen, ob im Rahmen der Zulässigkeitsprüfung eine Sachprüfung möglich ist (Ziff. V.). Die weitere Darstellung der einzelnen Rechtsgrundlagen erfolgt unter Ziff. VI.-VIII..

---

701 siehe oben 2. Teil C.

702 Pohle S. 212

703 Maunz/Dürig/Herzog Art. 20 Abschnitt 2, Rdnr. 55; BVerfG NJW 1996, S. 3146 m.w.N.

III. Auslegung und richterliche Rechtsfortbildung

1. Auslegung

Eine nicht unbeachtliche Ansicht[704] geht davon aus, daß eine eingeschränkte Sachprüfung in den §§ 690 ff ZPO nicht ausdrücklich untersagt und angesichts der Zwecksetzung des Mahnverfahrens sogar geboten ist. Wie bereits[705] ausgeführt, findet sich in den Gesetzgebungsmaterialien zum VerbrKrG sogar ein Hinweis auf das Bestehen einer derartigen Möglichkeit. Argumentativ stützt sich diese Ansicht auf die Maxime, daß ohne das ausdrückliche Verbot der Sachprüfung diese ohne weitere Rechtsgrundlage durchführbar ist. Die Befugnis zur Sachprüfung wird gleichsam aus der Auslegung des Gesetzeswortlauts gewonnen. Die Tragfähigkeit dieser Argumentation wird zur Überprüfung gestellt. Hierbei ist der Wortlaut der gesetzlichen Regelung zur Intention des Gesetzes in Relation zu setzen

a) Wortlaut, Systematik des Gesetzes

Eingangs ist der Sinn und Zweck des Gesetzes ausgehend von dessen Wortlaut, aber nicht an diesem verharrend, sondern unter Einbeziehung der weiteren Auslegungskriterien zu ermitteln.[706] Die Notwendigkeit der Auslegung ist aber nur gegeben, soweit der Gesetzeswortlaut keine eindeutige Regelung bietet und somit Unklarheiten und Regelungslücken zu beseitigen sind. Hierdurch ist zugleich der Rahmen abgesteckt, innerhalb dessen eine Auslegung möglich ist. Ziel der Auslegung muß es ein, den normativen Sinngehalt des Gesetzes zu ermitteln.[707]

Der eben zitierten Meinung ist zuzugestehen, daß sich aus dem Gesetzeswortlaut nicht ausdrücklich ergibt, daß keine Sachprüfung mehr erfolgen darf. Hierin könnte die der Auslegung zugängliche Unklarheit gesehen werden, sofern es eines gesonderten Verbots bedurft hätte.

---

[704] Lappe/Grünert Rpfleger 1986 S. 164; Schlemmer Rpfleger 1978, S. 201 (204); LG Stuttgart Rpfleger 1988, S. 534, 535=JurBüro 1988, S. 1515; Zöller/Vollkommer § 691 Rdnr. 1 bis zur 15. Auflage; dagegen Jenisch JurBüro 1989, S. 725

[705] siehe oben 3. Teil A. IV.

[706] Larenz Methodenlehre Kapitel 4, 2 a; Der Wortlaut der gesetzlichen Vorschrift ist nur eines von mehreren Auslegungskriterien. Er ist aber der entscheidende Anküpfungspunkt.

[707] Larenz Methodenlehre Kapitel 4, 1. b)

Berücksichtigt man Wortlaut und Systematik des Gesetzes, so muß man die Notwendigkeit des expliziten Verbots einer Sachprüfung durch den Rechtspfleger verneinen. Gemäß § 691 Abs. 1 Satz 1 Nr. 1 ZPO ist der Antrag auf Erlaß eines Mahnbescheids zurückzuweisen, wenn die gesetzlichen Voraussetzungen, insbesondere die des § 690 ZPO, nicht erfüllt sind. Hieraus ergibt sich, daß der Rechtspfleger nur das Vorliegen dieser Voraussetzungen prüfen darf und muß. Das Kriterium der schlüssigen Anspruchsdarlegung wurde aus dem Katalog des § 690 Abs. 1 ZPO ausdrücklich herausgenommen. Ausweislich der Gesetzgebungsmaterialien wurde ein Bruch mit dem Mahnverfahren in der bis dahin geltenden Form vollzogen. Der Gesetzgeber setzte "ganz bewußt und kompromißlos auf die Vorstellung vom mündigen Bürger."[708] Dies wird zudem durch die Änderung des § 691 Abs. 1 Satz 1 Nr. 1 ZPO[709] sowie den Hinweis in § 692 Abs. 1 Nr. 2 ZPO bestätigt, wonach keine materielle Prüfung des geltend gemachten Anspruchs erfolgt ist. Vorrangiger Beurteilungsmaßstab ist diese gesetzgeberische Zielsetzung und die ihr immanente Wertentscheidung.[710]

Der Gesetzgeber hat somit absichtlich kein ausdrückliches Verbot ausgesprochen, da dieses nicht mehr notwendig war. Diese negative Entscheidung ist zu respektieren. Alleine aus dem Schweigen des Gesetzes kann keine zwingende Folgerung auf das Fortbestehen einer, wenn auch eingeschränkten, Sachprüfung gezogen werden. Hiergegen[711] wird eingewandt, der Gesetzgeber habe mit der Änderung des Mahnverfahrens den Schuldnerschutz verbessern wollen. Er wollte folglich keinesfalls hinter bereits erreichte Standards zurücktreten. Dies entspricht den Gesetzesmaterialien.[712] Zu berücksichtigen ist jedoch, daß der Gesetzgeber dieses Ziel auf eine vollkommen neue Art und Weise zu erreichen gedachte. Die Systematik des Mahnverfahrens wurde umgestaltet. Um mit Larenz[713] zu sprechen: Der gesetzgeberische Plan wurde geändert. Der Schuldnerschutz sollte durch verbesserte Schuldnerinformation sicher gestellt werden. Die Schlüssigkeitsprüfung schaffte man als ganzes ab. Daß dies nicht ausdrücklich in den Gesetzestext Eingang fand, stellt keine der gesetzgeberi-

---

708 Jenisch JurBüro 1989, S. 722

709 siehe oben 3. Teil A. II. 3.

710 Larenz Methodenlehre Kapitel 4, 2. c) spricht vom "gesetzgeberischen Plan"

711 Jäckle BB 1993, S. 2463 (2466)

712 BT-Dr. 7/2729, S. 15, 47

713 Larenz Methodenlehre Kapitel 5, 2. a)

schen Vorstellung widersprechende Unklarheit des Gesetzeswortlauts dar[714], sondern wurde angesichts der Eindeutigkeit der sonstigen Regelung für unnötig erachtet. Eine der Auslegung zugängliche Unklarheit oder Gesetzeslücke fehlt somit.

Die Gesetzesmaterialien[715] sprechen lediglich vom Ausschluß unsinniger bzw. unklagbarer Ansprüche. Diesen bleibt das Mahnverfahren versperrt. Auf die Alternative der "unklagbaren Ansprüche" stützt sich die eingangs genannte Ansicht vielfach zur Begründung einer, nach wie vor bestehenden, Befugnis des Rechtspflegers zur Sachprüfung, indem sie "unklagbar" und "unbegründet" gleichsetzt. Diese Begründung überzeugt nicht. Der Begriff "unklagbar" erfaßt seinem Wortlaut nach Ansprüche, die nicht im Klagewege verfolgt werden können. Der Rechtsausschuß konkretisierte dies noch, indem er von Ansprüchen, die ihrer Art nach nicht durchsetzbar seien müssen, sprach. Er meinte nicht überhöhte oder unbegründete Ansprüche. Diese können jederzeit mit einer zulässigen Klage geltend gemacht werden. Es erfolgt dann eine Abweisung als unbegründet.

Der Begriff der fehlenden Klagbarkeit wird in der Literatur ebenso verwandt.[716] Die Klagbarkeit fehlt einem materiellrechtlichen Anspruch, dem die gerichtliche Geltendmachung verschlossen ist. Diese fehlende Klagbarkeit wird als Prozeßvoraussetzung genannt, ist also im Rahmen der Zulässigkeit zu prüfen. Insoweit sind die Ausführungen des Rechtsausschusses systematisch stimmig, da auch für den Mahnbescheid alle Zulässigkeitsvoraussetzungen vorliegen müssen. Das rein prozessuale Fehlen der Klagbarkeit ist vom materiellen Mangel hinsichtlich des Bestands der Forderung strikt zu trennen. Letzteres ist eine Frage der Begründetheit.[717] Es sind keinerlei Anhaltspunkte ersichtlich, warum der Rechtsausschuß den Begriff der "Klagbarkeit" in einem anderen als dem vorgenannten Sinn gebraucht haben sollte.

b) Intention des Gesetzes

Im Rahmen der Auslegung ist andererseits zu berücksichtigen, daß der Gesetzgeber mit dem Mahnverfahren ein besonderes Verfahren zur Durchsetzung

---

714 Larenz Methodenlehre Kapitel 5, 2. a) spricht von "planwidriger Unvollständigkeit" des Gesetzes

715 grundlegend Bericht des Rechtsausschusses BT-Dr. 7/5250, S. 13, 14

716 Stein-Jonas/Schumann 20. Auflage Vor § 253 Rdnr. 87; Einl. Rdnr. 314 m.w.N.

717 Pohle S. 195 (214)

rechtlich unstreitiger Ansprüche geschaffen hat.[718] An dieser grundsätzlichen Zwecksetzung des Mahnverfahrens wollte auch der Gesetzgeber der Vereinfachungsnovelle nichts ändern. Damit wären Ansprüche, die rechtlich streitig sind, für das Mahnverfahren per se nicht geeignet und der Rechtspfleger hätte diese auszuscheiden. Die eingangs genannte Ansicht stellt dieses an der gesetzgeberischen Intention orientierte Auslegungskriterium in den Vordergrund. Hiergegen ist einzuwenden, daß der Gesetzgeber der Vereinfachungsnovelle das Risiko des Mißbrauchs des Mahnverfahren bewußt eingegangen ist und damit auch eine diesbezügliche Prüfung des Rechtspflegers ausschließen wollte. Im Gesetzestext des Mahnverfahrens hat die gesetzgeberische Intention keinen ausreichenden Niederschlag gefunden, der es erlauben würde, aufgrund der Auslegung ein Prüfungsrecht des Rechtspflegers herzuleiten

Vielfach wird das Vorliegen einer der Auslegung zugänglichen Gesetzeslücke mit einem Fehler des Gesetzes in rechtspolitischer Hinsicht verwechselt.[719] Es mag dahinstehen, ob die Änderung des Mahnverfahrens in rechtspolitischer Hinsicht geglückt ist. Derartige Fehler lassen sich aber nicht im Wege der Auslegung beheben. Larenz[720] weist zu Recht darauf hin, daß sich beide Fälle hinsichtlich ihres Prüfungsmaßstabs grundlegend unterscheiden. Sie haben zwar gemein, daß dem Gesetz eine wünschenswerte Regelung fehlt. Im Fall der Auslegung ist eine Ergänzung am Maßstab der gesetzgeberischen Intention möglich. Im Fall eines rechtspolitischen Fehlers ist man dagegen auf die Kritik am Gesetzgeber verwiesen und beschränkt.

Die Auslegung findet ihre Grenze im Wortlaut und dem erkennbaren Willen des Gesetzgebers.[721] Im Wege der Auslegung darf das zuständige Fachgericht weder das gesetzgeberische Ziel der Norm selbst in einem wesentlichen Punkt verfehlen oder verfälschen, noch an die Stelle der Gesetzesvorschrift inhaltlich eine andere setzen oder den Regelungsinhalt erstmals schaffen.[722] Es darf insbesondere keine Verkürzung von Rechtspositionen erfolgen, die der Gesetzgeber unter Konkretisierung allgemeiner verfassungsrechtlicher Prinzipien gewährt hat. Eine solche Rechtsposition ist in dem oben[723] näher dargelegten Justizgewährungsanspruch des Antragstellers zu sehen. Es bleibt zu klären, ob

---

718 siehe oben 3. Teil A. V.

719 Abgrenzung in Larenz Methodenlehre Kapitel 5, 2. a)

720 Larenz Methodenlehre Kapitel 5, 2. a)

721 Jarass/Pieroth Art. 20 Rdnr. 23 a

722 BVerfGE 69, S. 315 (369); 78, S. 20 (24)

723 siehe oben 3. Teil C. II. 1.

diese rein formale Rechtsposition auch besteht, wenn sie benutzt oder ausgenutzt wird, um einen materiell nicht bestehenden Anspruch durchzusetzen.

2. Richterliche Rechtsfortbildung

Gemäß Art. 20 Abs. 3 GG ist die Rechtsprechung an Gesetz und Recht gebunden. Das Institut vom Vorrang des Gesetzes stellt die Bindung an das Gesetz in der Vordergrund. Wie oben[724] dargelegt, sieht das Gesetz eine Sachprüfung des Rechtspflegers nicht vor. Dieser gesetzgeberische Wille ist vorrangig. Eine richterliche Rechtsfortbildung als Fortsetzung der Auslegung ist damit zwar nicht ausgeschlossen, jedoch nur insoweit möglich, als das geltende Recht Lücken aufweist, was vorliegend nicht der Fall ist. Zudem ist der dargestellte gesetzgeberische Plan eindeutig. Eine Rechtsfortbildung contra legem muß Art. 100 Abs. 1 GG beachten.[725] Zu einer zulässigen Richtervorlage der fraglichen Vorschrift ist es bis dato nicht gekommen.[726]

Die vorliegende Interessenlage ist ambivalent. Einerseits besteht ein Justizgewährungsanspruch des Antragstellers auf Durchführung des Mahnverfahrens und andererseits das berechtigte Interesse des Antragsgegners, nicht unbegründeten Ansprüchen ausgesetzt zu werden. Diesen Interessenkonflikt hat der Gesetzgeber gesehen. Er hat sich bewußt für die von ihm gewählte Variante entschieden. Der mündige Bürger muß sich gegen unbegründete Ansprüche zur Wehr setzen. Der Gesetzgeber hat somit in Ausfüllung der Wesentlichkeitstheorie des BVerfG[727] durch Gesetz eine grundlegende normative Entscheidung getroffen, die den Bürger unmittelbar tangiert. Diese ist zu respektieren. Der in Gesetzesform geäußerte Staatswille geht diesbezüglich jeder anderen staatlichen Willensäußerung vor.[728]

IV. Die Stellungnahme der Bundesregierung vom 12.04.1978

Verschiedentlich wird als Grundlage für eine wenigstens eingeschränkte Sachprüfung durch den Rechtspfleger die Äußerung[729] der Bundesregierung heran-

---

724 siehe oben 3. Teil C. III. 1.

725 Bötticher Die Gleichheit vor dem Richter S. 36

726 BVerfG Rpfleger 1991, S. 324

727 Jarass/Pieroth Art. 20 Rdnr. 30 m.w.N.

728 Grundsatz vom Vorrang des Gesetzes BVerfGE 8, S. 155 (169); 56, S. 216 (241)

729 siehe oben 3. Teil A. II. 4.

gezogen.[730] Wie bereits dargelegt, hat die Bundesregierung den durch den Gesetzgeber vorgegebenen Sinn und Zweck des Gesetzes, so wie er sich aus den Gesetzgebungsunterlagen ergibt, eigenmächtig um den Fall der "erkennbar ungerechtfertigten Forderung" erweitert. Es handelt sich um einen Fall der ergänzenden Gesetzesauslegung, da der Gesetzeswortlaut nichts diesbezügliches ergibt. Unabhängig von der Frage der Zulässigkeit einer derartigen Auslegung scheitert die Berufung auf die Stellungnahme als Rechtsgrundlage für eine Prüfungsbefugnis des Rechtspflegers bereits an der mangelnden Zuständigkeit der Bundesregierung als Exekutivorgan für die verbindliche Auslegung eines Gesetzes. Die Rechtsprechung ist gemäß Art. 92 Abs. 1 GG den Richtern vorbehalten. Das GG geht von einem materiellen Begriff der Rechtsprechung aus. Obwohl der Begriff der Rechtsprechung in Art. 92 GG wie auch in Art. 20 Abs. 3 GG äußerst unklar und vor allem seitens des Grundgesetzgebers nicht definiert ist[731], ist es einhellige Ansicht, daß die verbindliche Auslegung der Fachgesetze Richtern zugewiesen ist. Gegebenenfalls greift bei verfassungsrechtlichen Bedenken Art. 100 Abs. 1 GG ein. Die Exekutive als Gesetzesanwenderin ist nicht zur verbindlichen Auslegung berufen. Selbst der einfache Gesetzgeber darf Aufgaben, die inhaltlich Rechtsprechung darstellen, nicht anderen Stellen als Richtern zuweisen.[732] Einer verbindlichen Auslegung durch die Bundesregierung steht damit der Grundsatz der Gewaltenteilung gemäß Art. 20 Abs. 3 GG entgegen.

Die mangelnde Kompetenz der Bundesregierung zur verbindlichen Gesetzesauslegung ist nur ein Aspekt, der diese Äußerung als Rechtsgrundlage ausscheiden läßt. Auf die grundsätzlichen Bedenken gegen eine derartige Auslegung wurde bereits unter Ziff. III. eingegangen.

V. Das Rechtsschutzbedürfnis

Das Mahnverfahren ist ein gerichtliches Verfahren zur Erlangung eines rechtskräftigen Titels. Die Prozeßvoraussetzungen müssen daher gegeben sein.[733] Das Rechtsschutzbedürfnis ist eine von ihnen. Es stellt sich die Frage, ob dem Antragsteller bei Geltendmachung eines unbegründeten Anspruchs bereits das

---

[730] OLG Hamburg MDR 1982, S. 502; AG Freyung MDR 1986, S. 680; Herbst Rpfleger 1978, S. 199; Lappe/Grünert Rpfleger 1986, S. 161 (165)

[731] Isensee/Kirchhof Band III § 73 Rdnr. 17 ff; Maunz/Dürig/Herzog; Art. 20 GG, Abschnitt 2 Rdnr. 66 ff, Art. 92 Abschnitt 9 Rdnr. 20 ff

[732] Benda/Maihofer/Vogel § 33, Rdnr. 12

[733] Helmreich S. 122; Rosenberg/Schwab/Gottwald 15. Auflage, § 164 II; umfassende Aufzählung bei Thomas/Putzo vor § 253 Rdnr. 10

Rechtsschutzbedürfnis fehlt und ihm damit der Zugang zum Mahnverfahren versagt ist. Hierbei ist zwischen dem allgemeinen Rechtsschutzbedürfnis, das für jedes Rechtsschutzbegehren vorliegen muß und dem besonderen Rechtsschutzbegehren, das gerade die Inanspruchnahme des Mahnverfahrens rechtfertigt, zu unterscheiden.

1. Allgemeines Rechtsschutzbedürfnis

Der Rechtspfleger als funktionell zuständiges Organ des Amtsgerichts gemäß § 689 Abs. 1 ZPO, § 20 Nr. 1 RPflG hat das Vorliegen der Prozeßvoraussetzungen zu prüfen.[734] Die Prüfung der Prozeßvoraussetzungen erfolgt von Amts wegen. Der Rechtspfleger ist allerdings nicht befugt, Amtsermittlungen anzustellen. Er hat die Prüfung auf die im Mahnantrag gemachten Angaben zu beschränken.[735] Sinn des Rechtsschutzbedürfnisses als Zulässigkeitsvoraussetzung ist es, zweckwidrige Prozesse zu verhindern.[736] Rechtsstreitigkeiten sollen nicht in das Stadium der Begründetheitsprüfung eintreten, wenn sie, gemessen am Prozeßzweck, keines Rechtsschutzes bedürfen. In diesem Rahmen hat aber noch keine, auch keine begrenzte, Sachprüfung zu erfolgen. Das Rechtsschutzbedürfnis ist grundsätzlich von der materiellen Berechtigung des geltend gemachten Anspruchs zu trennen.[737] Für eine Klage wird das Rechtsschutzbedürfnis nicht allein dadurch ausgeschlossen, daß das Klagebegehren einen Anspruch aus einem sittenwidrigen oder gesetzwidrigen Rechtsverhältnis zum Gegenstand hat.[738] Das zivilprozessuale Rechtsschutzsystem gewährt einen möglichst umfassenden Rechtsschutz.[739] Dieser ist nur in Ausnahmefällen zu versagen. Da es sich bei den in Frage stehenden Ansprüchen auf Ersatz von Inkassokosten um ein Problem des materiellen Rechts handelt, hat die diesbezügliche Prüfung in der Begründetheit stattzufinden. Gegebenenfalls hat eine Abweisung wegen Unbegründetheit verbunden mit der entsprechenden Rechtskraftwirkung zu erfolgen.

---

734 BGH NJW 1981, S. 875, 876; AG Hagen JurBüro 1995, S. 388; Crevecoeur NJW 1977, S. 1321; Kammler JuS 1989, S. 117 beschränkt die Prüfung für den Regelfall auf die Frage des Rechtswegs und der Partei/Prozeßfähigkeit; Quack Rpfleger 1984, S. 26; Rosenberg/Schwab/Gottwald § 164 III 3 a); Zöller/Vollkommer § 690 Rdnr. 23

735 BGH NJW 1981, S. 875, 876; Münchener Kommentar/Holch § 691 ZPO Rdnr. 3; siehe oben 3. Teil B. III.

736 Stein-Jonas/Schumann Vor § 253 Rdnr. 101

737 Zöller/Greger vor § 253 Rdnr. 18

738 BGH MDR 1973, S. 941; ebenso Thomas/Putzo vor § 253 Rdnr. 26; Wieser S. 20; anders Crevecoeur NJW 1977, S. 1324 ohne nähere Begründung

739 BVerfGE 53, S. 115 (128); Schmidt/Bleibtreu/Klein Art. 20 Rdnr. 10

Beim Mahnverfahren kann, unabhängig von der Frage, ob eine Begründetheitsprüfung durchzuführen ist, weil der Antragsgegner Widerspruch eingelegt hat, oder ob der Rechtspfleger die materielle Berechtigung des Anspruchs per se zu überprüfen hat, bezüglich des allgemeinen Rechtsschutzbedürfnisses als Prozeßvoraussetzung nichts anderes gelten als bei einer Klage.[740] Daher ist dem Rechtspfleger in diesem Rahmen eine Sachprüfung versagt.

2. Besonderes Rechtsschutzbedürfnis

Wie bereits dargestellt handelt es sich beim Mahnverfahren um ein besonderes Verfahren zur Durchsetzung bestimmter Ansprüche. Diese Besonderheit ergibt sich nicht zuletzt aus der Stellung im Gesetz. Das Mahnverfahren ist getrennt vom üblichen Verfahrenszug der ZPO (Zweites Buch) nach weiteren besonderen Verfahrensarten in einem eigenen Buch (Siebtes Buch) normiert. Es bedarf somit eines besonderen Rechtschutzinteresses des Antragstellers, abweichend von der üblichen Verfahrensgestaltung, gerade das Mahnverfahren in Anspruch zu nehmen. Dieses Interesse sieht der Gesetzgeber[741] in der schnellen Durchsetzung unstreitiger Geldansprüche. Speziell zur Realisierung dieser Ansprüche wurde das Mahnverfahren geschaffen. Sofern das Mahnverfahren genutzt wird, um erkennbar nicht bestehende Ansprüche durchzusetzen, fehlt dieses Interesse. Durch das Kriterium des unstreitigen Anspruchs wird ein materiellrechtliches Element in das besondere Rechtsschutzbedürfnis als Zulässigkeitsvoraussetzung einbezogen. Die oben herausgearbeitete strikte Trennung zwischen Zulässigkeits- und Begründetheitsprüfung ist damit aufgeweicht. Um das besondere Rechtsschutzbedürfnis zu prüfen ist somit eine Sachprüfung, soweit diese an hand der begrenzten Angaben möglich ist, durchzuführen.

Die Verwendung des Mahnverfahrens zur Durchsetzung von Ansprüchen, für die es nicht bereitgestellt ist, kann als Rechtsmißbrauch bezeichnet werden. Auf die Frage des Rechtsmißbrauchs, die teilweise im Rahmen des Rechts-

---

740 nach h. M. gelten für das Mahnverfahren die allgemeinen Prozeßvoraussetzungen Baumbach/ Lauterbach/Albers/Hartmann § 688 Rdnr. 1; Helmreich S. 122; Münchener Kommentar/Holch Vor § 688 ZPO Rdnr. 37; Thomas/Putzo Vorb. Mahnverfahren Rdnr. 2; Zöller/Vollkommer § 688 Rdnr. 1; Bezüglich des Rechtsschutzbedürfnisses als Zulässigkeitsvoraussetzungen finden sich in den §§ 688 ff ZPO keine Sonderregelungen.

741 Intention des historischen Gesetzgebers siehe oben 3. Teil A. I.. Der Gesetzgeber der Vereinfachungsnovelle hat an dieser Intention grundsätzlich festgehalten, aber die Gesetzessystematik verändert. siehe oben 3. Teil A. II. 3.; C. III. 1. a)

schutzbedürfnisses geprüft wird, wird der Übersicht halber in einem eigenen Prüfungspunkt[742] näher eingegangen.

VI. Das Rechtsstaatsgebot

Im Hinblick auf die Bindung gemäß Art. 20 Abs. 3 GG muß es Ziel jeder rechtsprechenden Tätigkeit sein, materielle Gerechtigkeit herbeizuführen. Unter Berufung auf das Rechtsstaatsgebot wird daher gefordert, daß vom Rechtspfleger als Organ der staatlichen Rechtspflege nicht verlangt werden könne, "sehenden Auges" Unrecht zu tun. Es sei ein Verstoß gegen das Rechtsstaatsgebot, trotz Kenntnis von der Unbegründetheit des Anspruchs, dem diesbezüglichen Mahnbescheidsantrag zu entsprechen. Die damit einhergehende Frage, ob der Rechtspfleger angesichts der eingeschränkten Angaben im Mahnbescheidsantrag überhaupt zwingend auf die Unbegründetheit des Anspruchs schließen kann, sei vorerst ausgeklammert.[743]

In konsequenter Fortführung dieser Forderung wird hergeleitet, daß der Rechtspfleger zu einer, wenn auch eingeschränkten Sachprüfung, berechtigt und verpflichtet sei, um dem Rechtsstaatsgebot zu genügen und nicht unbegründete Ansprüche mit dem Schein staatlicher Billigung zu versehen.[744] Die Ermächtigung zur Sachprüfung ergibt sich somit direkt aus Art. 20 Abs. 3 GG. Diese sehr allgemeine Ermächtigungsgrundlage bedarf der Konkretisierung. Im folgenden werden aus dem Rechtsstaatsgebot konkrete Handlungsanforderungen an die Rechtsprechung entwickelt.

Im Vorfeld einer genaueren Untersuchung dieser These sei bemerkt, daß der Antragsgegner im Mahnbescheid ausdrücklich und optisch hervorgehoben darauf hingewiesen wird, daß eine materielle Prüfung des Anspruchs noch nicht erfolgt ist. Zum anderen stehen ihm sowohl gegen den Mahn- wie auch gegen

---

[742] siehe unter 3. Teil C. VII.

[743] Zu den dem Rechtspfleger zur Verfügung stehenden Angaben und den daraus möglichen Schlußfolgerungen siehe oben 3. Teil B. I.

[744] Büchel NJW 1979, S. 945 (946); Keller NJW 1981, S. 1184 (1187); Münchener Kommentar/Holch § 691 ZPO Rdnr. 14; Schlemmer Rpfleger 1978, S. 201 (203); Stein-Jonas/Schlosser § 691 Rdnr. 6; Zöller/Vollkommer § 691 Rdnr. 1; Kothe NJW 1985, S. 2217 (2230) leitet aus §§ 328 Abs. 1 Satz 4, 1041 Abs. 1 Satz 2, 1044 Abs. 2 Satz 2, 1044a Abs. 2 ZPO, 4 BurkG, 14 Abs. 2 BNotO ein allgemeines Verbot der Realisierung sittenwidriger Forderungen durch staatliche Akte her; so im Ergebnis auch Jäckle NJW 1985, S. 2769, wobei undifferenziert auf rechtsstaatliche Gründe Bezug genommen wird.

den Vollstreckungsbescheid der Widerspruch bzw. Einspruch offen, mittels derer er jederzeit eine vollumfängliche Sachprüfung herbeiführen kann.

1. Das Prozeßgrundrecht auf ein faires Verfahren

a) Auswirkungen des Rechtsstaatsprinzips auf die Judikative

Der argumentative Ausgangspunkt der aus dem Rechtsstaatsprinzip hergeleiteten Pflicht zur Sachprüfung ist Art. 20 Abs. 3 GG, sowie Art. 97 Abs. 1 GG.

Beide Vorschriften stellen eine Einheit dar. Art. 97 Abs. 1 GG konkretisiert Art. 20 Abs. 3 GG. Daß Art. 97 Abs. 1 GG eine abweichende Formulierung wählt, erzeugt in materiellrechtlicher Hinsicht keinen Unterschied.[745] Es ist die Bindung der rechtsprechenden Gewalt an Gesetz und Recht bezweckt. Dem Gesetzesbegriff unterfällt auch das für diese Untersuchung vorrangig interessante Verfahrensrecht. Unter Rechtsstaatlichkeit ist die Ausübung staatlicher Macht auf der Grundlage von verfassungsmäßig erlassenen Gesetzen mit dem Ziel der Gewährleistung von Freiheit, Gerechtigkeit und Rechtssicherheit zu verstehen.[746] Die drei Garantien stehen gleichwertig nebeneinander. Im gerichtlichen Verfahren tritt der Richter den Verfahrensbeteiligten formell und in unmittelbarer Ausübung staatlicher Hoheitsgewalt gegenüber.[747]

Bei der Bindung der Judikative an Gesetz und Recht gemäß Art. 20 Abs. 3 GG geht der Grundgesetzgeber offensichtlich davon aus, daß zwischen beiden Maximen durchaus Unterschiede bestehen können.[748] Geprägt von den Erfahrungen der Jahre 1933-1945 war offenbar, daß Gesetz und Recht nicht immer übereinstimmen müssen. Aus der Reihenfolge der Nennung "Gesetz und Recht" läßt sich eine vorrangige Bindung der rechtsprechenden Gewalt an die gesetzliche Regelung folgern.[749] Dies wird durch die Rechtsprechung des BVerfG bestätigt. Das BVerfG hat bereits frühzeitig verdeutlicht, daß das Auseinanderfallen beider Kategorien die Ausnahme darstellt.[750] Es geht davon aus, daß das Gesetz auch dann Vorrang hat, wenn es ungerecht oder un-

---

745 Maunz/Dürig/Herzog Art. 97 GG Rdnr. 4; Seifert/Hömig Art. 20 Rdnr. 9

746 Stern Staatsrecht, § 20 III 1.; nach Kunig S. 245 wirkt das Rechtsstaatsprinzip damit zugleich freiheitsbegrenzend und freiheitsverbürgend. Er spricht von der "Janusköpfigkeit" des Rechtsstaatsprinzips, S. 278 ff.

747 BVerfGE 52, S. 203 (207)

748 Maunz/Dürig/Herzog; Art. 97 GG, Rdnr. 4, 5; Larenz Methodenlehre Kapitel 5 1.

749 siehe oben 3. Teil C. III. 2.

750 Benda/Maihofer/Vogel § 33 Rdnr. 93, BVerfGE 3, S. 225 (233)

zweckmäßig ist, es sei denn, der Widerspruch zwischen positivem Gesetz und Gerechtigkeit erreicht ein derart unerträgliches Maß, daß der Gerechtigkeitsgedanke des Art. 20 Abs. 3 GG überwiegt. Hieraus ergibt sich, daß der Gerechtigkeitsmaßstab dem Richter vorgegeben ist. Er findet sich in der Verfassung. Dem Richter ist es damit verwehrt, sich unter Berufung auf allgemeine Gerechtigkeitsvorstellungen über Wortlaut und Sinn einer gesetzlichen Regelung hinwegzusetzen. Maßstab ist alleine das GG.[751]

Obwohl in der überwiegenden Kommentierung[752] eine einschränkende Auslegung des Begriffs "Recht" i.S.d. Art. 20 Abs. 3 GG vertreten wird, ist eine Bindung an materielle Gerechtigkeitsgesichtspunkte vom Grundgesetzgeber erkennbar erstrebt. Es besteht eine Bindung der Judikative an das Recht als begriffliche Indikation materieller Gerechtigkeit.[753]

b) Allgemeine Herleitung des Prozeßgrundrechts auf ein faires Verfahren

Diese Bindung prägt das Prozeßrecht.[754] Dessen Ziel muß die Herbeiführung materiell richtiger, gerechter Entscheidungen sein. Das Verfahrensrecht hat zu gewährleisten, daß jede Partei das ihr zustehende Recht geltend machen kann. Die Parteien des Rechtsstreits müssen sich hierfür gleichwertig gegenüberstehen (Prinzip der Waffengleichheit). Das Prozeßrecht hat für ein faires Verfahren Sorge zu tragen. Dies ergibt sich aus Art. 3 Abs. 1 GG i.V.m. dem Rechtsstaats- und dem Sozialstaatsprinzip.[755] Im Einzelnen wird das Prozeßgrundrecht auf ein faires Verfahren folgendermaßen hergeleitet.

Im Grundgesetz findet sich anders als beispielsweise im anglo-amerikanischen Rechtskreis keine explizite Normierung dieses Grundrechts. Eine dem 14. Zusatzartikel der US-Verfassung[756] mit der Verbürgung eines "due process of law" entsprechende Klausel fehlt. Das Recht auf ein faires Verfahren stellt ein die speziellen verfassungsrechtlichen Prozeßgarantien überwölbendes, allge-

---

751 Schmidt/Bleibtreu Art. 97 Rdnr. 3

752 Maunz/Dürig/Herzog Art. 20 Abschnitt VI Rdnr. 54, Art. 97 Rdnr. 4 m.w.N.

753 Kunig S. 353

754 Benda/Weber ZZP 96 (1983), S. 285 (289, 298): Prozeßrecht ist nicht Selbstzweck sondern dient der Herbeiführung materiell gerechter Entscheidungen; Grün NJW 1991 S. 2860 (2864); Kunig S. 362 ff; BVerfGE 35, S. 279; 55, S. 72 (93); 59 S. 330; BGHZ 73, S. 87 (91); 75, S. 348; 76, S. 133; 77, S. 306

755 Benda/Weber ZZP 96 (1983), S. 285 (303); Stein-Jonas/Leipold vor § 128 Rdnr. 65; Vollkommer Festschrift für Schwab S. 504

756 näheres siehe Schwab/Gottwald S. 61

meines, ungeschriebenes Prozeßgrundrecht dar.[757] Die Existenz eines Prozeßgrundrechts auf ein faires Verfahren ist allgemein anerkannt.[758] Die Herleitung erfolgt aus den Grundrechten der Art. 2 Abs. 1, 3 Abs. 1, 19 Abs. 4, 101, 103 Abs. 1 GG sowie dem Rechtsstaatsprinzip. Das Recht auf ein faires Verfahren ist eine Konkretisierung des Rechtsstaatsprinzips, das neben die Gewährleistungen der einzelnen Grundrechte tritt und diese ergänzt. Seiner Natur nach handelt es sich um eine Generalklausel, die der Ausfüllung durch die Rechtsprechung bedarf.[759]

Der Anspruch auf ein faires Verfahren, mithin auf prozessuale Waffengleichheit folgt zudem aus Art. 6 Abs. 1 EMRK. Art. 6 Abs. 1 EMRK wurde mit der Ratifizierung der Europäischen Menschenrechtskonvention in die deutsche Rechtsordnung übernommen.[760] Nach umstrittener Ansicht[761] kommt ihr der Rang einfachen Bundesrechts zu, das die deutschen Gerichte unmittelbar bindet. Hiernach hat "jedermann Anspruch darauf, daß seine Sache in billiger Weise öffentlich und innerhalb angemessener Frist gehört wird, und zwar von einem unabhängigen und unparteiischen, auf Gesetz beruhenden Gericht, das über zivilrechtliche Ansprüche und Verpflichtungen oder über die Stichhaltigkeit der gegen ihn erhobenen strafrechtlichen Anklage zu entscheiden hat."[762] Garantiert wird die Anhörung in "billiger Weise". An der deutschen Übersetzung wurde insbesondere von Vollkommer[763] Kritik geübt. Aus dem Begriff der Anhörung in billiger Weise wird, über das bloße Recht auf rechtliches Ge-

---

757 Vollkommer Gedächtnisschrift Bruns S. 195

758 Kunig S. 379; Münchener Kommentar/Lüke Einl. Rdnr. 140 vermeidet den Begriff des Prozeßgrundrechts. Er erkennt aber das Recht auf ein faires Verfahren als einen allgemeinen Verfahrensgrundsatz, der der Konkretisierung im Einzelfall bedarf, an.; Rosenberg/Schwab/Gottwald § 1 VII; Überblick bei Schumann ZZP 96 (1983) S. 137 (163); Stein-Jonas/Leipold vor § 128 Rdnr. 65; Tettinger S. 6, 7; Vollkommer Gedächtnisschrift Bruns S. 212; Zöller/Greger vor § 128 Rdnr. 10a; BVerfGE 46, S. 325 (334); 49, S. 220 (225); 51, S. 150 (156); 55, S. 72 (93); 56, S. 139 (143); 69, S. 126 (140); BVerfG NJW 1996, S. 3202

759 Entscheidungen des BVerfG zur Zwangsversteigerung, BVerfGE 42, S. 64 (74 ff); 46, S. 325 (335 ff); 49, 220 (225 ff); hierin wird der Bezug zwischen der materiellen Gewährleistung des Art. 14 Abs. 1 GG und dem korrespondieren Recht auf effektiven Rechtschutz hergestellt; Stürner NJW 1979, S. 2336

760 BGBl 1952 II, S. 685, 953

761 Maunz/Dürig/Herzog Art. 1 Abs. II GG Rdnr. 59

762 Übersetzung nach Becksche Textsammlung Satorius II Internationale Verträge Europarecht Nr. 130

763 Vollkommer Gedächtnisschrift Bruns S. 207

hör hinaus das Prinzip der Waffengleichheit und damit das Recht auf ein faires Verfahren hergeleitet. Diese weiterreichende Garantie kommt in der englischen Textfassung besser zum Ausdruck.[764]

Aus der Forderung nach Waffengleichheit zieht der Europäische Gerichtshof für Menschenrechte[765] den Schluß, daß jeder Partei eine vernünftige Möglichkeit eingeräumt werden müsse, ihren Fall vor Gericht unter Bedingungen zu präsentieren, die für diese Partei keinen substantiellen Nachteil im Verhältnis zum Prozeßgegner bedeuten. Inwieweit dies zu einer Sachprüfung verpflichtet, ist am konkreten Fall zu prüfen. Die Feststellung des Europäischen Gerichtshofs für Menschenrechte betrifft daneben die Frage der Rechtsstaatlichkeit des Mahnverfahrens als solches. Es stellt sich die Frage, ob das Mahnverfahren jeder Partei tatsächlich diese Eingriffsmöglichkeit gewährt. Wie bereits erwähnt soll dies aber nicht Gegenstand dieser Untersuchung sein.

Aus dem Grundsatz des fairen/rechtsstaatlichen Verfahrens kann gefolgert werden, daß offensichtliches Unrecht nicht mit einem gerichtlichen/staatlichen Ausweis versehen werden darf. Hierfür hat das Verfahrensrecht Sorge zu tragen, denn es ist nicht Selbstzweck, sondern dient der Herbeiführung materiell gerechter Entscheidungen.[766] Ob im vorliegenden Fall tatsächlich ein Verstoß gegen das Prozeßgrundrecht des fairen Verfahrens vorliegt, ist unter Abwägung aller Umstände des Einzelfalles zu bewerten. Dies erfolgt unter Ziff. 3..

c) Inhalt des Prozeßgrundrechts auf ein faires Verfahren

Gegenstand dieser Untersuchung ist der Interessenausgleich im Verhältnis zweier privater Rechtssubjekte. Der Antragsteller möchte seine Ansprüche im Mahnverfahren durchsetzen. Der Antragsgegner will nicht mit unbegründeten Ansprüchen belastet werden. Der Staat in Form der Rechtsprechung ist hier nicht weniger gebunden als bei einer direkten "Konfrontation" mit dem Bürger. Was er der einen Partei des Rechtsstreits zuspricht, nimmt er zwingend der anderen. Erfolgt der Eingriff auch nur mittelbar, so steht er doch in seiner Intensität und seinem Ausmaß für den Betroffenen einem direktem Eingriff nicht nach.[767] Die Durchsetzung unbegründeter Ansprüche kann den Betroffenen in

---

764 "... everyone is entitled to a fair and public hearing within a reasonable time ..."

765 EGMR NJW 1995, S. 1413; besprochen von Schlosser NJW 1995, S. 1405

766 BVerfGE 35, S. 279; 55, S. 72 (93); 59, S. 330; BGHZ 73, S. 87 (91); 75, S. 348; 76, S. 133; 77, S. 306

767 Nach Kunig S. 383 können die für den Straßprozeß herausgearbeiteten Maximen auf andere Verfahrensarten übertragen werden.

seiner grundgesetzlich garantierten Freiheit, insbesondere seiner wirtschaftlichen Gestaltungsfreiheit, wesentlich beeinträchtigen. In letzter Konsequenz kann es zur Existenzgefährdung führen. Insoweit sind die grundsätzlichen Erwägungen übertragbar. Die Grundrechte der verschiedenen Grundrechtsträger konkurrieren entscheidungserheblich miteinander.

Das Recht auf ein faires Verfahren als eine Ausprägung des Rechtsstaatsprinzips, das in der Verfassung nur zum Teil näher konkretisiert ist, enthält keine in allen Einzelheiten bestimmten Gebote und Verbote. Es bedarf daher der Konkretisierung je nach den sachlichen Gegebenheiten. "Bei der Weite und Unbestimmtheit des Rechtsstaatsprinzips ist dabei mit Behutsamkeit vorzugehen; denn es ist grundsätzlich Sache des Gesetzgebers, zwischen möglichen Alternativen bei der normativen Konkretisierung eines Verfassungsgrundsatzes zu wählen."[768] Die Grenze der Gestaltungskompetenz des Gesetzgebers und damit die konkrete Auswirkung auf das Verfahrensrecht findet sich da, wo rechtsstaatlich unverzichtbare Erfordernisse nicht mehr gewahrt sind. Diese Grenze wurde u. a. in der Arzthaftungsentscheidung des BVerfG[769] herausgearbeitet. Sowohl im Sondervotum der die Entscheidung nicht tragenden Richter wie auch in der eigentlichen Urteilsbegründung wird der Grundsatz prozessualer Waffengleichheit als allgemein anerkanntes Prinzip bemüht. In der Entscheidung[770] liest man ferner, daß auch im Zivilverfahren der Richter durch eine entsprechende Verfahrensgestaltung den materiellen Inhalten der Verfassung, insbesondere den Grundrechten, Geltung zu verschaffen hat.

Art. 20 Abs. 3 GG bietet damit eine Rechtsgrundlage zum Eingriff in das gesetzlich vorgeschriebene Verfahren zur Gewährleistung der Rechtsstaatlichkeit im konkreten Einzelfall. Der Richter hat für ein gehöriges, faires Verfahren Sorge zu tragen. Als Schranke dieser Verpflichtung wird betont, daß die ZPO grundsätzlich von einem Parteiprozeß ausgeht.[771] Die Parteien haben es in der Hand, durch entsprechende Anträge und sachgemäßen Vortrag ihren Interessen zur Durchsetzung zu verhelfen. Das Grundrecht auf ein faires Verfahren steht beiden Parteien gleichermaßen zu. Es darf durch den Eingriff des Richters nicht zu einer einseitigen Bevorzugung der subjektiv als schwächer, unbemittelter empfundenen Partei kommen. Droht dieser Partei allerdings im konkreten Fall ein Rechtsverlust aufgrund eines rechtsstaatlich untragbaren Verfahrensab-

---

[768] BVerfGE 57, S. 250 (275, 276)

[769] BVerfGE 52, S. 131 (156)

[770] BVerfGE 52, S. 131 (145)

[771] Prütting/Weth S. 22; Tettinger S. 40

laufs, so gebietet nicht zuletzt das Sozialstaatsprinzip[772] die richterliche Intervention. Der Rückzug auf den Grundsatz der Parteiherrschaft im Zivilprozeß ist unter rechtsstaatlichen Gesichtspunkten nur vertretbar, wenn beide Parteien tatsächlich gleiche Chancen haben, den Prozeß zu beeinflussen. Andernfalls wäre er eine bloße Leerformel, die im Ergebnis der wirtschaftlich stärkeren Partei Recht gewährte.

d) Rechtsprechung des BVerfG

In der Rechtsprechung des BVerfG ist der Grundsatz der Waffengleichheit der Parteien im Zivilprozeß anerkannt.[773] Die verfassungsrechtliche Bindung an Art. 3 Abs. 1 GG und das Rechtsstaatsprinzip gilt nicht nur für die Auslegung des Rechts, sondern auch für die konkrete Rechtsanwendung.[774] In der Rechtsprechung findet sich als Ausprägung dieses Grundprinzips, daß der unbemittelten Partei grundsätzlich die Rechtsverfolgung und die Inanspruchnahme von Rechtschutz im Verhältnis zur wirtschaftlich überlegeneren Partei nicht unverhältnismäßig erschwert werden darf.[775] Die einschlägigen Entscheidungen beschäftigen sich mit der Versagung von Prozeßkostenhilfe (damals Armenrecht)[776], der Wiedereinsetzung in den vorherigen Stand[777], der Beweislastverteilung in besonderen Beweissituationen[778], der Präklusion[779] und der Einle-

---

772 siehe hierzu Isensee/Kirchhof Bd. I § 25 Rdnr. 25 ff (35) mit genauer Darstellung der Konsequenzen aus dem Sozialstaatsprinzip, ebenso Lappe/Grünert Rpfleger 1986, S. 164: Eingriffspflicht des Staates zum Schutz der mit dem Mahnverfahren überforderten Bevölkerungsschichten; BVerfGE 9, S. 124

773 BVerfGE 9, S. 124 (131); 10, S. 264 (270); 22, S. 83 (86); 52, S. 131 (156); 54, S. 117 (125); 55, S. 72 (93); 56, S. 139 (143); 63, S. 380 (392); 69, S. 126 (140); Benda/Weber ZZP 96 (1983), S. 285 (302); Hesselberger Erlanger Festschrift für Schwab S. 351; Übersicht bei Schumann ZZP 96 (1983), S. 137 (150); Stein-Jonas/Leipold vor § 128 Rdnr. 65, 66 stellt fest, daß das BVerfG das Recht auf ein faires Verfahren zwar anerkennt, dieses aber keine festen Konturen gewinnt.

774 BVerfGE 54, S. 117 (125); Schumann ZZP 96 (1983), S. 137 (168) hebt es als besonderes Verdienst des BVerfG hervor, das Recht auf ein faires Verfahren auf der Ebene des Verfassungsrechts angesiedelt zu haben.

775 Vollkommer Festschrift für Schwab S. 506; BVerfGE 9, S. 124 (130), 22, S. 83 (86); 63, S. 380 (395)

776 BVerfGE 9, S. 124: Beiordnung eines Rechtsanwaltes im Sozialgerichtsverfahren

777 BVerfGE 22, S. 83: Wiedereinsetzung nach der Gewährung von Armenrecht und Versäumung der Wiedereinsetzungfrist

778 BVerfGE 52, S. 131: Verfassungsrechtliche Fragen im Arzthaftungsprozeß, auf diese Entscheidung wurde oben schon eingangen

779 BVerfGE 54, S. 117 (125); 69, S. 126, S. 145

gung von Rechtsmitteln.[780] Allen Entscheidungen ist gemeinsam, daß beide Parteien in gleicher Weise Einfluß auf den Gang des Verfahrens und damit auf die Verteilung des Kostenrisikos haben sollen. Den Richter trifft die Pflicht, diese Gleichstellung im konkreten Fall zu gewährleisten.[781]

e) Rechtsprechung des BGH[782]

Der BGH[783] verwendet die Prinzipien des rechtsstaatlichen Verfahrens und der Waffengleichheit der Parteien als allgemein anerkannte Prozeßmaximen, ohne sich um eine eingehende Begründung zu bemühen. Auch hier finden sich einige Entscheidungen auf dem Gebiet der Prozeßkostenhilfe.[784] In diesem besonders sensiblen Bereich sind die Gerichte aufgefordert, Waffengleichheit zwischen den Parteien herzustellen. Es wird ausdrücklich auf die vorgenannte BVerfG-Rechtsprechung Bezug genommen.[785] Des weiteren ergingen Entscheidungen zur Frage der Präklusion verspäteten Vorbringens[786], der Zulässigkeit von Anschlußrechtsmitteln und Rechtsmittelerweiterungen[787], der formgerechten Schriftsatzeinreichung[788] sowie zur Beweislastverteilung im Bereich der Arzthaftungsansprüche[789] als Fortsetzung der einschlägigen BVerfG-Rechtsprechung. In allen genannten Entscheidungen ist eine Partei der anderen überlegen, sei es aufgrund besserer wirtschaftlicher Stellung, überragender Sach-

---

780 BVerfGE 54, S. 277 (292); 74, S. 228 (234)

781 Vollkommer Festschrift für Schwab S. 508 unterscheidet zwischen der Gleichbehandlungspflicht und der Pflicht zur ausgleichenden Verhandlungsführung

782 Zusammenstellung bei Vollkommer Festschrift für Schwab S. 508; vom Verfasser aktualisiert

783 BGHZ 16, S. 1; 92, S. 207 (212); 98, S. 70 (72); 98, S. 295 (299); 98, S. 368 (372); BGH NJW 1978, S. 1681; 1980, S. 2751; 1984, S. 1823; 1988, S. 494, 2302; 1994, S. 1853; Münchener Kommentar/Lüke Einl. Rdnr. 143

784 BGHZ 16, S. 1: Gewährleistung der Chancengleichheit der unbemittelten Partei durch Zulassung des Antrages auf "Armenrecht" bis zum Ablauf der Rechtsmittelfrist. Der Grundsatz des fairen Verfahren wird nicht ausdrücklich erwähnt, ist aber als Wertentscheidung erkennbar; BGHZ 98, S. 295 (299); 109, S. 163 (168); BGH NJW 1994, S. 1853

785 BGHZ 98, S. 295 (299)

786 BGHZ 98, S. 368 (372)

787 BGHZ 88, S. 360 (362); 92, S. 207 (211)

788 BGHZ 105, S. 40 (43, 44)

789 BGH NJW 1978, S. 1681 (1682), 1980, S. 2751; 1984, S. 1823; 1988, S. 2302 (2303); zum Ganzen Franzki/Franzki NJW 1975, S. 2225 (2226)

kenntnis oder Erfahrung im Umgang mit den angewandten Verfahren. Der BGH versucht, dieses Ungleichgewicht auszugleichen, um den Parteien bei der Verfahrensführung annähernd gleiche Voraussetzungen zu schaffen. Die gleiche Intention findet man in der Rechtsprechung des BGH zur Vollstreckung aus sittenwidrigen aber formal ordnungsmäßig titulierten Forderungen.[790] Hier versucht der BGH ebenfalls zu verhindern, daß sich die wirtschaftliche Überlegenheit einer Partei in einer ungleichen Rechtsstellung im Prozeß fortsetzt.

Zur Realisierung dieser Zielsetzung hat der BGH diverse Handlungsalternativen für den Richter entwickelt. Sie orientieren sich stark an den Umständen, die im konkreten Fall das Ungleichgewicht zwischen den Parteien begründen. Der Richter hat im Rahmen seiner Ermessensausübung[791], der Handhabung seiner Aufklärungspflicht[792], der Auslegung von Rechtsvorschriften[793] sowie der Beweiswürdigung[794] das faire Verfahren zu gewährleisten. Der BGH hat diese Pflicht bisher nur zur Ausfüllung der dem Richter eröffneten Handlungsspielräume angenommen. Ob eine darüberhinausgehende Ausgleichspflicht[795] des Richters besteht, läßt sich der BGH-Rechtsprechung nicht entnehmen.

f) Zusammenfassung

Es bleibt festzuhalten, daß das Prozeßgrundrecht auf ein faires Verfahren als Ausfluß des Rechtsstaatsprinzips allgemein anerkannt ist. Es geht über die Gewährleistungen der einzelnen Prozeßgrundrechte, insbesondere der Garantie des rechtlichen Gehörs gemäß Art. 103 Abs. 1 GG, wesentlich hinaus. Es ist kein nur formeller Anspruch, der sich in der Pflicht der Justiz zum generellen Tätigwerden erschöpft, sondern ein substantieller Anspruch, der die Verwirklichung der Verfahrensgerechtigkeit im konkreten Einzelfall gebietet.[796] Die elementaren Grundvoraussetzungen eines rechtsstaatlichen Verfahrens müssen rein tatsächlich gewährleistet sein. Formelle Gleichbehandlung garantiert noch keine Chancengleichheit. Aus diesem Grundprinzip ist dem Richter ein Ein-

---

790 BGHZ 101, S. 380

791 BGH NJW 1988, S. 2302 (2303), so auch Stein-Jonas/Leipold vor § 128 Rdnr. 63, 67

792 BGH NJW 1984, S. 310 (311); Zöller/Greger § 139 Rdnr. 3; Stein-Jonas/Leipold § 139 Rdnr. 7; BVerfG NJW 1979, S. 1925 (1928), BVerfGE 52, S. 131 (156)

793 entschieden für Präklusionsvorschriften BGHZ 98, S. 368 (372); ebenso Benda/Weber ZZP 96 (1983), S. 285 (301); Waldner 1984, S. 2925; Zöller/Greger § 296 Rdnr. 2

794 BGH NJW 1974 S. 1681 (1682); 1980, S. 2751; 1984, S. 1823; 1988, S. 2302 (2303)

795 gefordert von Vollkommer Festschrift für Schwab S. 520

796 Vollkommer Gedächtnisschrift Bruns S. 216 mit detaillierter Herleitung des Prozeßgrundrechts aus den einzelnen Grundrechten und dem Rechtsstaatsprinzip

griffsrecht eröffnet. Dessen Ausgestaltung ist durch die Abwägung der im Einzelfall betroffenen Interessen festzustellen.[797]

Bevor hierauf näher eingegangen wird,[798] soll ein weiterer wesentlicher Aspekt des Rechtsstaatsgebots, die Neutralität der Rechtspflege, untersucht werden. Die Frage nach der Neutralität der Rechtspflege wird immer dann aufgeworfen, wenn der Richter zugunsten einer Partei in den Rechtsstreit eingreift.

2. Neutralität der Rechtspflege

Als ein wesentliches Element des Rechtsstaatsprinzips ist die Neutralität der rechtsprechenden Gewalt anzusehen. Es wird vertreten[799], daß der Glaube der Bürger, insbesondere der betroffenen Schuldner, an die Neutralität der Rechtspflege erschüttert werde, wenn diese unbegründete Ansprüche tituliere. Hieraus folgert man eine Pflicht zur Sachprüfung, da ansonsten Zweifel an der Funktionsfähigkeit der Rechtspflege genährt würden. Diese Argumentation wird im Rahmen des Rechtsstaatsgebots aufgrund der thematischen Verbindung überprüft. Auch im Zuge der letzten Novelle des Mahnverfahrens wurde diese Problematik erkannt. Die Bundesregierung[800] spricht in ihrem Gesetzesentwurf zum VerbrKrG von einer Belastung des Ansehens des Rechtsstaats durch die Vollstreckung sittenwidriger Forderungen, ohne aber hinsichtlich der Wiedereinführung der Schlüssigkeitsprüfung Konsequenzen zu ziehen.

Die Neutralität der staatlichen Gewalt bei der Entscheidung privater Interessenkonflikte ist eines der elementaren Prinzipien des demokratischen Rechtsstaats.[801] Es geht auf die grundlegenden Ausführungen von Locke[802] und Fichte[803] zurück. Daneben hat das BVerfG die Neutralität des Richters aus Art. 101 Abs. 1 Satz 2 GG hergeleitet. Art. 101 Abs. 1 Satz 2 GG erschöpft sich nicht

---

797 Hesselberger Erlanger Festschrift für Schwab S. 353; ebenso Kunig S. 287 unter Verweis auf die Rechtsprechung des OLG Koblenz

798 siehe unten 3. Teil C. VI. 3.

799 Schlemmer Rpfleger 1978,S. 201 (204); Lappe/Grünert Rpfleger 1986, S. 164; Holch NJW 1991, S. 3180: Belastung des Ansehens des Rechtsstaates; dagegen Jenisch JurBüro 1989, S. 726

800 BR-Dr 427/89 S. 34, 79 Entwurf eines Gesetzes über Verbraucherkredite, zur Änderung der Zivilprozeßordnung und anderer Gesetze vom 11.08.1989

801 Benda/Weber ZZP 96 (1983), S. 285 (286); Isensee/Kirchhof Bd. III § 57 Rdnr. 57, 58; BGHZ 98, S. 70 (72)

802 Locke § 136

803 Fichte Bd. 3 S. 101

in einer reinen Zuständigkeitsnorm, sondern garantiert die Unparteilichkeit und Sachlichkeit der Gerichte.[804] Schutzgut der Vorschrift ist des weiteren das Vertrauen der Rechtssuchenden auf die Neutralität der Rechtspflege.[805] Dieses Vertrauen können aber beide Parteien des Rechtsstreits in Anspruch nehmen. Der Antragsteller darf darauf vertrauen, daß sein Antrag ohne Bevorzugung des Gegners nach den gesetzlichen Verfahrensvorschriften behandelt wird. Der Antragsgegner ist in seinem Vertrauen schutzwürdig, daß die rechtsstaatlichen Mindesterfordernisse gewahrt sind. Der einzelne darf nach dem Grundverständnis der Verfassung nicht darauf vertrauen, daß der Staat, sei es auch in der Gestalt der Justiz, sich seiner Interessen umfassend annimmt. Im Zivilprozeß ist jede Partei gezwungen, die für sie sprechenden Tatsachen vorzutragen. Im Mahnverfahren wird ein Vertrauen des Antragsgegners darauf, daß der Anspruch auf seine Rechtmäßigkeit geprüft ist, durch den Hinweis gemäß § 692 Abs. 1 Nr. 2 ZPO erschüttert.

Eine weitergehende als die bereits im vorhergehenden Prüfungspunkt aus dem Rechtsstaatsprinzip hergeleitete Eingriffsbefugnis ergibt sich somit unter dem Gesichtspunkt der Neutralität der Rechtspflege nicht. Im Hinblick auf den Justizgewährungsanspruch des Antragstellers ist die Eingriffsmöglichkeit in das gesetzliche Verfahren auf das unbedingt erforderliche Maß zu beschränken.

3. Anwendung auf das Mahnverfahren

Die oben herausgearbeitete Eingriffsbefugnis des Richters richtet sich ebenso an den Rechtspfleger als das für den Erlaß des Mahnbescheids gemäß § 20 Nr. 1 RPflG zuständige Organ. Die rechtsprechende Gewalt ist gemäß Art. 92 GG den Richtern zugewiesen. In weniger komplizierten Rechtsangelegenheiten ist den Anforderungen der Art. 20 Abs. 3, 97 Abs. 1 GG genügt, wenn statt des Richters der Rechtspfleger tätig wird.[806] Die Übertragung von Aufgaben auf den Rechtspfleger steht im Ermessen des Gesetzgebers. Mit der Übertragung darf aber kein Verlust an rechtsstaatlichen Gewährleistungen einhergehen. Auch der Rechtspfleger ist funktionell Teil der rechtsprechenden Gewalt. Er unterliegt denselben Bindungen.

---

804 BVerfGE 4, S. 412 (416); 21, S. 139 (145), Alternativkommentar GG Bd. II Art. 101 Rdnr. 9; BGHZ 98, S. 70 (72) für die Zivilgerichtsbarkeit

805 BVerfGE 4, S. 412 (416)

806 Maunz/Dürig/Herzog Art. 92 Rdnr. 82; BVerfG NJW 1971, S. 605 steht dem nicht entgegen, da nicht die Richtereigenschaft als solche sondern nur die Vorlagebefugnis gemäß Art. 100 Abs. 1 GG bestritten wird; Arnold/Meyer-Stolte RPflG § 1 Rdnr. 17; Herbst Rpfleger 1994, S. 481

Welche Konsequenzen für den Rechtspfleger aus dem rechtsstaatliche Gebot fairer Verfahrensgestaltung zu ziehen sind, läßt sich nicht abstrakt feststellen, sondern muß an Hand des jeweiligen Verfahrens ermittelt werden.[807] Man muß sich daher der Klarheit halber nochmals die konkrete Situation des Mahnverfahrens vor Augen halten.

Auf der einen Seite steht der Anspruch des Antragstellers auf Durchführung des Mahnverfahrens und auf der anderen Seite der idealerweise mündige Antragsgegner, der sich, informiert durch entsprechende Hinweise, gegenüber nicht bestehenden Ansprüchen wehrt. Die Rechtssicherheit in Form des Justizgewährungsanspruchs des Antragstellers und die Rechtsstaatlichkeit in Form der Gewährleistung materieller Gerechtigkeit befinden sich in einem austarierten Gleichgewicht.[808] Sofern dieses auf beiden Seiten funktioniert, besteht kein Anlaß zu Modifikationen aus rechtsstaatlichen Erwägungen. Auch Art. 6 Abs. 1 EMRK ist Genüge getan. Im Zeitpunkt des Erlasses des Mahnbescheids ist nach der Ziel-/Idealvorstellung des Gesetzgebers noch keine Beeinträchtigung des Antragsgegners festzustellen.[809] Er hat alle Rechte der §§ 692 Abs. 1 Nr. 3, 694, 700 Abs. 3 ZPO und kann die volle Sachprüfung herbeiführen.[810] Mit Jenisch[811] ist anzumerken, daß der mündige Bürger von staatlicher Seite zugehende Post vollständig und aufmerksam zu lesen hat. Allein durch den Erlaß des Mahnbescheids werden, so die gesetzgeberische Vorstellung, noch keine grundrechtlich geschützten Positionen des Antragsgegners verletzt. Es besteht kein Anlaß, von der Eingriffsermächtigung des Art. 20 Abs. 3 GG Gebrauch zu machen. Diese setzt voraus, daß rechtsstaatliche Verfahrensgrundsätze verletzt sind, mithin der Antragsteller in schützenswerten Grundrechtspositionen betroffen ist. Es sind also konkrete Anhaltspunkte erforderlich, die für eine Beeinträchtigung des Antragsgegners schon in diesem Verfahrensstadium sprechen.

---

807 BVerfGE 57, S. 250 (275, 276); 63, S. 380 (392); 86, S. 288 (318)

808 Bötticher Die Gleichheit vor dem Richter S. 9: Die Waage im Bild der Justizia als Symbol für dieses austarierte Gleichgewicht zwischen den Parteien

809 Waldner S. 194

810 Hierauf weisen insbesondere Jenisch JurBüro 1989, S. 726 und Münzberg JZ 1987, S. 478 hin.

811 Jenisch JurBüro 1989, S. 726; ebenso Ostenried in Seitz Inkassohandbuch Rdnr. 320

a) Gebrauch der Widerspruchs- und Einspruchsmöglichkeit

Ein Teil der Literatur[812] stellt darauf ab, daß rein tatsächlich von der Widerspruchs- bzw. Einspruchsmöglichkeit wenig Gebrauch gemacht wird. Gegenteiliges berichtet Schlemmer[813]. Nach seinen Angaben ist im Bereich des LG München die Zahl der Widersprüche nach der Mahnverfahrensnovelle um 100 % angestiegen. Er führt dies auf die vereinfachte Widerspruchseinlegung durch Beifügung geeigneter Formblätter zurück. In dem selben Bericht gibt er jedoch entsprechend der eingangs genannten Literatur zu bedenken, daß unerfahrene Schuldner mit den Rechtsbehelfen des Mahnverfahrens Probleme haben. Ohle[814] führt an, daß sich die Schuldner hinsichtlich ihrer Zahlungsbereitschaft durch den Erlaß eines Mahnbescheids wenig beeindrucken lassen. Bei vorheriger Inkassobearbeitung liegt die Quote der Rechtsbehelfe nach seinen Angaben bei lediglich 5 %. Nach Auskunft eines großen Inkassounternehmens im süddeutschen Raum lag die Widerspruchs-/Einspruchsquote im Jahr 1992 zwischen 1,8 % und 2,2 %.[815]

Probleme, ihre Rechte wahrzunehmen, haben insbesondere Bevölkerungsschichten mit niedrigem Einkommen und geringer formaler Schulbildung. Eine rechtstatsächliche Untersuchung existiert nur für den Bereich der Verbraucherkredite[816]. Bei Verbraucherkrediten hat nach der damaligen Studie in 87 % aller Fälle das Mahnverfahren zum gewünschten Titel geführt. Bevölkerungsgruppen mit geringer formaler Ausbildung geraten vergleichsweise häufiger als andere mit ihren Verbindlichkeiten aus Verbraucherkrediten in Zahlungsverzug und werden mit dem Mahnverfahren konfrontiert.[817] Für das derzeitige Mahnverfahren finden sich keine aktuelleren Daten.[818] Es ist wohl davon auszuge-

---

812 Lappe/Grünert Rpfleger 1986 S. 163; ebenso Bamberg S. 26: Für Ratenkredite unter ausführlicher Darstellung der Mentalität der Kreditschuldner und der Gründe für den Verzicht auf Rechtsmittel gegen den Mahnbescheid.

813 Schlemmer Rpfleger 1978, S. 202 ohne Belege

814 Seitz Inkasso-Handbuch Rdnr. 37 beruft sich auf eine Auskunft des AG Hamburg. Es ist davon auszugehen, daß die Zahl nur für diese Region repräsentativ ist.

815 siehe statistische Auswertung im Anhang 5: Die Aufstellung erfaßt die Jahre 1990-1992 und stellt die Daten im Vergleich der alten und der neuen Bundesländer gegenüber.

816 Holzscheck/Hörmann/Daviter S. 322 ff: Genaue Aufgliederung nach Schuldnergruppen, formaler Ausbildung und Motivation für den Verzicht auf Widerspruch/Einspruch (S. 355); Hörmann/Holzscheck ZIP 1982, S. 1172 (1176)

817 Holzscheck/Hörmann/Daviter S. 324

818 OLG Düsseldorf NJW 1985, S. 747, 748 geht ohne Belege davon aus, daß sich der Schuldner in der Regel wehrt; nach Holch NJW 1991, S. 3180 legen 5 % der Schuldner

hen, daß sich die Bereitschaft zur Widerspruchseinlegung nicht wesentlich erhöht hat. An dieser Stelle sei auf einen Bruch in der Argumentation derjenigen hingewiesen, die Schuldnerschutz jenseits dogmatischer Klarheit erstreben. Teilweise wird im Rahmen der Diskussion um die materielle Ersatzfähigkeit von Inkassokosten die Ansicht vertreten, die Einschaltung eines Inkassounternehmens sei deshalb nicht erfolgversprechend und daher ein Verstoß gegen § 254 Abs. 2 Satz 1 BGB, weil in der heutigen Zeit die Bevölkerung zu einem Großteil rechtsbewußter, rechtsschutzversichert und durch ein Inkassounternehmen nicht mehr zu beeindrucken sei.[819] Diesen Bevölkerungskreisen ist es wohl zuzumuten, gegen einen Mahnbescheid Widerspruch einzulegen, zumal alle entsprechenden Formulare beiliegen, und der Aufwand also denkbar gering ist. Dennoch überwiegt bei einer nicht zu vernachlässigenden und besonders schutzwürdigen Bevölkerungsschicht der Glaube an die Ordnungsmäßigkeit der Ausübung staatlicher Gewalt. Dies sind Bevölkerungsgruppen mit geringer formaler Ausbildung, die vergleichsweise oft mit Inkassounternehmen in Kontakt geraten. Das Gerichtssiegel drückt dem geltend gemachten Anspruch trotz aller gegenteiligen Hinweise den Schein der Rechtmäßigkeit auf. Dies darf nicht verkannt werden.

b) Sonderfall Inkassokosten

Zudem ist die besondere Situation bei der Geltendmachung von Inkassokosten zu berücksichtigen. Es handelt sich um eine Nebenforderung. Das Inkasso erfolgt grundsätzlich nur zur Durchsetzung unstreitiger Hauptforderungen.[820] Der Antragsgegner weiß in der Regel um seine Schuld und erkennt diese dem Grunde nach an. Meist wird er die geltend gemachten Nebenforderungen keiner gesonderten Prüfung unterziehen. Selbst wenn er dies tut und deren Überzogenheit erkennt -was detailliert juristischer Kenntnis bedarf-, so liegt die Hemmschwelle alleine deswegen bei bestehender Hauptforderung Widerspruch einzulegen, sehr hoch.[821]

Berücksichtigt man beide dargestellte Faktoren, so ist die Wahrscheinlichkeit, daß wegen überhöhter Inkassokosten gegen einen Mahnbescheid Widerspruch eingelegt wird, als äußert gering einzustufen. Der Schuldner hat damit rein tat-

---

Widerspruch gegen den Mahnbescheid ein; diese Zahl bestätigt Stein-Jonas/Schlosser § 691 Rdnr. 6

819 OLG Düsseldorf JZ 1987, S. 887

820 siehe oben 1. Teil A. I.

821 Stein-Jonas/Schlosser § 691 Rdnr. 6; ebenso für überhöhte Verzugszinsen bei Verbraucherkrediten Rudolph MDR 1996, S. 1 (3); Jenisch JurBüro 1989, S. 721 (727)

sächlich vielfach nicht die gleiche Chance wie der Gläubiger, die Titulierung von Inkassokosten zu beeinflussen.

c) Das Prozeßgrundrecht des fairen Verfahrens als Zugangskontrolle ?

Aus diesen Gründen kann alleine durch den Erlaß des Mahnbescheids der Grundsatz des fairen Verfahrens tangiert sein. Dies erfordert die uneingeschränkte Anwendbarkeit dieses Instituts für das Mahnverfahren bereits im Zeitpunkt der Antragstellung, welche nachstehend überprüft wird.

α) Problemstellung

Der überwiegende Teil der oben[822] dargestellten Rechtsprechung zum Prozeßgrundrecht des fairen Verfahrens setzt voraus, daß bereits ein Prozeßrechtsverhältnis besteht. Beide Parteien sind in den Rechtsstreit involviert und sollen gleiche Chancen erhalten, seinen Ausgang zu beeinflussen. Eine Ausnahme besteht lediglich bei den Entscheidungen zur Prozeßkostenhilfe.[823] Hier wird der Zugang zum Prozeß eröffnet. Der BGH[824] stellt bei der Frage, ob die Einreichung eines Prozeßkostenhilfegesuchs zur Wahrung der Frist zur gerichtlichen Geltendmachung einer Forderung ausreicht, bereits auf den Gleichbehandlungsgrundsatz und damit auf das Prinzip der Waffengleichheit ab. Man kann insoweit von einer Vorwirkung des Prinzips des rechtsstaatlichen Verfahrens auf das Stadium der Verfahrenseinleitung sprechen. In diesen Fällen nimmt die unbemittelte Partei die Stellung des Rechtssuchenden/Gläubigers ein. Sie soll bei der Durchsetzung ihrer Ansprüche nicht benachteiligt sein. Im Mahnverfahren steht sie dagegen auf der Schuldnerseite. Ob dennoch eine Vorwirkung im eben genannten Sinn angenommen werden kann, bedarf der Prüfung.

Bei der Antragstellung auf Erlaß eines Mahnbescheids besteht noch kein Prozeßrechtsverhältnis.[825] Die gegnerische Partei ist zu diesem Zeitpunkt nicht beteiligt. Dies entspricht der gesetzgeberischen Verfahrensgestaltung.

---

822 siehe oben 3. Teil C. VI. 1. d), e)

823 BGHZ 98, S. 295; BGH NJW 1994, S. 1853

824 BGHZ 98, S. 295

825 LG Stuttgart Rpfleger 1994, S. 170 hat konsequenterweise die Beiordnung eines Rechtsanwalts gemäß § 114 ZPO für den Widerspruch im Mahnverfahren verweigert, da ein streitiges Verfahren noch nicht vorliegt. Ein "Waffengang" zwischen den Parteien hat noch nicht stattgefunden.

Die oben entwickelten Grundsätze über das Prozeßgrundrecht des fairen Verfahrens sind daher nur eingeschränkt anwendbar. Die Auswirkung auf das Mahnverfahren werden im folgenden herausgearbeitet. Würde man den Antrag auf Erlaß eines Mahnbescheids wegen Verletzung dieser Grundsätze zurückweisen, so handelte es sich um eine echte Zugangskontrolle zu einem gesetzlich bereitgestellten Verfahren. Dem Antragsteller würde das Mahnverfahren versperrt, ohne daß der Antragsgegner von dem erstrebten Mahnbescheid jemals Kenntnis erlangt hat. In diesem Verfahrensstadium ist nicht absehbar, ob sich der konkrete Antragsgegner gegen den unbegründeten Anspruch zur Wehr setzen wird. Es kommt durch die Sachprüfung zu einem präventiven Eingriff in ein gesetzlich bereitgestelltes Verfahren, um eine voraussichtliche, aufgrund statistischer Erhebungen erwartete, Benachteiligung der anderen Partei zu verhindern.

β) Gestaltungsspielraum des Gesetzgebers

Grundsätzlich steht es weder dem Gesetzgeber noch der Rechtsprechung zu, den Zugang zu den Gerichten in unzumutbarer Weise zu erschweren.[826] Das Verbot der Selbsthilfe und der Justizgewährungsanspruch des einzelnen stehen insoweit in einem Korrespondenzverhältnis.[827] Der Staat muß dem Bürger, dem er es untersagt, sein Recht selbst durchzusetzen, die Rechtsverfolgung ermöglichen. Mit diesem Grundsatz ist aber nicht ausgeschlossen, daß der Zugang zum Verfahren an gewisse Voraussetzungen geknüpft wird.[828] Hierfür ist eine an der Verfassung orientierte Güter- und Interessenabwägung nötig.[829] Der Anspruch des Einzelnen auf effektiven Rechtsschutz sowie das Gemeininteresse an Rechtssicherheit und einer funktionsfähigen Rechtspflege sind in Relation zu setzen.

Die Zugangsvoraussetzungen werden durch den Gesetzgeber vorgegeben. Sie dürfen nicht zu einer übermäßigen Erschwerung bis hin zu einer faktischen Rechtswegsperre führen, die die Rechtsverfolgung im Ergebnis vereitelt.[830] Innerhalb dieses Rahmens ist dem Gesetzgeber ein weiter Wertungspielraum eröffnet. Die Gerichte dürfen keine weitergehenden Zugangsvoraussetzungen aufstellen, als die gesetzlich vorgegebenen.[831] Bei der Gesetzesanwendung ist

---

[826] BVerfGE 52, S. 203 (207); 74, S. 228 (234); BVerfG NJW 1992, S. 1673

[827] Götz S. 24, 81; Stein-Jonas/Schumann 20. Auflage Einl. Rdnr. 204

[828] BVerfGE 88, S. 118 (123); Maunz/Dürig/Herzog Art. 19 IV GG Rdnr. 233 m. w. N.

[829] Fechner JZ 1969, S. 349 (352)

[830] Lorenz NJW 1977, S. 865 (871); Vosskuhle S. 313 Fußnote 7 m.w.N.

[831] BVerfGE 52, S. 203 (210): Voraussetzungen der Rechtsmitteleinlegung

zudem die Grundentscheidung des Gesetzgebers, insbesondere im Hinblick auf die Bereitstellung eines besonderen Verfahrens einzubeziehen.

Im Bereich des Zugangs zu den gesetzlich vorgesehenen Verfahren bestehen bereits diverse Kontrollmechanismen. Zum einen wird durch die Pflicht zum Kostenvorschuß gemäß § 65 Abs. 1 GKG und durch die Androhung der Kostentragungspflicht im Fall des Unterliegens gemäß § 91 Abs. 1 ZPO eine präventive Kontrolle erzeugt.[832] Der Kläger wird sich zur Vermeidung dieser Sanktionen eine Selbstkontrolle hinsichtlich der Begründetheit seines Begehrens auferlegen. Zum anderen ist für bestimmte Verfahren gemäß § 78 ZPO die Vertretung durch einen Rechtsanwalt erforderlich. In beiden Fällen wird der Zugang zum Verfahren von Voraussetzungen abhängig gemacht, die letztlich eine durch rechtsstaatliche Gesichtspunkte gerechtfertigte Vorabprüfung des Anspruchs auf seinen materiellrechtlichen Bestand hin ermöglichen.[833]

Zur Darstellung des Gestaltungspielraums des Gesetzgebers sei beispielhaft auf die Regelungen zur Rechtskraft gerichtlicher Entscheidungen verwiesen. Es besteht ebenfalls eine Interessenkollision. Die Forderung nach Rechtssicherheit und die Forderung nach materieller Gerechtigkeit stehen sich konträr gegenüber.

Der Gesetzgeber ist aus Gründen der Rechtssicherheit gezwungen, materielle Ungerechtigkeit in Kauf zu nehmen. Hierzu ist er aus den Grundprinzipien der Verfassung heraus berechtigt. "Die Rechtssicherheit ist ein wesentliches Element der Rechtsstaatlichkeit und damit eines Konstitutionsprinzips des Grundgesetzes."[834] Es besteht ein inneres Spannungsverhältnis zwischen Rechtssicherheit und materieller Gerechtigkeit. Hierin wird die "Janusköpfigkeit"[835] des Rechtsstaatsprinzips offenbar. Per se gebührt keinem der beiden Prinzipien der Vorrang. Sie bedürfen vielmehr der Gewichtung durch den Gesetzgeber[836] und die Rechtsprechung.[837] Um der Rechtssicherheit willen darf die Rechts-

---

832 Götz S. 97; kritisch Baumgärtel Gleicher Zugang zum Recht für alle S. 123

833 für den Anwaltszwang siehe Stein-Jonas/Leipold § 78 Rdnr. 5; Maunz/Dürig/Herzog Art. 19 IV GG Rdnr. 242

834 BVerfGE 60, S. 253 (267); BVerfG NJW-RR 1993, S. 232=WM 1993, S. 1326; BVerfG NJW 1993, S. 1125; Benda/Weber ZZP 96 (1983), S. 285 (291)

835 Kunig S. 278 ff: Der Wertungskonfikt zwischen den Grundprinzipien der Rechtssicherheit und der materiellen Gerechtigkeit wird im Gewande des Rechtsstaatsgebotes ausgetragen.

836 Kunig S. 285

837 BVerfG NJW 1993, S. 1125

ordnung etwa über das Institut der Rechtskraft in Kauf nehmen, daß selbst unrichtige Entscheidungen für den Einzelfall endgültig verbindlich sind.[838] Die besondere Bedeutung des Instituts der materiellen Rechtskraft liegt gerade darin, daß im öffentlichen Interesse der Einhaltung des Rechtsfriedens der Vorrang vor der gerechten Entscheidung im Einzelfall gebührt und daher unrichtige Entscheidungen hingenommen werden.[839] Die staatliche Autorität kann zur Herstellung materieller Gerechtigkeit nicht unbegrenzt in Anspruch genommen werden.[840] Auch die materiellrechtlich unrichtige Entscheidung erwächst in Rechtskraft. Vom BVerfG wird dies folgendermaßen problematisiert: "Dem Spannungsverhältnis zwischen materieller Gerechtigkeit im Einzelfall und Rechtssicherheit läßt sich nicht entrinnen."[841] Es wird nicht verkannt, daß Härten auftreten können, die die Durchsetzung von Einzelfallgerechtigkeit vereiteln. Zur Gewichtung der gegensätzlichen Pole der Rechtssicherheit und der Einzelfallgerechtigkeit ist dem Gesetzgeber ein erheblicher Wertungs- und Abwägungsspielraum eröffnet. Ihm steht es zu, nach den Arten von Entscheidungsgegenständen unterschiedliche Formen und Strukturierungen von Rechtswegen, insbesondere von Verfahrensarten, Verfahrensgrundsätzen, Entscheidungsarten und Entscheidungswirkungen zu treffen. Die Überprüfung der gesetzgeberischen Entscheidung am Maßstab der Verfassung hat nicht danach zu erfolgen, ob die "bestmögliche, gerechteste oder zweckmäßigste"[842] aller Lösungen gefunden wurde. Entscheidend ist vielmehr, ob verfassungsrechtlich garantierte Positionen verletzt werden. Der gleiche Prüfungsmaßstab ist anzulegen, sofern die Rechtsprechung zwischen dem Grundsatz der Rechtssicherheit oder der materiellen Gerechtigkeit zu gewichten hat.[843]

γ) Interessenabwägung

Für den in Frage stehenden Fall der Geltendmachung von Inkassokosten im Mahnverfahren sind die verfassungsrechtlich geschützten Interessen der Parteien gegeneinander abzuwägen. Auf der einen Seite steht der Anspruch des Antragstellers auf zeitnahe Durchsetzung eines Anspruchs durch Inanspruchnahme des Mahnverfahrens. Die Rechtssicherheit gebietet, die Durchführung des

---

[838] BVerfGE 60, S. 253 (268); BVerfG NJW 1993, S. 1125

[839] BGHZ 3, S. 82 (86)

[840] BGHZ 3, S. 82, 86

[841] BVerfGE 60, S. 253 (300)

[842] BVerfGE 60, S. 253 (301); BVerfG WM 1993, S. 1326=NJW-RR 1993, S. 232

[843] BVerfG NJW 1993, S. 1125

Verfahrens in der gesetzlich vorgeschriebenen Form.[844] Hierbei ist die gesetzgeberische Ausgestaltung des Verfahrens zu berücksichtigen.[845] Diese sieht eine Sachprüfung nicht vor. Daneben ist der legislative Grundgedanke[846] des Mahnverfahrens einzubeziehen. Das Mahnverfahren ist ein besonderes Verfahren zur Durchsetzung unstreitiger Geldforderungen. Nur hinsichtlich derartiger Ansprüche besteht ein schützenswertes Recht des Antragstellers auf Durchführung des Mahnverfahrens. Diese zwei anscheinend widersprüchlichen Komponenten des Mahnverfahrens gilt es in Einklang zu bringen. Die gesetzgeberische Entscheidung darf nur da modifiziert werden, wo es aus rechtsstaatlichen Gründen unerläßlich ist.

Entscheidend sind die oben ausgeführten tatsächlichen Beeinträchtigungen des Antragsgegners[847], die bereits mit Erlaß des Mahnbescheids eintreten können. Diese haben zur Folge, daß die Selbstkontrolle des Antragstellers, aus Kostengründen von einem unbegründeten Antrag Abstand zu nehmen, weitgehend versagt, da er auch für den zweifelhaften Anspruch gute Erfolgsaussichten sieht. Er kann davon ausgehen, daß alleine wegen der Nebenforderung "Inkassokosten" kein Widerspruch eingelegt wird. Die Grundsätze des fairen Verfahrens sind zwar, angesichts der gesetzgeberischen Grundentscheidung[848], nur eingeschränkt anwendbar. Die Grenzen des rechtsstaatlich Zulässigen müssen aber auch hier gewahrt werden. Rein tatsächlich sind die Parteien des Mahnverfahrens hinsichtlich ihrer Kompetenz, die ihnen eröffneten Rechte auszuüben, vielfach nicht gleichgestellt. In die Abwägung ist insbesondere einzubeziehen, daß keine Zugangskontrolle zu einem streitigen Verfahren in Frage steht, sondern daß sofort ein gerichtlicher Bescheid an die andere Seite mit den dargestellten Wirkungen ergeht. An dieses staatliche Handeln ist ein Mindestmaß rechtsstaatlicher Kontrolle anzulegen. Zur Beurteilung dessen bedarf es einer Gesamtbetrachtung der Wirkungszusammenhänge der Rechtsordnung und ihrer Vollzüge. Es darf nicht übersehen werden, daß der Mahnbescheid in aller Regel zum Vollstreckungsbescheid und damit zur rechtskräftigen Feststellung der Forderung führt.

---

844 Kunig S. 363: Rechtssicherheit als Garantie eines berechenbaren Ablaufs des Entscheidungsprozesses

845 BVerfGE 86, S. 288 (318); ebenso Kunig S. 287: "Regelungsmotiv" des Gesetzgebers

846 siehe oben 3. Teil A. V.

847 siehe oben 3. Teil C. VI. 3. a), b)

848 Nach Kunig S. 288 wird die Motivation des Gesetzgebers zum ausschlaggebenden Gesichtspunkt. Für das Mahnverfahren besagt sie eindeutig, den Wegfall der Schlüssigkeitsprüfung. siehe oben 3. Teil C. III. 1. a)

Wie bereits ausgeführt strahlen die Grundsätze des fairen Verfahrens auch auf den Zeitpunkt der Verfahrenseinleitung aus. Ausfluß dieser Vorwirkung ist die Gewährleistung, daß vom Gesetzgeber bereit gestellte besondere Verfahren, nur für diejenigen Ansprüche genutzt werden, für deren Durchsetzung sie geschaffen wurden. Nur unter dieser Voraussetzung entfalten die vom Gesetzgeber vorgesehenen Verfahrensmechanismen zur Sicherstellung eines fairen Verfahrens ihre Wirksamkeit. Dem Rechtspfleger steht somit ein eingeschränktes materielles Prüfungsrecht und eine damit einhergehende Prüfungspflicht zu. Hierin ist keine Einführung einer Schlüssigkeitsprüfung contra legem zu sehen, sondern lediglich die Sicherstellung der Grundsätze des fairen Verfahrens. Das Mahnverfahren ist für unstreitige Geldansprüche gedacht. Der Rechtspfleger hat dafür Sorge zu tragen, daß unbegründete Ansprüche ausgeschieden werden, soweit er dies aufgrund der ihm vorliegenden spärlichen Angaben beurteilen kann. Hierin ist nur ein vergleichsweise geringer Eingriff in die Rechtsposition des Antragstellers zu sehen, da ihm die Durchsetzung seines Anspruchs nicht als ganzes, sondern nur der Zugang zu einer bestimmten Verfahrensart verwehrt wird. Es bleibt ihm unbenommen, seinen Anspruch im Klagewege durchzusetzen. Dies ist im Hinblick auf die Grundsätze des fairen Verfahrens zu begrüßen, da der Antragsteller im Klageverfahren zum schlüssigen Sachvortrag verpflichtet ist und durch die oben[849] dargestellte Schlüssigkeitsprüfung im Fall eines Versäumnisurteils ein Schutz des Beklagten gewährleistet ist. Hier zeigt sich eine Parallele zur gesetzgeberischen Intention bei der Novellierung des Mahnverfahrens anläßlich der Einführung des VerbrKrG.[850] Ausweislich der Gesetzgebungsmaterialien wurde gewissen Ansprüchen der Zugang zum Mahnverfahren versperrt, da "im Interesse eines fairen Verfahrens nicht auf eine substantiierte Anspruchsdarstellung und eine Schlüssigkeitsprüfung verzichtet werden kann."[851] Auch hier wurden die Grundsätze des fairen Verfahrens bemüht. Im vorliegenden Fall handelt es sich allerdings nicht um eine gesetzgeberische Mahnverfahrenssperre, sondern um ein eingeschränktes Prüfungsrecht des Rechtspflegers. Dies hält sich im Rahmen der vom Gesetzgeber vorgesehenen Grundstruktur des Verfahrens.[852] Es wird nicht einseitig die so-

---

849 siehe oben 2. Teil VII.

850 siehe oben 3. Teil A. IV.

851 BT-Dr. 11/5462 S. 16

852 BVerfGE 52, S. 250 (276); 70, S. 297 (309); 86, S. 288 (318); ebenso für den Fall der Korrektur der Rechtskraft des Vollstreckungsbescheids Grün NJW 1991, S. 2860 (2862)

zial/wirtschaftlich vermeintlich schwache Partei bevorzugt,[853] sondern es werden lediglich rechtstaatliche Garantien verwirklicht.

Das Recht des Rechtspflegers zur Sachprüfung vor Erlaß des Mahnbescheides ist damit festgestellt. Auf dessen genauen Umfang gerade im Hinblick auf die Geltendmachung von Inkassokosten wird in einem eigenen Abschnitt[854] eingegangen.

VII. Rechtsmißbrauch

Als weitere Rechtsgrundlage um dem Rechtspfleger, die wenn auch eingeschränkte, materielle Sachprüfung zu ermöglichen wird in Literatur und Rechtsprechung[855] das Argument des Rechtsmißbrauchs herangezogen. Es stelle institutionellen Rechtsmißbrauch dar, wenn der Gläubiger das Mahnverfahren benutzt, um nicht begründete Forderungen titulieren zu lassen. Dem Rechtspfleger sei aufgrund dessen, die Befugnis zu einer Negativ-Kontrolle, dahingehend, daß im konkreten Fall kein Rechtsmißbrauch vorliege, einzuräumen. Diese Kontrolle beinhalte auch eine Sachprüfung.[856] Ein diesbezüglicher Mahnantrag kann und muß vom Rechtspfleger zurückgewiesen werden. Teile der Literatur[857] und Rechtsprechung[858] sehen den Rechtsmißbrauch als negatives Tatbestandsmerkmal des Rechtsschutzbedürfnisses an. In dieser Untersuchung wird der Klarheit halber eine getrennte Prüfung vorgenommen, da wie oben[859] gezeigt, im Rahmen des allgemeinen Rechtsschutzbedürfnisses eine Sachprüfung grundsätzlich ausscheidet. Es wird zu untersuchen sein, ob eine

---

853 so kritisiert von Prütting/Weth Rdnr. 61; Stürner NJW 1979, S. 2334 (2336), Tettinger S. 21

854 siehe unten 3. Teil D.

855 Bamberg S. 89, Jenisch JurBüro 1989, S. 727; OLG Hamburg MDR 1982, S. 502; LG Stuttgart JurBüro 1988, S. 1516; Zöller/Vollkommer § 691 Rdnr. 1; Münchener Kommentar/Holch § 691 Rdnr. 14; Holch NJW 1991, S. 3181 lassen es ausdrücklich offen, ob das eingeschränkte Prüfungsrecht, das sie postulieren, auf dem Rechtsstaatsgebot, dem Verbot des Rechtsmißbrauchs etc. beruht

856 siehe oben 3. Teil C. V. 2.: Befugnis zur Sachprüfung im Rahmen des besonderen Rechtsschutzbedürfnisses

857 Crevecoeur NJW 1977, S. 1320 (1324); Baumbach/Lauterbach/Albers/Hartmann Grundz § 253 Rdnr. 52; Rosenberg/Schwab/Gottwald § 92 IV 1.; Thomas/Putzo vor § 253 Rdnr. 27: Verfolgung zweckwidriger, nicht schutzwürdiger Ziele; Zöller/ Vollkommer Einl. Rdnr. 57: Verfahrensmißbrauch findet keinen Rechtsschutz

858 OLG Düsseldorf DB 1983, S. 766; LG Frankfurt NJW-RR 1992, S. 448

859 siehe oben 3. Teil C. V. 1.

beschränkte Sachprüfung des Rechtspflegers zum Ausschluß von Rechtmißbrauch möglich ist.

In diesem Zusammenhang sei auf eine Entscheidung des BGH[860] zur Sittenwidrigkeit der Vollstreckung sittenwidriger Forderungen durch formal rechtmäßig erlangte Titel hingewiesen. Der Entscheidung liegt der Sachverhalt zugrunde, daß eine Bank Vollstreckungsbescheide gegen ein Ehepaar über eine Forderung aus einem sittenwidrigen Ratenkredit erwirkte. Die Vollstreckungsbescheide wurden rechtskräftig und die Bank betrieb aus diesen Titeln die Zwangsvollstreckung. Das Ehepaar begehrte, gestützt auf § 826 BGB, die Unzulässigkeitserklärung der Zwangsvollstreckung und die Herausgabe der Vollstreckungsbescheide. In der Entscheidung über diesen Anspruch hat der BGH[861] als einen besonderen Umstand, der gerade die Sittenwidrigkeit der Vollstreckung begründet, die Wahl des Mahnverfahrens zur Durchsetzung von Ansprüchen betrachtet, wenn der Antragsteller weiß oder wissen mußte, daß der Anspruch nicht besteht und er gerade die Besonderheiten des Mahnverfahrens nutzt, um unter Umgehung der Schlüssigkeitsprüfung Vollstreckungstitel zu erhalten. Der BGH betont,[862] daß das Mahnverfahren der Beschleunigung in Fällen eindeutig gegebener Ansprüche diene, nicht aber der Durchsetzung rechtlich nicht zu begründender Forderungen. Welcher Schluß hieraus im Bezug auf eine Befugnis des Rechtspflegers zur Sachprüfung gezogen werden kann, wird im Folgenden untersucht.

1. Rechtsmißbrauch in materieller Hinsicht - § 242 BGB

Ausgangspunkt und Grundlage des Rechtsmißbrauchs in prozessualer Hinsicht ist die mißbräuchliche Geltendmachung materiellen Rechts. Ob dies auf das Prozeßrecht durchschlägt, ist im Anschluß zu untersuchen. Eingangs sei bemerkt, daß die Termini[863] "unzulässige Rechtsausübung" und "Rechtsmißbrauch" synonym verwandt werden.

Das Institut des Rechtsmißbrauchs wurzelt im übergreifenden Rechtsgedanken des § 242 BGB und geht auf die exceptio doli des römischen Rechts zurück. Eine gegen § 242 BGB verstoßende Rechtsausübung ist als Rechtsmißbrauch

---

860 BGHZ 101, S. 380; mit größtenteils kritischer Besprechung bei Braun JZ 1998, S. 48; Emmerich JuS 1988, S. 228; JuS 1988, S. 925 (932); Grunsky WM 1987, S. 1349; Schrameck S. 253 (286) mit gravierenden verfassungsrechtlichen Bedenken

861 BGHZ 101, S. 380 (387)

862 BGHZ 101, S. 380 (388)

863 Wysk S. 67

anzusehen und daher unzulässig.[864] Hiervon ist dann auszugehen, wenn eine Divergenz zwischen individuellem Können und Dürfen besteht. Der an sich zulässigen Rechtsausübung fehlt die Rechtfertigung für den konkreten Einzelfall. Die auf Siebert[865] zurückgehende sogenannte "Innentheorie" besagt, daß jedem Recht eine immanente Schranke eigen ist, die sich aus seiner Rechtsidee, der Interessenlage, dem Zweck der gesetzlichen Regelung sowie den allgemeinen Rechtsgrundsätzen zusammensetzt. Eine Rechtsausübung unter Mißachtung dieser Schranke stellt eine Rechtsüberschreitung dar. Maßgebliche Vorschrift ist als allgemeiner Rechtsgrundsatz § 242 BGB. Das Recht steht zwar formal auf der Seite des "Berechtigten", doch drängen sich Gründe auf, die den Rechtsgebrauch in dieser Weise und mit dem konkret verfolgten Ziel als zu der entsprechenden Rechtsbasis generell inkongruent erscheinen lassen.[866] Entscheidend ist der objektive Rechtsmißbrauch. Eine subjektive Komponente in Form des Verschuldens ist nicht zwingend erforderlich, stellt aber einen wesentlichen Gesichtspunkt bei der für jeden Einzelfall gebotenen Interessenabwägung dar.

Zur Eingrenzung der mit der generalklauselartigen Formulierung des § 242 BGB verbundenen Weite des Rechtsmißbrauchstatbestand und der damit einhergehenden Rechtsunsicherheit hat die Rechtsprechung Fallgruppen[867] herausgebildet, auf die in ihrer Gesamtheit nicht im einzelnen eingegangen werden kann. Als eine für die Untersuchung interessierende Fallgruppe sei die Zweckwidrigkeit der Geltendmachung eines Rechts angeführt.[868] Diese erfaßt die nachfolgende Fallkonstellation. Der Berechtigte verfügt nicht über die Möglichkeit, seine rechtlichen/wirtschaftlichen Interessen durchzusetzen. Er weicht daher auf materielle Rechtspositionen aus, die ihm zu einem anderen Zweck eingeräumt worden sind. Dieser zweckwidrige Gebrauch verstößt gegen § 242 BGB. Als Beispiel kann die Umgehung des § 118 Abs. 2 Satz 1 BRAGO herangezogen werden. Wird ein Inkassobüro nur zu dem Zweck eingeschaltet, um eine Kostenkumulierung von Inkassokosten und Rechtsanwaltsgebühren zu ermöglichen, so liegt Rechtsmißbrauch vor. Würde der Anwalt sofort die Beitreibung der Forderung ohne Vorschaltung des Inkassobüros übernehmen, müßte er sich den diesbezüglichen Aufwand gemäß § 118 Abs. 2 Satz 1 BRAGO auf die Gebühr gemäß § 43 Abs. 1 Nr. 1 BRAGO anrechnen

---

864 Palandt/Heinrichs § 242 Rdnr. 38

865 Siebert S. 89 ff

866 Bamberg S. 21; Esser/Schmidt § 10 III

867 Münchener Kommentar/Roth § 242 Rdnr. 280 ff; Palandt/Heinrichs § 242 Rdnr. 42; Soergel/Teichmann § 242 Rdnr. 280; Staudinger/Schmidt § 242 Rdnr. 751

868 Soergel/Teichmann § 242 Rdnr. 302

lassen. Diese Anrechnung entfällt bei Inkassokosten. Der Verdacht des Rechtsmißbrauchs liegt bei personeller/räumlicher Verflechtung von Inkassobüro und Anwaltskanzlei nahe.[869]

Als Gemeinsamkeit aller Fallgruppen läßt sich das Kriterium der Rechtssicherheit als Grenze des Instituts des Rechtsmißbrauchs herausarbeiten. Dem Grundsatz nach ist es jedermanns "gutes Recht", sein Recht durchzusetzen. Die Rechtssicherheit gebietet es, die Realisierung des materiellen Rechts zu ermöglichen. Die Versagung der Geltendmachung materiellen Rechts wegen Rechtsmißbrauchs bleibt daher die Ausnahme. Die Ausübung eines materiellen Rechts geht immer zu Lasten des Schuldners. Dies allein kann keine Begründung für das Vorliegen von Rechtsmißbrauch darstellen.

Eine Unterscheidung sei noch erwähnt, da sie von der oben genannten Literatur begrifflich herangezogen wird. Es wird zwischen institutionellem und individuellem Rechtsmißbrauch differenziert.[870] Sie unterscheiden sich letztlich im Maßstab für das rechtlich mißbilligte Handeln.[871] Bei einem individuellen Rechtsmißbrauch liegen die Gründe für die Treuwidrigkeit des Handelns in der Person des Gläubigers begründet. Er mißachtet eine an ihn gerichtete Verhaltensanforderung, indem er unter Verletzung des beim Schuldner erzeugten Vertrauens schikanös etc. handelt. Der institutionelle Rechtsmißbrauch setzt dagegen beim Normzweck des betreffenden Rechtsinstituts an. Dessen Zielsetzung wird bei Gebrauch der ihm entspringenden Rechte mißachtet. Im Vordergund steht damit die zweckentsprechende Gesetzesauslegung des jeweiligen Rechtsinstituts.

Die obigen Ausführungen beziehen sich nur auf die Begrenzung der materiellen Rechtsausübung. Ob diese Grenze auch im Prozeßrecht besteht, und wo sie im konkreten Fall verläuft, wird im nächsten Schritt untersucht.

2. Rechtsmißbrauch in prozessualer Hinsicht

In der ZPO fehlt eine Generalklausel gegen rechtsmißbräuchliches Verhalten, die dem § 242 BGB entspricht. Hervorzuheben ist auch hier, daß alleine die

---

869 LG Stuttgart JurBüro 1989, S. 1515 (1519); Jäckle JZ 1978, S. 675 behauptet, daß es sich bei den eingeschalteten Rechtsanwälten und Rechtsbeiständen ausschließlich um Familienangehörige oder gute Bekannte des Betreibers des Inkassounternehmes handelt. Dies ist nicht belegt.

870 Münchener/Kommentar/Roth § 242 BGB Rdnr. 260; Palandt/Heinrichs § 242 Rdnr. 40; Wysk S. 61

871 Soergel/Teichmann § 242 BGB Rdnr. 14

Inanspruchnahme prozessualer Befugnisse und Rechtsinstitute keinen Rechtsmißbrauch darstellt. Es ist das "gute Recht" der jeweiligen Partei und geht zwangsläufig zu Lasten des Prozeßgegners.

Nach der herrschenden Meinung[872] findet das Prinzip des § 242 BGB als übergreifende Generalklausel auch im Zivilprozeß Anwendung. Dies gebietet nicht zuletzt die Einheitlichkeit der Rechtsordnung. Es sind allerdings einige Einschränkungen zu berücksichtigen. Auf das Gebot von Treu und Glauben darf aus Gründen der Rechtssicherheit nicht zurückgegriffen werden, wenn eine spezialgesetzliche Norm der ZPO einschlägig ist. Kommt bereits darin eine sorgfältige Interessenabwägung zum Ausdruck, so ist für die Anwendung des § 242 BGB kein Raum.[873] Ist der Gesetzgeber dagegen bei seiner Interessenabwägung von typischen Fällen ausgegangen und liegt eine wesentliche Abweichung hiervon vor, so kann die Notwendigkeit eines Härteausgleichs die Anwendung des § 242 BGB rechtfertigen. Dies bedarf für den Fall der Geltendmachung von Inkassokosten im Mahnverfahren einer eingehenden Prüfung.

Aufgrund der in der Natur der Sache liegenden Unschärfe der Generalklausel des § 242 BGB wird die Gefahr der willkürlichen Rechtsversagung gesehen und daher eine höchst eingeschränkte Anwendung des Rechtsinstituts des Rechtsmißbrauchs befürwortet. Weiterhin ist zu bemerken, daß dieses Institut auf zwei Ebenen zur Anwendung kommen kann, zum einen auf der materiellrechtlichen und zum anderen auf der prozessualen. Diese Differenzierung wurde vor allem von Baumgärtel[874] herausgearbeitet. Es ist darauf abzustellen, ob der durch das rechtsmißbräuchliche Vorgehen hervorgerufene Nachteil auf materiellrechtlichem oder prozessualem Gebiet liegt. Nur im letzteren Fall ist eine Zurückweisung des Begehrens als unzulässig möglich. Ob sich die Zurückweisung auf das Fehlen des Rechtsschutzbedürfnisses oder auf das Vorliegen von Rechtsmißbrauch stützt, sei dahingestellt. Es widerspricht der grundsätzlichen Trennung[875] von Zulässigkeit und Begründetheit eines Anspruchs im Zivilprozeß, die Geltendmachung eines materiellrechtlich nicht gerechtfertigten Vorgehens als unzulässig zurückzuweisen. Bezieht sich das rechtsmißbräuch-

---

872 Baumgärtel ZZP Band 69 (1956), S. 89; Blomeyer § 30 IX; Pohle S. 227, 228; BGHZ 43, S. 289 (292); 112, S. 345 (349); Stein-Jonas/Schumann 20. Auflage Einl. Rdnr. 242; Zöller/Vollkommer Einl. Rdnr. 56; mit Einschränkungen Münchener Kommentar/ Lüke Einl. Rdnr. 32, 33

873 Baumgärtel ZZP Band 69 (1956) S. 113

874 Baumgärtel ZZP Band 69 (1956) S. 100

875 Rosenberg/Schwab/Gottwald § 96 I. 1.

liche Vorgehen auf den materiellrechtlichen Anspruch, so ist sachlich zu entscheiden.[876]

Alleine die Inanspruchnahme prozessualer Befugnisse stellt, wie bereits festgestellt, noch keinen Rechtsmißbrauch dar. Es muß folglich eine weitere Komponente hinzutreten.[877] Diese kann in der Ausnutzung der Besonderheiten des Mahnverfahrens liegen. Aber selbst wenn dies bejaht werden kann, ist bei Versagung des Rechtsschutzes größte Vorsicht geboten. Dies wird an einer Entscheidung des OLG Frankfurt[878] augenfällig. Hier liest man: "Darum läßt sich die Verweigerung des Rechtsschutzes nur rechtfertigen, wenn das Betreiben des Verfahrens eindeutig zweckwidrig ist und sich als Mißbrauch der Rechtspflege darstellt, wofür Mutwilligkeit, Geringfügigkeit oder prozeßfremde Zwecke allein keineswegs ausreichen müssen."

3. Anwendung auf das Mahnverfahren

Wendet man die eben dargestellten Grundsätze auf das Mahnverfahren an, so kommt man zu dem Ergebnis, daß dessen Betreiben in bestimmten Fällen rechtsmißbräuchlich sein kann. Der Antragsteller hat grundsätzlich ein Recht auf die Durchführung des Mahnverfahrens in der gesetzlich vorgesehenen Form. Da es sich um ein besonderes Verfahren zur Durchsetzung bestimmter Ansprüche handelt, ist die Zwecksetzung des Mahnverfahrens zu berücksichtigen.[879] Dieses Verfahren wurde bereitgestellt, um eine schnelle Titulierung unstreitiger Ansprüche zu ermöglichen. Eine Ausnutzung zur Titulierung ganz oder teilweise nicht bestehender Ansprüche widerspricht damit dem Gesetzeszweck. Der formelle Anspruch des Antragstellers auf Durchführung des Mahnverfahrens darf somit nicht isoliert vom materiellen Recht betrachtet werden. Ein weiteres Indiz für die Absicht des Gesetzgebers Mißbrauch ,insbesondere bei der Geltendmachung von Nebenforderungen, zu verhindern, findet sich in der Novellierung des Mahnverfahrens anläßlich der Einführung des VerbrKrG.[880] Mit der Einführung der Aufschlüsselung des Anspruchs nach Haupt- und Nebenforderung wollte der Gesetzgeber Mißbrauch entgegenwir-

---

876 Baumgärtel ZZP Band 69 (1956) S. 100 ebenso S. 129; nach Zöller/Greger vor § 253 Rdnr. 18 darf das Rechtsschutzbedürfnis nicht verneint werden, wenn die Beurteilung der Schutzwürdigkeit des Klägers eine nähere Prüfung materiellrechtlicher Fragen erfordert.

877 Staudinger/Schäfer § 826 Rdnr. 61

878 OLG Frankfurt Rpfleger 1977, S. 206

879 siehe oben 3. Teil A. V.

880 siehe oben 3. Teil A. IV.

ken.[881] Zu berücksichtigen bleibt, daß der Gesetzgeber dennoch an der vollständigen Abschaffung der Schlüssigkeitsprüfung auch bei der genannten Novellierung festgehalten hat. Eine Befugnis des Rechtspflegers zur Sachprüfung zur Verhinderung von Rechtsmißbrauch scheidet des weiteren dann aus, wenn der Gesetzgeber bei seiner Interessenabwägung derartige Fälle gesehen und hinreichend berücksichtigt hat. Wie gezeigt hat der Gesetzgeber zwar die Gefahr der Ausnutzung des Mahnverfahrens zur Geltendmachung unbegründeter Forderungen gesehen. Die von ihm vorgesehenen Schutzmechanismen haben sich aber zu einem großen Teil als untauglich erwiesen. In die im Rahmen des § 242 BGB stets erforderliche Interessenabwägung sind die oben dargestellten[882] Besonderheiten bei der Geltendmachung von Inkassokosten einzubeziehen. Die durch den Gesetzgeber durchgeführte Interessenabwägung hat diese Besonderheiten nicht berücksichtigt. Aus der Geltendmachung von unbegründeten Ansprüchen im Mahnverfahren erwächst dem Antragsgegner im Ergebnis auch ein prozessualer Nachteil, der sich aus dem Einwendungsverlust des § 796 Abs. 2 ZPO ergibt. Der Anspruch auf Ersatz der Inkassokosten erwächst in Rechtskraft, sofern der Antragsgegner weder Widerspruch gegen den Mahnbescheid noch Einspruch gegen den Vollstreckungsbescheid einlegt. Der Antrag auf Erlaß eines Mahnbescheides führt diese Wirkung zunächst noch nicht herbei. Es verbietet sich aber eine isolierte Betrachtungsweise des Mahnverfahrens. Es ist vielmehr eine Gesamtbetrachtung des Verfahrens erforderlich. Der Gläubiger betreibt das Mahnverfahren nicht als Selbstzweck, sondern nur als notwendige Vorstufe zum Vollstreckungsbescheid. Der durch § 796 Abs. 2 ZPO herbeigeführte Einwendungsverlust ist daher zu berücksichtigen.

Zur Beurteilung des Kriteriums der Rechtssicherheit bzw. der Versagung von Rechtsschutz ist ebenfalls auf die Besonderheiten des Mahnverfahrens abzustellen. Es bleibt dem Antragsteller trotz Zurückweisung des Mahnbescheidsantrags wegen Rechtsmißbrauchs unbenommen, seinen Anspruch im streitigen Klageverfahren geltend zu machen. Die Geltendmachung auf diesem Wege scheitert keineswegs am Rechtsmißbrauch. Dieser ist ausschließlich durch die Besonderheiten des Mahnverfahrens bedingt. Es ist ihm weiterhin möglich, auch teilweise unbegründete Ansprüche einzuklagen. Selbst wenn mit dem Mahnbescheidsantrag die Verjährung unterbrochen werden sollte, droht dem Antragsteller kein Rechtsnachteil aus einer Zurückweisung, da er gemäß § 691 Abs. 2 ZPO die verjährungsunterbrechende Wirkung durch Klageerhebung binnen eines Monats seit Zurückweisung des Antrags erhalten kann.

---

[881] BT-Dr. 11/5462 S. 31

[882] siehe oben 3. Teil C. VI. 3. a), b)

Dem Grundsatz nach ist somit eine Zurückweisung des Mahnantrags aus Gründen des prozessualen Rechtsmißbrauchs möglich. Es handelt sich um institutionellen Rechtsmißbrauch.[883] Das Vorliegen einer unzulässigen Rechtsausübung ist von Amts wegen zu berücksichtigen.[884] Der Rechtspfleger ist nicht verpflichtet, bei für ihn erkennbarem Rechtsmißbrauch einen Mahnbescheid zu erlassen. Er hat somit ein entsprechendes Prüfungsrecht. Auch hier ist aus Gründen der Rechtssicherheit Voraussetzung, daß es sich um eine offensichtlich[885] zweckfremde Ausnutzung der prozessualen Befugnis handelt. Nur wenn diese Voraussetzung erfüllt ist, wird von Rechtsmißbrauch zu sprechen sein. Deren objektives Vorliegen ist das maßgebliche Kriterium, da ein Verstoß gegen den Grundsatz von Treu und Glauben unabhängig von einem etwaigen Verschulden des Antragstellers zu beurteilen ist.[886] Die genaue Festlegung, wann von einer offensichtlich zweckfremden Ausnutzung des Mahnverfahrens zu sprechen ist, bleibt der weiteren Untersuchung[887] vorbehalten.

Im Ergebnis kann ein Antrag auf Erlaß eines Mahnbescheids aus Gründen des Rechtsmißbrauchs zurückgewiesen werden.[888] Dies muß aber auf erkennbaren Rechtsmißbrauch beschränkt sein, denn die Zivilprozeßordnung ist Ausfluß der Verpflichtung des Staates zum Rechtsschutz, dem Interesse an einem möglichst sicheren Verfahrensablauf und der damit zusammenhängenden Formstrenge des Verfahrensrechts.[889]

VIII. Verfassungsrechtliches Gebot einer Sachprüfung bei voller materieller Rechtskraft des Vollstreckungsbescheids

Es wird die Meinung[890] vertreten, eine wenigstens eingeschränkte Sachprüfung sei unabdingbare Voraussetzung der Entscheidung eines rechtsstaatlichen

---

883 Jäckle BB 1993, S. 2463 (2466)

884 Soergel/Teichmann § 242 Rdnr. 279; Wysk S. 102

885 so Bamberg S. 21

886 BGHZ 64, S. 5 (9); Palandt/Heinrichs; § 242 Rdnr. 39

887 siehe unten 3. Teil D.

888 LG Münster JurBüro 1988, S. 1023; LG Landau JurBüro 1988, S. 1365; LG Stuttgart JurBüro 1988, S. 1516 (1517) mit weitergehender Prüfungsbefugnis; AG Duisburg-Hamborn JurBüro 1990, S. 56; Wedel JurBüro 1994, S. 325

889 Baumgärtel ZZP Band 69 (1956) S. 131

890 OLG Stuttgart NJW 1985, S. 2272, 2273; NJW 1987, S. 444; Bamberg S. 132, 135; Lappe RPfleger 1985, S. 284; Grün NJW 1991, S. 2860 (2863); OLG Stuttgart im Vorlagebeschluß zu einem Normenkontrollantrag gemäß Art. 100 Abs. 1 GG BVerfGE

Verfahrens. Ohne vorherige richterliche oder gleichgestellte materiellrechtliche Prüfung dürfe aus verfassungsrechtlichen Erwägungen kein der Vollstreckung zugänglicher Titel geschaffen werden. Dieses Argument wird auch zur Einschränkung der Rechtskraft des Vollstreckungsbescheids herangezogen. Das OLG Köln[891] vertritt die Auffassung, daß nur "gerichtliche Entscheidungen" der materiellen Rechtskraft fähig seien. Eine Entscheidung in diesem Sinn setze begrifflich eine Schlüssigkeitsprüfung voraus. Vollkommer[892] rügt, daß durch den Wegfall der Schlüssigkeitsprüfung das Gefüge des Mahnverfahrens zerstört worden sei. Der wesentliche Zusammenhang zwischen Schlüssigkeitsprüfung und Rechtskraft fehlt. Es bestehen daher gravierende Zweifel an der Rechtsstaatlichkeit des Mahnverfahrens.

Insbesondere Braun[893] und Kothe[894] rechtfertigen ihre Ergebnisse zur eingeschränkten Rechtskraft des Vollstreckungsbescheids mit dem Fehlen einer vorherigen Schlüssigkeitsprüfung.[895] Ohne auf diese Untersuchungen näher eingehen zu wollen, sei ausgeführt, daß die Rechtskraft als Ausfluß des Rechtsstaatsgebots dann eingeschränkt werden sollte, wenn eine vorherige Schlüssigkeitsprüfung fehlt. Da die herrschende Meinung[896] aber von der formellen

---

84, S. 160 (163); kritisch Grunsky JZ 1986, S. 627; ablehnend Jenisch JurBüro 1989, S. 726; Münzberg JZ 1987, S. 480; BVerfGE 84, S. 160=BVerfG NJW-RR 1993, S. 232=WM 1993, S. 1326 läßt diese Frage offen

891 OLG Köln JZ 1986, S. 642

892 Vollkommer Erlanger Festschrift für Schwab S. 245; ebenso Braun/Raab-Gaudin FLF 1991, S. 244 die feststellen, daß das geänderte Mahnverfahren nicht mehr den Anforderungen entspricht, die an ein Verfahren, das zu einem rechtskräftigen Titel führt, zu stellen sind. Grün NJW 1991, S. 2860 spricht vom rechtsstaatlichen Zwielicht, in das der Vollstreckungsbescheid geraten sei. Nach Lappe/Grünert Rpfleger 1986, S. 161 (166) stellt das Mahnverfahren kein rechtsstaatliches, verfassungsgemäßes Verfahren dar.

893 Braun S. 69 ff (91) stellt ausdrücklich fest, daß der Dogmatik bei der Einschränkung der Rechtskraft des Vollstreckungsbescheides durch das Gesetz Grenzen gesetzt sind. Die Interessen beider Parteien sind zu berücksichtigen. ebenso Braun JuS 1992, S. 181

894 Kothe NJW 1985, S. 2217 (2227)

895 Münzberg JZ 1987, S. 477 (479)

896 BGHZ 101, S. 380 ff; BGHZ 103, S. 44 ff; Baumbach/Hartmann § 322 Rdnr. 71; Jauernig Zivilprozeß S. 239, 315; Münchener Kommentar/Holch § 700 ZPO Rdnr. 9; Münchener Kommentar/Wolfsteiner § 796 ZPO Rdnr. 2; Rosenberg/Schwab/Gottwald S. 1002; Schellhammer Zivilprozeß Rdnr. 1881; Schrameck S. 209; abweichend nur OLG Köln JZ 1986, S. 642 es stellt den Vollstreckungsbescheid hinsichtlich der Rechtskraft einer notariellen Urkunde bzw. einem Prozeßvergleich gleich, dem tritt der BGH in der genannten Entscheidung ausdrücklich entgegen; dem BGH zustimmend Grunsky JZ 1986, S. 626; Münzberg JZ 1987, S. 477 (478)

Rechtskraft des Vollstreckungsbescheids ausgeht, ist im Gegenschluß die Rechtsstaatlichkeit des Verfahrens nur bei vorheriger Schlüssigkeitsprüfung oder einer ihr gleichgestellten Sachprüfung gewährleistet. Hieraus wird auf eine Prüfungspflicht des Rechtspflegers geschlossen.

Die Tragfähigkeit dieses argumentativen Ansatzes wird im folgenden überprüft. Ausgangspunkt ist die Fragestellung, ob von Verfassungs wegen zwingend die richterliche Schlüssigkeitsprüfung oder eine ihr gleichgestellte Sachprüfung vor Erlaß einer der Rechtskraft fähigen Entscheidung gefordert wird. Diese Frage greift an die Wurzeln des Mahnverfahrens, da an dessen Ende der Vollstreckungsbescheid, die rechtskräftige Entscheidung, steht. Es läßt sich nicht vermeiden, am Rande dieser Thematik auch die Verfassungsmäßigkeit des Mahnverfahrens als ganzes zur Diskussion zu stellen. Der Schwerpunkt liegt aber bei der Befugnis des Rechtspflegers zur Sachprüfung. Die Untersuchung erfolgt an Hand der Prozeßgrundrechte des Art. 19 Abs. 4, 101 Abs. 1 Satz 2, 103 Abs. 1 GG sowie des Rechts auf ein rechtsstaatliches/faires Verfahren gemäß Art. 20 Abs. 3 GG.

1. Die Rechtsweggarantie des Art. 19 Abs. 4 GG

Art. 19 Abs. 4 GG gewährleistet den Rechtsschutz gegen die öffentliche Gewalt. Dieser Rechtsschutzanspruch kann nur von Richtern erfüllt werden, denen ein umfassendes Prüfungsrecht eingeräumt ist.[897] In jedem Fall soll der Staat zur Evidenz- und Mißbrauchskontrolle verpflichtet bleiben.

Zum einen ist fraglich, ob dies auch für den zivilrechtlichen Bereich gilt. Der allgemeine Justizgewährungsanspruch auf Rechtsschutz in zivilrechtlichen Streitigkeiten folgt nicht direkt aus Art. 19 Abs. 4 GG. Er entspringt lediglich dem Rechtsgedanken des Art. 19 Abs. 4 GG in Verbindung mit dem Rechtsstaatsprinzip.[898]

Zum anderen gewährt selbst Art. 19 Abs. 4 GG lediglich Rechtsschutz gegen die staatliche Gewalt auf Initiative des Betroffenen hin. Es entspricht nicht dem Regelungszweck der Vorschrift, Verfahrensgarantien für richterliche Entscheidungen aufzustellen. Es wird keine Kontrollpflicht im Vorfeld der Entscheidung normiert. Das BVerfG lehnt es in diesem Zusammenhang ab, aus dem Recht auf effektiven Rechtsschutz weitergehende verfahrensrechtliche Min-

---

[897] BVerfGE 40, S. 272 (275); 42, S. 128 (130); 44, S. 302 (305); 53, S. 115 (127); Maunz/Dürig/ Herzog Art. 19 IV GG Rdnr. 183 m.w.N.

[898] BVerfGE 54, S. 277 (291); 74, S. 228 (233)

destgarantien abzuleiten.[899] Aus Art. 19 Abs. 4 GG ist damit kein Erfordernis einer vorherigen Sachprüfung für die Entscheidung im Zivilprozeß zu folgern.[900]

2. Das Recht auf den gesetzlichen Richter

Ebensowenig läßt sich aus dem Recht des Art. 101 Abs. 1 Satz 2 GG auf den gesetzlichen Richter eine derartige Schlußfolgerung ziehen. Diese Vorschrift normiert in erster Linie das Recht auf den für den konkreten Rechtsstreit zuständigen Richter. Daneben wird, durch die ständige Rechtsprechung des BVerfG ausgeprägt, die Unabhängigkeit und Unbefangenheit der Richter garantiert.[901] Es ist keine bloße Zuständigkeitsnorm. Gesetzlicher Richter ist demnach nur derjenige, der die Anforderungen des Grundgesetzes an Persönlichkeit und Stellung des Richters erfüllt. Der Schutzbereich der Vorschrift ist in Richtung auf das Prozeßgrundrecht auf ein faires Verfahren hin erweitert. Andererseits normiert Art. 101 Abs. 1 Satz 2 GG keine Pflicht zur Sachprüfung vor Erlaß einer Entscheidung. Dem betroffenen Schuldner bleibt im Mahnverfahren das Recht, und nur dieses ist garantiert, die Entscheidung des zuständigen Richters herbeizuführen, unbenommen.[902] Aus Art. 101 Abs. 1 Satz 2 GG lassen sich für die Verfahrensgestaltung selbst keine Folgerungen ziehen.[903] Es soll durch die Person des Richters lediglich die Grundvoraussetzung für ein faires Verfahren geschaffen werden.

3. Die Garantie des rechtlichen Gehörs

Entscheidendes Argument derer, die eine Pflicht zur Sachprüfung postulieren, ist Art. 103 Abs. 1 GG. Diese Vorschrift normiert ein Grundrecht, das direkten Einfluß auf das Verfahren und damit die Verfahrensgestaltung gewährt. Den Parteien muß die Möglichkeit gegeben werden, zu allen entscheidungserheblichen Tatsachen Stellung zu nehmen und vor Gericht Gehör zu finden. Die Gewährleistung rechtlichen Gehörs stellt ein objektives Strukturprinzip des gerichtlichen Verfahrens dar.[904] Sie ist ein wichtiger Teilbereich des Prozeß-

---

[899] Dörr S. 102 mit kritischer Anmerkung zu dem Versuch aus Art. 19 Abs. 4 GG ein Prozeßgrundrecht auf ein faires Verfahren herzuleiten.

[900] mit detaillierter Begründung Schrameck S. 152

[901] Benda/Weber ZZP 96 (1983), S. 285 (290); Maunz/Dürig/Herzog Art. 101 GG Rdnr. 12

[902] Münzberg JZ 1987, S. 477 (478)

[903] Dörr S. 97

[904] BVerfGE 21, S. 362 (373)

grundrechts auf ein faires Verfahren. In dem Zusammenspiel von Äußern und Gehörtwerden verwirklicht sich die für ein rechtstaatliches Verfahren zentrale prozessuale Befugnis,[905] auf den Verfahrensablauf Einfluß zu nehmen. Hieraus und aus der Neutralität des Richters ergibt sich, daß der Partei nicht nur die Gelegenheit zur Stellungnahme eingeräumt werden muß, sondern daß das Gericht ihre Ausführungen auch zur Kenntnis nehmen und in Erwägung ziehen muß[906].

Über die "Waffengleichheit" als Ausfluß des Grundrechts des Art. 103 Abs. 1 GG und der Rechtsstaatlichkeit ist aber nur die verfassungsrechtlich gewährleistete Gleichwertigkeit der prozessualen Stellung der Parteien vor dem Richter garantiert. Den Prozeßparteien ist im Rahmen der Prozeßordnung gleichermaßen die Möglichkeit einzuräumen, alles für die gerichtliche Entscheidung Erhebliche vorzutragen und alle zur Abwehr des gegnerischen Angriffs erforderlichen prozessualen Verteidigungsmittel selbständig geltend zu machen. Weitergehende Forderungen und Konsequenzen lassen sich aus den verfassungsrechtlichen Normierungen für das zivilprozessuale Verfahren nicht ableiten. Dem Schuldner wird im Mahnverfahren zweimal die Gelegenheit eröffnet, eine vollständige richterliche Schlüssigkeitsprüfung herbeizuführen. Er muß dies weder begründen noch eigene Tatsachen vortragen. Es reicht aus, wenn er den Widerspruch/Einspruch erhebt.[907] Darüberhinaus steht ihm eigenes Vorbringen offen. Der Schuldner wird sowohl auf seine Möglichkeiten, sich zur Wehr zu setzen, die Konsequenzen, falls er dies unterläßt, als auch das Fehlen jeglicher Schlüssigkeitsprüfung ausdrücklich hingewiesen. Die Grundvoraussetzungen eines rechtsstaatlichen Verfahrens sind damit gewahrt.[908] Insbesondere Kahlke[909] stellt zudem darauf ab, daß das Grundrecht des Art. 103 Abs. 1 GG von dem im Zivilprozeß herrschenden Grundsatz der Parteiherrschaft be-

---

905 BVerfG NJW 1983, S. 2762 (2763)

906 BVerfGE 11, S. 218 (220); 42, S. 364 (367 f); 60, S. 120 (123); 86, S. 133 (145); 87, S. 363 (392); BVerfG NJW 1994, S. 848; BVerfG NJW 1995, S. 1884, 2095; NJW 1996, S. 3202; BGHZ 85, S. 288 (291); 96, S. 40 (47); Kahlke NJW 1985, S. 2231 (2234)

907 LG Stuttgart Rpfleger 1994, S. 170: Für die Entscheidung ist keine rechtliche Beurteilung und kein Rechtsrat erforderlich.

908 BGHZ 97, S. 341 (348); Schrameck S. 100 (103); Waldner NJW 1984, S. 2925, 2926 vertritt für den Fall der Berufung gegen ein zweites VU die Ansicht, daß es für die Rechtsstaatlichkeit des Verfahrens ausreicht, wenn der Schuldner einmal die Möglichkeit hatte, sich zur Sache zu äußern

909 Kahkle NJW 1985, S. 2231 (2235)

einflußt wird.[910] Er zieht die Konsequenz, daß über Art. 103 Abs. 1 GG in erster Linie die Möglichkeit der Parteien garantiert wird, das Verfahren bei Beachtung der gerichtlichen Fristen und unter Ausschöpfung aller Möglichkeiten zu gestalten.

4. Das Rechtsstaatsprinzip

Soweit das Erfordernis der vorherigen Schlüssigkeitsprüfung auf das Rechtsstaatsprinzip gemäß Art. 20 Abs. 3 GG selbst gestützt wird,[911] muß dem hohen Abstraktionsgrad dieses Prinzips durch Konkretisierung für den Einzelfall Rechnung getragen werden. Aus dem Rechtsstaatsprinzip werden neben dem Prozeßgrundrecht auf eine faire Verfahrensgestaltung,[912] das Gebot eines effektiven Rechtsschutzes und das Verbot, in eigener Sache Richter zu sein hergeleitet. Ferner ergibt sich daraus die Pflicht zur Beseitigung unzumutbarer Zugangshindernisse zum Gericht durch Sicherung der Möglichkeit vollständiger Ausschöpfung von Rechtsbehelfsfristen.[913] Der Bürger soll nicht bloßes Verfahrensobjekt, sondern mit eigenen Rechten ausgestattete, seine Interessen vertretende, aktiv gestaltende Partei des Verfahrens sein. Das Grundprinzip des Zivilprozesses als Parteiprozeß wurzelt darin, daß jede Partei zur Wahrung ihrer Rechte berufen ist. Das Rechtsstaatsprinzip und daraus entwickelt das Prinzip des fairen Verfahren gewährleistet gerade nicht die in jedem Fall richtige Entscheidung.[914] Es gewährleistet nur Verfahrensgarantien auf dem Weg zur Entscheidung.

Sowohl der BGH[915] wie auch die dem Mahnverfahren kritisch gegenüberstehenden Stimmen in der Literatur[916] gehen von der verfassungsrechtlichen Un-

---

910 Prütting/Weth Rdnr. 65: Die Partei hat die Konsequenzen ihrer prozessualen Nachlässigkeit zu tragen.

911 so OLG Stuttgart Vorlagebeschluß für einen Normenkontrollantrag gemäß Art. 100 Abs. 1 GG, BVerfGE 84, S. 160 (163, 165)

912 BVerfGE 52, S. 203 (207)

913 Tettinger S. 7

914 Vollkommer Gedächtnisschrift Bruns S. 217

915 BGHZ 101, S. 380 (383)

916 Lappe/Grünert S. 162, 166; Braun JuS 1992, S. 183 geht trotz erheblicher Bedenken gegen das Mahnverfahren davon aus, daß aus dem Rechtsstaatsprinzip kein Gebot der Schlüssigkeitsprüfung herzuleiten ist; Vollkommer Erlanger Festschrift für Schwab S. 245, 255 kritisiert zwar den Wegfall der Schlüssigkeitsprüfung fordert aber in erster Linie eine Korrektur bei der Rechtskraft des Vollstreckungsbescheides; ebenso LG Stuttgart JurBüro 1988, S. 1515 (1518)

bedenklichkeit des Mahnverfahrens aus. Selbst diejenigen, die den Verzicht auf die Schlüssigkeitsprüfung als ganzes kritisieren, stellen fest, daß das rechtsstaatlich bedenkliche Moment des Mahnverfahrens erst aufgrund der Untätigkeit des Schuldners eintritt. Entscheidender Kritikpunkt ist nicht das Fehlen der Schlüssigkeitsprüfung als solches, sondern die fehlende Möglichkeit für den Schuldner, diese nachholen zu lassen bzw. die zeitliche Beschränkung der dem Schuldner eröffneten Überprüfungsmöglichkeit. Dies zeigt sich u. a. am Lösungsvorschlag von Grün zur Gewährleistung eines rechtsstaatlichen Verfahrens.[917] Sie regt an, die Einwände hinsichtlich der Gesetz- und Sittenwidrigkeit der Forderungen von der Wirkung des § 796 Abs. 2 ZPO auszunehmen. Das Mahnverfahren als solches ist keinen durchgreifenden verfassungsrechtlichen Bedenken ausgesetzt. Aus dem Rechtsstaatsgebot selbst läßt sich kein allgemeines Gebot einer vorherigen Schlüssigkeitsprüfung ableiten, solange für den Schuldner nur die Möglichkeit besteht, eine solche herbeizuführen.[918] Die oben[919] dargestellte Prüfungsbefugnis des Rechtspflegers als Ausfluß des Rechtsstaatsprinzips ist maßgeblich durch die Besonderheiten der vorliegenden Fallkonstellation geprägt.

Zum weiteren Nachweis, daß ein verfassungsrechtliches Gebot einer vorherigen Schlüssigkeitsprüfung nicht besteht, sei auf die bereits von Grunsky[920] gezogene Parallele zum Versäumnisurteil gegen den Beklagten gemäß § 331 Abs. 1 ZPO verwiesen. Im Unterschied zum Mahnverfahren ist hier das Gericht zur vorherigen Prüfung der Schlüssigkeit verpflichtet. Das Gericht subsumiert ausschließlich aufgrund der seitens des Klägers vorgetragenen Tatsachen. Es besteht keine Gewähr für deren Richtigkeit.[921] Auch hier ist eine materiellrechtlich falsche Entscheidung möglich, die in Rechtskraft erwächst, sofern sich der Beklagte nicht zur Wehr setzt. Grunsky zieht den Schluß, daß damit in qualitativer Hinsicht kein Unterschied zum Mahnverfahren besteht. Dieses Argument

---

917 Grün S. 218; NJW 1991, S. 2401 (2402); zur Rechtskraftintensität des Vollstreckungsbescheids siehe Grün NJW 1991, S. 2860

918 Nach OLG Hamburg NJW 1985, S. 749 (750) ist nicht die vorhergehende Sachprüfung, sondern allein der prozessual vorgegebene Eintritt der Rechtskraft entscheidend. Die Rechtskraft wurzelt im Verfahrensrecht.

919 siehe oben 3. Teil C. VI. 3.

920 Grunsky JZ 1986, S. 628

921 Die Parteien sind zwar gemäß § 138 Abs. 1 ZPO verpflichtet ihre Erklärungen vollständig und wahrheitsgemäß abzugeben. Die Pflicht findet ihre Grenze in der subjektiven Kenntnis und in der Zumutbarkeit. Es besteht keine allgemeine Aufklärungspflicht der nicht darlegungs- und beweispflichtigen Partei; BGHZ 100, S. 190 (195); 116, S. 47 (56)

überzeugt im Hinblick auf rechtsstaatliche Erwägungen nur bedingt. Ihm ist entgegenzuhalten, daß die Durchführung der Schlüssigkeitsprüfung seitens des Gerichts unbestreitbar ein Mehr an rechtsstaatlicher Garantie gewährleistet. Die Geltendmachung sittenwidriger Ansprüche kann im wesentlichen verhindert werden. Zuzugeben ist Grunsky, daß im einen wie im anderen Fall ein Mißbrauch nicht zu verhindern ist und das Rechtsstaatsgebot beiden Verfahrensarten nicht entgegensteht.[922] In die gleiche Richtung argumentiert Münzberg,[923] der eine vorherige Schlüssigkeitsprüfung als in aller Regel untauglich zur Gewährleistung des Schuldnerschutzes darstellt. Er muß sich dieselben Einwendungen wie Grunsky entgegenhalten lassen. Daß die Schlüssigkeitsprüfung im Mahnverfahren vor der Vereinfachungsnovelle rein tatsächlich eher oberflächlich durchgeführt wurde, läßt keinen Schluß auf ihre verfassungsrechtliche Erforderlichkeit oder Entbehrlichkeit zu.

Gegen die Struktur des Mahnverfahrens wird unter rechtsstaatlichen Gesichtspunkten vorgebracht, daß sich der Gläubiger damit zum Richter in eigener Sache erhebe.[924] Es finde keine richterliche Entscheidung mehr statt. Mahn- und Vollstreckungsbescheid seien nicht autoritativer Ausdruck dessen, was Rechtens ist, sondern die bloße Verbriefung des Gläubigerbegehrens.[925] Der Rechtspfleger fungiere gleichsam als verlängerter Arm des Gläubigers. Er sei gezwungen, wider besseres Wissen durch den Erlaß des Mahnbescheids Partei für den Gläubiger zu ergreifen. Von den Vertretern dieser Ansicht wird damit die Neutralität der Rechtspflege als Ausfluß des Rechtsstaatsprinzips als verletzt angesehen. Dagegen argumentiert Jenisch[926], daß es letztlich der Schuldner sei, der durch seine Untätigkeit den Mahn- bzw. Vollstreckungsbescheid zum Entstehen bringt.

Wie eingangs dargestellt, zielt die in diesem Kapitel untersuchte Fragestellung in letzter Konsequenz darauf ab, festzustellen, ob das Mahnverfahren als solches ein richterliches, rechtsstaatliches Verfahren ist.[927] Unterbleibt der Widerspruch/Einspruch, so wird auf Antrag ein Vollstreckungstitel erlassen, ohne daß jemals ein Richter über den Rechtsstreit entschieden hat. Die Diskussion

---

922 Prütting/Weth Rdnr. 58: Die Schlüssigkeitsprüfung alleine bietet noch keine Richtigkeitsgewähr. Nachweis an Hand von Beispielen

923 Münzberg JZ 1987, S. 477 (482)

924 Braun JuS 1992, S. 184; Vollkommer NJW 1991, S. 31

925 Brandl S. 98

926 Jenisch JurBüro 1989, S. 726

927 verneinend Lappe/Grünert Rpfleger 1986, S. 161 (164); OLG Stuttgart NJW 1985, S. 2272, 2273

um die Rechtskraft des Vollstreckungsbescheids läuft in dieselbe Richtung. Beides ist nicht Gegenstand dieser Untersuchung. Diese thematisch verbundenen Probleme sollten nur aufgezeigt werden. Für diese Untersuchung wird das Mahnverfahren als rechtsstaatliches Verfahren in der aktuellen Ausprägung zugrunde gelegt. Geklärt werden sollte die Frage, ob innerhalb des Rahmens, den das Verfahren steckt, eine Sachprüfung des Rechtspflegers vor Erlaß des Mahnbescheids zulässig ist. Aus der Verfassung ist kein Gebot ersichtlich, daß vollstreckbare Titel nur nach vorhergehender richterlicher Schlüssigkeitsprüfung erlassen werden dürfen.[928] Soweit es zu rechtsstaatlich nicht hinnehmbaren Beeinträchtigungen des Antragsgegners kommt, sind diese über die in Ziffer VI. und VII. dargestellten Rechtsinstitute zu beseitigen.

IX. Zusammenfassung

Im Ergebnis läßt sich feststellen, daß der Rechtspfleger als zuständiges Organ gemäß § 20 Nr. 1 RPflG den Mahnbescheid entsprechend dem Antrag des Gläubigers zu erlassen hat, sofern die Voraussetzungen des § 691 Abs. 1 Satz 1 Nr. 1 ZPO erfüllt sind. Die Schlüssigkeitsprüfung des Rechtspflegers vor Erlaß des Mahnbescheids wurde mit der Vereinfachungsnovelle des Jahres 1977 abgeschafft.[929] Ein Mahnantrag kann grundsätzlich gemäß § 691 Abs. 1 Satz 1 Nr. 1 ZPO nur zurückgewiesen werden, wenn er nicht den Vorschriften des §§ 688, 689, 690, 703 c Abs. 2 ZPO entspricht. Der Antragsteller hat einen Anspruch auf die Durchführung des Mahnverfahrens in der gesetzlich vorgesehenen Form. Innerhalb dieses Verfahrens hat der Schuldner die Möglichkeit eine vollständige Schlüssigkeitsprüfung herbeizuführen.

Ausweislich der Gesetzgebungsmaterialien[930] ist das Mahnverfahren unsinnigen und unklagbaren Ansprüchen versperrt. Insofern besteht eine Prüfungsbefugnis und ein Zurückweisungsrecht des Rechtspflegers, das allerdings keine Befugnis zur Sachprüfung enthält. Im Zuge der Novellierung des Mahnverfahrens wurde einerseits die Schlüssigkeitsprüfung vollumfänglich abgeschafft.[931]

---

928 Münzberg JZ 1987, S. 477 (480)

929 Arnold/Meyer-Stolte § 20 Rdnr. 3; Crevecoeur NJW 1977, S. 1322; Grunsky JZ 1986, S. 627; Holch NJW 1991, 3180; Jenisch JurBüro 1989, S. 723, 727; Münzberg JZ 1987, S. 477; Vollkommer Erlanger Festschrift für Schwab S. 243; OLG Stuttgart NJW 1985, S. 2272 (2273); OLG Köln JZ 1986, S. 642 (643)=MDR 1986 S. 859=NJW 1986 S. 1350 im Rahmen der Entscheidung über eine Klage gegen einen sittenwidrigen Vollstreckungsbescheid; LG Münster JurBüro 1988, S. 1024; LG Landau JurBüro 1988, S. 1365; BVerfGE 84, S. 160; BVerfG Rpfleger 1991, S. 324

930 siehe oben 3. Teil A. II. 3.

931 siehe oben 3. Teil A. II. 3.

Andererseits wurde die grundlegende Zwecksetzung des Mahnverfahrens als ein besonderes Verfahren zur schnellen Realisierung unstreitiger Ansprüche beibehalten.[932]

Aus dieser Zwecksetzung in Verbindung mit dem Rechtsstaatsprinzip und dem Verbot des Rechtsmißbrauchs ergibt sich das Recht und die damit korrespondierende Pflicht des Rechtspflegers zur Sachprüfung an Hand der ihm vorliegenden Angaben. Damit wird dem Grundsatz des fairen Verfahrens Rechnung getragen. Im Hinblick auf die gerade bei der Geltendmachung von Inkassokosten im Mahnverfahren auftretenden Besonderheiten, ist eine vorhergehende Sachprüfung des Rechtspflegers zum Ausscheiden unbegründeter Ansprüche erforderlich. Bezüglich der Verhinderung von Rechtsmißbrauch tritt die Zwecksetzung des Mahnverfahrens in den Vordergrund. Mittels der Sachprüfung des Rechtspflegers wird institutioneller Rechtsmißbrauch ausgeschlossen. In beiden Fällen basiert die Herleitung der Befugnis des Rechtspflegers zur Sachprüfung auch auf den Besonderheiten der in Frage stehenden Ansprüche. Die erzielten Ergebnisse sind daher nur beschränkt verallgemeinerungsfähig. Aus beiden Rechtsgrundlagen ergibt sich zudem zugleich die Grenze einer derartigen Prüfungskompetenz. Sie ist auf diejenigen Fälle beschränkt, bei denen rechtsstaatlich unverzichtbare Erfordernisse nicht mehr gewahrt sind. Dies ist bei der Geltendmachung offensichtlich unbegründeter Ansprüche auf Ersatz von Inkassokosten im Mahnverfahren der Fall. Diesen ist der Zugang zum Mahnverfahren verwehrt.

Eine vergleichbare Interessenlage fand sich bei Erlaß des VerbrKrG.[933] Der Gesetzgeber hat zur Gewährleistung eines fairen Verfahrens und zur Verhinderung von Rechtsmißbrauch bestimmten Ansprüchen den Zugang zum Mahnverfahren verschlossen, da die gesetzlich vorgesehenen Schutzmechanismen des Mahnverfahrens für diese Fälle offensichtlich nicht ausreichend waren. Man spricht von einer besonderen Mahnverfahrenssperre.[934] Diese bedarf einer ausdrücklichen Entscheidung des Gesetzgebers.

An einer derartigen ausdrücklichen Entscheidung des Gesetzgebers fehlt es bezüglich des Ausschlusses streitiger Ansprüche vom Mahnverfahren. Eine diesbezügliche Mahnverfahrenssperre läßt sich dem Gesetzeswortlaut nicht entnehmen.[935]

---

932 siehe oben 3. Teil A. V.

933 siehe oben 3. Teil A. IV.

934 Helmreich S. 123

935 siehe oben 3. Teil C. III. 1. a)

Hinsichtlich der Geltendmachung von Inkassokosten im Mahnverfahren läßt sich aufgrund der oben dargestellten Rechtsgrundlage für die Prüfungsbefugnis des Rechtspflegers aber von einer Mahnverfahrenssperre sui generis sprechen. Ansprüchen auf Ersatz von Inkassokosten, die aufgrund der im Mahnverfahren erforderlichen Angaben, unzweifelhaft als nicht bestehend eingeordnet werden können, ist der Zugang zum Mahnverfahren versperrt. Der Rechtspfleger hat diese Ansprüche zurückzuweisen. Er übt damit eine Zugangskontrolle zum Mahnverfahren aus. Diese ist zwingend erforderlich, um der Zwecksetzung des Mahnverfahrens gerecht zu werden.

Dem Rechtspfleger kann demnach nicht abverlangt werden, wie dies vielfach in der Rechtsprechung[936] und Literatur[937] plakativ dargestellt wird, "sehenden Auges" Unrecht zu tun. Bei offensichtlich unbegründeten Forderungen besteht ein Prüfungs- und Zurückweisungsrecht. Die Metapher des "sehenden Auges" impliziert aber Gewissheit über die Unbegründetheit der Forderung. Es wurde bereits geklärt, welche Informationen dem Rechtspfleger zur Verfügung stehen. Es stellt sich damit die Frage, welche Schlüsse im Hinblick auf die Begründetheit der Forderung auf Ersatz von Inkassokosten hieraus gezogen werden können. Wurde oben von einer rechtlichen Grenze seiner Prüfungsbefugnis gesprochen, so zeigt sich hier eine weitere tatsächlicher Art.

Zu einer Wiedereinführung der Schlüssigkeitsprüfung, so wünschenswert diese aus Schuldnerschutzgesichtspunkten auch seien mag, ist nur der Gesetzgeber berufen. An hand der im derzeitigen Mahnverfahren vorliegenden Angaben, ist eine Schlüssigkeitsprüfung rein tatsächlich nicht möglich. Der Gesetzgeber ist aufgerufen durch eine erneute Reform des Mahnverfahrens die bekannten Mißstände zu beseitigen.[938] Entsprechende Vorschläge finden sich in der einschlägigen Literatur.[939] Das durch die Änderungen der Vereinfachungsnovelle

---

936 OLG Stuttgart NJW 1985, S. 2273; OLG Karlruhe Rpfleger 1987, S. 422

937 Kronenbitter/Magnussen S. 200; Zöller/Vollkommer § 691 Rdnr. 1

938 Braun JuS 1992, S. 91; Grün S. 217; Lappe/Grünert RPfleger 1986, S. 164

939 Bender JZ 1987, S. 503; OLG Stuttgart, JZ 1986, S. 1116: Antrag auf Nachholung der Amtsprüfung, OLG Stuttgart NJW 1985, S. 2272 (2273); Braun Rechtskraft und Rechtskraftdurchbrechung S. 100 favorisiert die analoge Anwendung des § 580 Nr. 7b ZPO, sog. Ergebnisfehlerrestitution, siehe auch Braun Rechtskraft und Restitution Teil 2, S. 21 ff; Grün S. 218 schlägt eine Änderung des § 796 Abs. 2 ZPO vor. Der Einwand der Gesetzes- und Sittenwidrigkeit soll nicht von der Rechtskraft des Vollstrekkungsbescheides erfaßt werden; in die gleiche Richtung geht Lappe/Grünert RPfleger 1986, S. 165; Darstellung verschiedener Reformansätze bei Vollkommer Erlanger Festschrift für Schwab S. 247 ff

gestörte Gleichgewicht zwischen Schlüssigkeitsprüfung und Rechtskraft[940] kann nur durch den Gesetzgeber wiederhergestellt werden. Bis dahin ist das Mahnverfahren in seiner derzeitigen Ausprägung so anzuwenden, daß es rechtsstaatlichen Grundsätzen genügt.

D. Der Umfang der Sachprüfung des Rechtspflegers bei der Geltendmachung von Inkassokosten im Mahnverfahren

Nachdem nunmehr das eingeschränkte Prüfungsrecht des Rechtspflegers festgestellt ist, ist abzuklären, welche Folgerungen aus den Pflichtangaben[941] des Mahnbescheidsantrags gerade in Bezug auf Inkassokosten gezogen werden können. Hieraus ergeben sich die Konturen des Prüfungsrechts des Rechtspflegers.

Die begrenzte Sachprüfung des Rechtspflegers ist aus rechtsstaatlichen Gründen geboten. Sie ist in zweierlei Hinsicht begrenzt. Zum einen hat der Rechtspfleger zu prüfen, ob eine offensichtlich unbegründete Forderung vorliegt. Bloße Zweifel am Bestand der Forderung genügen nicht. Die Prüfungsbefugnis ist damit hinsichtlich des Grads der Unbegründetheit der Forderung begrenzt. Zum anderen ist die Prüfungskompetenz angesichts des eingeschränkten Tatsachenmaterials eine begrenzte.

Bezüglich der sonstigen Ausgestaltung, insbesondere den Regeln der Darlegungs- und Beweislast, ist die Sachprüfung des Rechtspflegers der Schlüssigkeitsprüfung vor Erlaß eines Versäumnisurteils gleichgestellt. Dies ergibt sich nicht zuletzt aus der historischen Entwicklung des Mahnverfahrens.[942] Die ursprünglich vorgesehene Schlüssigkeitsprüfung entsprach derjenigen vor Erlaß eines Versäumnisurteils. Die Ausführungen hinsichtlich des Versäumnisurteils gegen den Schuldner[943] können daher entsprechend herangezogen werden.

Die Einwendung des § 254 Abs. 2 Satz 1 Alt. 2 BGB ist von Amts wegen zu berücksichtigen, sofern sich ein Schluß auf das Mitverschulden des Antragstellers zwingend aus den vorliegenden Angaben ergibt. Weder die Tatsache, daß Inkassokosten gefordert werden noch die zusätzliche Geltendmachung von Rechtsanwaltsgebühren, läßt den Schluß auf die offensichtliche Unbegründet-

---

[940] Vollkommer Erlanger Festschrift für Schwab S. 245

[941] siehe oben 3. Teil B. I.

[942] siehe oben 3. Teil A. I.

[943] siehe oben 2. Teil B. VII.

heit dieser Nebenforderung zu.[944] Der Antragsteller ist zudem nicht zum Vortrag von Tatsachen verpflichtet, die auf den Erfolg des Inkassounternehmens schließen lassen.

Die Ausschlußtatbestände[945] können an Hand der Pflichtangaben durch den Rechtspfleger nicht beurteilt werden. Sie scheiden für die Sachprüfung aus. Dem Rechtspfleger ist nicht bekannt, ob der Schuldner erkennbar zahlungsunwillig/zahlungsunfähig oder ob die Forderung bestritten ist. Er kann nicht feststellen, wie der Schuldner auf die Rechnungsstellung und die vorprozessualen Zahlungsaufforderungen des Gläubigers oder des Inkassounternehmens reagiert hat. Eine Differenzierung zwischen einer etwaigen Unkenntnis seiner Rechte, einer stillschweigenden Akzeptanz der Forderung, Faulheit und dem schlichten Versuch der Zahlungsverzögerung ist nicht möglich. Des weiteren ist daran zu denken, aus den Kosten für vorgerichtliche Mahnschreiben zu schließen, wieviele Mahnungen erfolgt sind. Aus der Tatsache, daß der Schuldner auf diese Mahnungen offensichtlich nicht reagiert hat, läßt aber nur eine Mindermeinung[946] einen Schluß auf die Ersatzfähigkeit von Inkassokosten zu. Zudem können in diesen pauschalierten Kosten Telefongebühren und Porti enthalten sein. Hieraus können somit keine sicheren Informationen gewonnen werden. Der Rechtspfleger muß daher alleine aus dem Verhältnis von Hauptforderung zu Inkassokosten zwingende Schlüsse hinsichtlich der Geltendmachung einer offensichtlich unbegründeten Nebenforderung ziehen.

Um offensichtlich unbegründete Forderungen auszuscheiden, kommen somit nur die Fälle der Geltendmachung überhöhter Inkassokosten in Frage. Die üblichen Inkassokosten bewegen sich, wie oben gezeigt[947], im Bereich von 10-15 % der Hauptforderung. Ein Vergleich mit entsprechenden Rechtsanwaltsgebühren wird den tatsächlichen Gegebenheiten und der materiellen Rechtslage nicht gerecht.

Die Befugnis des Rechtspflegers zur Sachprüfung ist auf die Fälle offensichtlich unbegründeter Forderungen beschränkt. Die Forderung darf unter keinem rechtlichen Gesichtspunkt Bestand haben. Zur Bestimmung der ersatzfähigen Höhe der Inkassokosten ist daher nicht ausschließlich auf die noch herrschende

---

944 siehe oben 2. Teil C.

945 siehe oben 2. Teil B. IV. 3. a)

946 siehe oben 2. Teil B. IV. 3. a) β)

947 siehe oben 1. Teil B. IV. 6.

Meinung[948] abzustellen. Es ist vielmehr die Bestimmung der Höhe der ersatzfähigen Inkassokosten an Hand der üblichen Vergütung[949] zu berücksichtigen. Auf der Grundlage der üblichen Vergütung ist festzulegen, wann eine offensichtlich unbegründete Forderung vorliegt.

In diesem Rahmen ist weitgehend auf die Ausführung[950] zum Erlaß eines Versäumnisurteils gegen den Schuldner zu verweisen. Beim Anspruch auf Ersatz von Inkassokosten handelt es sich um einen Schadensersatzanspruch. Dem Gläubiger steht der Ersatzanspruch, unabhängig von der Höhe der tatsächlich angefallenen Inkassokosten, nur in Höhe der üblichen Vergütung zu. Jeder darüber hinausgehende Ersatzanspruch ist offensichtlich unbegründet. Der Rechtspfleger hat damit alle Ansprüche auf Ersatz von Inkassokosten, die als Nebenforderung im Mahnverfahren geltend gemacht werden und der Höhe nach 10-15 % der Hauptforderung übersteigen zurückzuweisen. Diesen ist der Zugang zum Mahnverfahren versperrt. Zu berücksichtigen ist, daß diese Prozentgrenze bei Hauptforderungen unter DM 100,00 nicht anwendbar ist, da in diesem Bereich der Kleinstforderungen, üblicherweise eine Mindestgebühr[951] anfällt. Diese beträgt DM 10,00 zuzüglich Auslagen und MwSt.. Welche Reaktionsmöglichkeiten dem Rechtspfleger bei Geltendmachung von Ansprüche eröffnet sind, die über dieser Grenze liegen, soll im folgenden untersucht werden.

E. Handlungsalternativen des Rechtspflegers

Hat der Rechtspfleger im Rahmen oben beschriebener Sachprüfung festgestellt, daß offensichtlich überhöhte Inkassokosten als Nebenforderung im Mahnbescheidsantrag ausgewiesen sind, so stellt sich die Frage, wie mit dem Antrag weiter zu verfahren ist. Es sind verschiedene Handlungsalternativen denkbar. Diese reichen von einer Reduzierung der Inkassokosten auf ein erstattungsfähiges Maß über die Zurückweisung des Antrags auf Erlaß eines Mahnbescheids als ganzes, bis hin zu einer auf die Nebenforderung beschränkten Zurückweisung. Vor der abschließenden Entscheidung ist jeweils eine Zwischenverfügung möglich. Die Reaktion steht im pflichtgemäßen Ermessen des

---

948 Ersatzfähige Inkassokosten in Höhe einer 7,5/10 Rechtsanwaltsgebühr, siehe oben 2. Teil B. IV. 3. b) α)

949 siehe oben 2. Teil B. IV. 3. b) β)

950 siehe oben 2. Teil B. VII.

951 siehe oben 1. Teil B. IV. 6.

Rechtspflegers, das sich letztlich am Verhältnismäßigkeitsgrundsatz zu orientieren hat.[952]

Eine eigenmächtige Reduzierung der Inkassokosten auf das verkehrsübliche und damit erstattungsfähige Maß durch den Rechtspfleger scheidet aus. Er würde damit den Mahnbescheid mit einem vom Antrag abweichenden Inhalt erlassen. Dem Rechtspfleger ist eine Berichtigung des Mahnbescheidsantrags nur in eng begrenzten Ausnahmefällen gestattet.[953] Es werden sogenannte "offensichtlich irrtümliche" Angaben[954] korrigiert. Wie bereits Lechner[955] bemerkte, ist dieses Kriterium äußerst ungenau. Zudem darf eine Berichtigung von Amts wegen nur erfolgen, wenn keinerlei schutzwürdige Interessen der Parteien berührt werden.[956] Vorliegendenfalls sind die Interessen des Antragsgegners gerade Grundlage der Prüfungsbefugnis. Eine Amtsberichtigung und Erlaß des Mahnbescheids mit geändertem Inhalt scheidet daher aus. Hier wird nochmals der Unterschied zu den Prozeßkosten offenbar, zu denen die Inkassokosten gerade nicht zu rechnen sind.[957] Die Prozeßkosten kann der Rechtspfleger von Amts wegen auf das erstattungsfähige Maß reduzieren.[958]

Für das weitere Vorgehen des Rechtspflegers ist entscheidend, ob es sich um einen behebbaren oder einen unbehebbaren Mangel des Antrags handelt.[959] Nur im letzteren Fall wird der Rechtspfleger den Antrag auf Erlaß eines Mahnbescheids sofort zurückweisen.

Bei der Geltendmachung überhöhter Inkassokosten liegt ein behebbarer Mangel vor, da Inkassokosten grundsätzlich ersatzfähig sind. Die Erstattungsfähigkeit ist allerdings auf die übliche Vergütung begrenzt. Dem Antragsteller muß die Möglichkeit eröffnet werden, seinen Antrag hinsichtlich der Inkassokosten

---

952 Kammler JuS 1989, S. 116 (117); Quack Rpfleger 1984, S. 27

953 BGH Rpfleger 1984, S. 26 mit Anmerkung Quack; Kronenbitter/Magnussen S. 205; Lechner S. 154; Münchener Kommentar/Holch § 691 ZPO Rdnr. 9; Stein-Jonas/Schlosser § 691 Rdnr. 8 b

954 BGH Rpfleger 1984, S. 26 mit Anmerkung Quack betrifft den Fall, daß fälschlicherweise das AG statt des LG als zuständiges Streitgericht angekreuzt wurde

955 Lechner S. 154

956 BGH Rpfleger 1984, S. 26 mit Anmerkung Quack

957 siehe oben 2. Teil A. III.

958 Münchener Kommentar/Holch § 691 ZPO Rdnr. 26

959 Kronenbitter/Magnussen S. 202; Lechner S. 150; Münchener Kommentar/Holch § 691 ZPO Rdnr. 4, 6

auf ein erstattungsfähiges Maß zurückzunehmen.[960] Der Rechtspfleger hat ihm daher, durch telefonische Rückfrage oder durch Zwischenverfügung in Form eines Monierungsschreibens Gelegenheit zur Stellungnahme und Reduzierung des Antrags zu geben.[961] Hierdurch wird zugleich die Anhörung gemäß § 691 Abs. 1 Satz 2 ZPO durchgeführt. Reagiert der Antragsteller darauf mit der Berichtigung des Antrags, wird der Mahnbescheid erlassen.

Andernfalls erfolgt eine Zurückweisung durch Beschluß des Rechtspflegers.[962] Diese ist jedoch auf die Nebenforderung "Inkassokosten" beschränkt. Der Mahnbescheid hinsichtlich des Hauptanspruchs ist zu erlassen.[963] Die Hauptforderung und die Inkassokosten sind zwei selbständige Ansprüche, die nebeneinander im Wege der Anspruchshäufung geltend gemacht werden. Bei den Inkassokosten handelt es sich nicht um einen Teil des Hauptanspruchs.[964] § 691 Abs. 1 Satz 1 Nr. 2 ZPO kommt daher nur für die Inkassokosten als solche zur Anwendung. Soweit sie das verkehrsübliche Maß überschreiten, sind sie nicht ersatzfähig. Sie sind damit gemäß § 691 Abs. 1 Satz 1 Nr. 2 ZPO als ganzes aus dem Mahnbescheid zu streichen. Der Antrag ist insoweit zurückzuweisen.

---

960 Lechner S. 151

961 BGH Rpfleger 1984, S. 26 mit Anmerkung Quack; Lechner S. 152; Münchner Kommentar/Holch § 691 ZPO Rdnr. 4: Verpflichtung des Gerichts, auf sachdienliche Anträge hinzuwirken; Stein-Jonas/Schlosser § 691 Rdnr. 8 a; zur Ausgestaltung des Monierungsschreibens siehe die von Wedel JurBüro 1994, S. 325 berichtete Praxis des AG Leipzig

962 Münchener Kommentar/Holch § 691 ZPO Rdnr. 27; Zöller/Vollkommer § 691 Rdnr. 4

963 Münchener Kommentar/Holch § 691 ZPO Rdnr. 28; Stein-Jonas/Schlosser § 691 Rdnr. 10; Wolf Rpfleger 1995, S. 173 für Zinsen als Nebenansprüche; Zöller/Vollkommer § 691 Rdnr. 2

964 Rudolph MDR 1996, S. 1 (4) m.w.N.

Schluß

Eingangs der vorliegenden Untersuchung wurde als Grundlage für eine fundierte Auseinandersetzung mit der Problematik der Inkassokosten ein Überblick über die Struktur der Inkassobranche, deren Tätigkeit, Kosten und vor allem den Erfolg ihrer Bemühungen gegeben. Die Inkassounternehmen können im Durchschnitt ca. 50- 60 % der ihnen übergebenen Beitreibungsfälle erfolgreich abschließen. Es fällt auf, daß vielen Entscheidungen zur Ersatzfähigkeit von Inkassokosten keine detaillierten Kenntnisse zu der in Frage stehenden Materie zu Grunde liegen. Diese sind allerdings zu einer sachgerechten Beurteilung unabdingbar. Weiterhin war es erforderlich, die sich für die Inkassobranche aus dem RBerG ergebenden Beschränkungen herauszuarbeiten. Es bleibt festzuhalten, daß es sich bei Inkassounternehmen um einen eigenständigen Berufszweig handelt, der auf die massenhafte Beitreibung bestimmter Forderungsbestände spezialisiert ist. Es werden nur unstreitige Geldforderungen übernommen. Des weiteren werden sonstige Dienstleistungen in Form des sogenannten Forderungsmanagements angeboten.

Auf der Basis dieser Erkenntnisse erfolgte eine Untersuchung der materiellrechtlichen Ersatzfähigkeit der beim Gläubiger angefallenen Inkassokosten. Die Verpflichtung zum Ersatz durch den Schuldner kann sich aus Vertrag oder Gesetz ergeben. In der Regel erstrebt der Gläubiger mangels vertraglicher Vereinbarung den Ersatz der Inkassokosten als Verzugsschaden gemäß §§ 284, 285, 286 Abs. 1 BGB. Zentrales Problem im Rahmen des Ersatzes von Inkassokosten als Verzugsschaden ist der Mitverschuldenseinwand des § 254 Abs. 2 Satz 1 Alt. 2 BGB. Es wurden die verschiedenen Fallgestaltungen (Ausschluß- und Begrenzungstatbestände) zum Mitverschulden des Gläubigers bei der Einschaltung eines Inkassounternehmens zur Forderungsbeitreibung herausgearbeitet. Für die Beurteilung maßgeblich ist der Zeitpunkt der Einschaltung des Inkassounternehmens.

Es hat sich gezeigt, daß im Falle der für den Gläubiger erkennbaren Zahlungsunfähigkeit und/oder Zahlungsunwilligkeit des Schuldners, sowie bei bestrittenen Forderungen, die Einschaltung eines Inkassounternehmens nicht sachdienlich ist. Die Ersatzfähigkeit der Inkassokosten scheitert in diesen Fällen an einem überwiegenden Mitverschulden des Gläubigers. Äußerte sich der Schuldner auf die Zahlungsaufforderungen des Gläubigers hin nicht, so kann er ein Inkassounternehmen mit der Beitreibung beauftragen. Es bedarf keiner positiven Anhaltspunkte für den Erfolg der Inkassobemühungen. Die Annahme, daß Inkassokosten grundsätzlich neben Rechtsanwaltsgebühren nicht ersatzfähig seien, erwies sich als falsch. Auch hier ist danach zu differenzieren, ob einer der oben genannten Ausschlußtatbestände vorliegt. Sind diese nicht einschlägig, so sind die Inkassokosten dem Grunde nach ersatzfähig.

Hinsichtlich der Höhe der ersatzfähigen Inkassokosten trifft den Gläubiger dann ein Mitverschulden, wenn sie die marktübliche Vergütung übersteigen. Darüber hinausgehende Inkassokosten sind nicht ersatzfähig. Unabhängig von den tatsächlich angefallenen Inkassokosten liegt die Höchstgrenze für den gegen den Schuldner gerichteten Ersatzanspruch bei der üblichen Vergütung. Diese bewegt sich bei 10-15 % der Hauptforderung zzgl. Auslagen und MwSt.. Die Mindestkosten, die bei der Einschaltung eines Inkassounternehmens anfallen, belaufen sich unabhängig von der Höhe der beizutreibenden Forderung auf DM 10,00 nebst Auslagen und MwSt.. Vergleiche mit Rechtsanwaltsgebühren können für die Beurteilung der Ersatzfähigkeit bestenfalls indiziellen Charakter haben. Rechtsanwaltschaft und Inkassobranche sind sowohl hinsichtlich ihrer konkreten Beitreibungstätigkeit als auch hinsichtlich der Kostenkalkulation nicht vergleichbar. Lediglich die Zielsetzung, die Realisierung der Forderung, ist dieselbe. Die Festlegung der ersatzfähigen Inkassokosten prozentual im Verhältnis zur Hauptforderung erleichtert zudem für den Gläubiger die Auswahl eines Inkassounternehmens dessen Kosten ersatzfähig sind. Der rechtlich nicht gewandte Schuldner kann die Berechtigung des gegen ihn gerichteten Ersatzanspruchs einfacher beurteilen.

Im Hauptteil der Untersuchung war der Frage nachzugehen, inwieweit der Rechtspfleger vor Erlaß des Mahnbescheids prüfen darf und muß, ob sich die Inkassokosten im ersatzfähigen Rahmen halten. Hierfür wurde das Mahnverfahren in der derzeitigen Form zugrundegelegt. Es war nicht Gegenstand der Untersuchung festzustellen, ob das Verfahren in seiner konkreten Ausgestaltung verfassungsgemäß ist. Das Mahnverfahren ist nach seiner historischen Grundkonzeption ein vereinfachtes Verfahren, das der schnellen Durchsetzung unstreitiger Ansprüche dient. Nach der Vereinfachungsnovelle des Jahres 1977 war eine vorhergehende Schlüssigkeitsprüfung des Rechtspflegers nicht mehr vorgesehen, obwohl an der Zwecksetzung des Mahnverfahrens festgehalten wurde.

Angesichts der höchst eingeschränkten Angaben im Mahnbescheid ist dem Rechtspfleger eine Schlüssigkeitsprüfung mangels ausreichenden Tatsachenvortrags nicht möglich. Es stellt sich aber die Frage, ob an Hand der gesetzlich geforderten Angaben eine Sachprüfung des Anspruchs durchzuführen ist. Trotz der Umgestaltung des Mahnverfahrens besteht bei Erlaß des Mahnbescheids eine Bindung an rechtsstaatliche Mindesterfordernisse. Diese zeigen sich vor allem in der Garantie eines rechtsstaatlichen, fairen Verfahrens und in dem Verbot institutionellen Rechtsmißbrauchs. Gestützt auf diese zwei grundlegenden Rechtsinstitute ist der Rechtspfleger zu einer eingeschränkten Sachprüfung berechtigt und verpflichtet. Im Hinblick auf die Zwecksetzung des Mahnverfahren ist eine "Zugangskontrolle" des Rechtspflegers zum Mahnverfahren gerechtfertigt. Dies ergibt sich auch aus der besonderen Situation bei der Geltendmachung von Inkassokosten im Mahnverfahren. Die Herleitung der Prüfungsbefugnis stützt sich auf eine Abwägung der im Einzelfall betroffenen Interessen und ist nicht verallgemeinerungsfähig.

Da das gesetzliche Verfahren eine solche Prüfungsbefugnis nicht vorsieht, muß sich der Eingriff auf das unerläßliche Maß beschränken. Das Recht zur Sachprüfung dient nur dem Ausschluß der Geltendmachung offensichtlich unbegründeter Forderungen. Derartigen Ansprüchen ist der Zugang zum Mahnverfahren versperrt.

Aufgrund der eingeschränkten Angaben im Mahnverfahren kann der Rechtspfleger lediglich die Rechtmäßigkeit der Höhe der Inkassokosten beurteilen. Diese dürfen die marktübliche Vergütung nicht überschreiten. Darüber hinausgehende Ansprüche sind offensichtlich unbegründet. Damit ist die Zugangsschwelle für Inkassokosten zum Mahnverfahren an Hand einer objektivierbaren Grenze - der marktüblichen Vergütung - definiert. Die Interessenlage bei der Geltendmachung überhöhter Inkassokosten ist derjenigen bei der Geltendmachung von Ansprüchen aus Verbraucherkrediten vergleichbar. Ab einer gewissen Zinsgrenze, die sich letztlich an dem marktüblichen Zinssatz orientiert, ist im Hinblick auf ein faires Verfahren das Mahnverfahren ungeeignet, derartige Ansprüche durchzusetzen. Diesen Fall hat der Gesetzgeber über § 688 Abs. 2 Nr. 1 ZPO gelöst. Man spricht von einer besonderen Mahnverfahrenssperre. Ob auch bei der Geltendmachung überhöhter Inkassokosten hiervon gesprochen werden kann, sei dahingestellt. Tatsächlich ist zur Gewährleistung eines rechtsstaatlichen Verfahrens von einer solchen Sperre auch im Hinblick auf Inkassokosten auszugehen.

Bei Überschreitung dieser Grenze ist der Rechtspfleger zur Monierung und, sofern eine Berichtigung des Mahnbescheidsantrags ausbleibt, zur Zurückweisung des Antrags hinsichtlich der gesamten Inkassokosten verpflichtet.

Damit ist der Bereich der Sachprüfung im Rahmen des gegebenen Verfahrens abgesteckt. Weitergehende Eingriffsmöglichkeiten des Rechtspflegers bedürfen der gesetzgeberischen Korrektur des Mahnverfahrens, mögen sie aus Verbraucherschutzerwägungen auch wünschenswert erscheinen. Das Verfahrensrecht ist in besonderem Maße der Formstrenge verpflichtet. Der Rechtsstaat verliert an Glaubwürdigkeit, wenn sich die Rechtspraxis über ein gesetzlich normiertes Verfahren hinwegsetzt oder dieses modifiziert. Vielfach würde auch eine verbesserte Information und Aufklärung der Verbraucher, beispielsweise über das ersatzfähige Maß von Inkassokosten, Mißbrauch durch die Geltendmachung dem Grunde oder der Höhe nach unberechtigter Inkassokosten verringern.

Diese Arbeit bewegt sich in einem sensiblen Spannungsfeld zwischen Schuldnerschutz und Rechtssicherheit. Zudem darf nicht verkannt werden, daß die wirtschaftlichen Interessen der Inkassobranche tangiert sind. Der BDIU vertritt diese Interessen. Dem betroffenen Verbraucher steht kein Interessenvertreter zur Seite. Bei der Erstellung der Untersuchung fiel auf, daß die Beiträge vielfach einseitig Verbraucherinteressen oder die Belange der Inkassobranche vertreten. Die rein wirtschaftlichen Belange der Inkassobranche dürfen in der wissenschaftlichen Diskussion keine Rolle spielen. Im Vordergrund stehen der Verbraucherschutz, der Anspruch auf ein faires Verfahren und die Rechtssicherheit. Diese Belange sind von überragender Bedeutung für ein rechtsstaatliches Verfahren. Angesichts dessen sollte man sich um dogmatische Klarheit in der Argumentation bemühen. Wenn es gelungen ist, darauf hinzuwirken, daß auch in diesem Bereich nicht emotional bzw. interessenorientiert, sondern unter sorgfältiger Fixierung der einzelnen Rechtsgrundlagen in der wissenschaftlichen Diskussion argumentiert und im Streitfall Recht gesprochen wird, so ist ein Hauptanliegen der Arbeit erreicht. Daneben soll allen Betroffenen ein Maßstab an die Hand gegeben werden, der die Entscheidung über die Ersatzfähigkeit von Inkassokosten sowie den Umfang der Prüfungsbefugnis des Rechtspflegers vor Erlaß des Mahnbescheids erleichtert und damit letztlich zur Rechtssicherheit in diesem Bereich beiträgt.

Literaturverzeichnis

Altenhoff, Rudolf/Busch, Hans/Chemnitz, Jürgen

– Kommentar zum Rechtsberatungsgesetz, 10. Auflage Münster 1993

Arnold, Egon/Meyer-Stolte, Klaus

– Rechtspflegergesetz, Kommentar, Bielefeld 1994

Bamberg, Antje

– Die mißbräuchliche Titulierung von Ratenkreditschulden mit Hilfe des Mahnverfahrens, Berlin 1987

Barnbeck, Klaus

– § 286 BGB und die Inkassokosten, NJW 1973, S. 1868
– Nebenforderungen, insbesondere Verzugsschäden gem. § 286 BGB in der Rechtsprechung des Bundesgerichtshofs, JurBüro 1989, S. 561

Bassenge, Peter/Herbst, Gerhard

– FGG/RPflG, Kommentar, 5. Auflage Heidelberg 1990

Baumgärtel, Gottfried

– Treu und Glauben, gute Sitten und Schikaneverbot im Erkenntnisverfahren, ZZP Band 69 (1956), S. 89
– Gleicher Zugang zum Recht für alle, Köln 1976
– Handbuch der Beweislast im Privatrecht, Allgemeiner Teil und Schuldrecht BGB mit VOB, HOAI, KSchG und ProdhaftG, Band 1, Köln 1991

Becker-Eberhard, Ekkehard

– Grundlagen der Kostenerstattung bei der Verfolgung zivilrechtlicher Ansprüche, Bielefeld 1985

Behr, Volker

– Inkassounternehmen und Rechtsberatungsgesetz, BB 1990, S. 795

Benda, Ernst/Maihofer, Werner/Vogel, Hans-Jochen

– Handbuch des Verfassungsrechts, Berlin 1994

Benda, Ernst/Weber, Alfred

– Der Einfluß der Verfassung im Prozeßrecht, ZZP 96 (1983), S. 285

Bender, Rolf

- Nochmals: Zur Rechtskraft des Vollstreckungsbescheides, JZ 1987, S. 503

Berger, Christian

- Die Abtretung ärztlicher Honorarforderungen, NJW 1995, S. 1584

Bethge, Herbert

- Die verfassungsrechtliche Problematik einer Zulassungsberufung im Zivilprozeß, NJW 1991, S. 2391

Boetticher, Eduard

- Die Gleichheit vor dem Richter, 2. Auflage, Hamburg 1961
- Gleichbehandlung und Waffengleichheit, Karlsruhe 1979

Bongen, Wolfgang/Kremer, Ralf

- Probleme der Abwicklung ärztlicher Privatliquidation durch externe Verrechnungsstellen, NJW 1990, S. 2911

Brandl, Uwe

- Aktuelle Probleme des Mahnverfahrens, Regensburg 1989

Braun, Johann

- Rechtskraft und Rechtskraftdurchbrechung von Titeln über sittenwidrige Ratenkreditverträge, Trier 1986
- Rechtskraftdurchbrechung bei rechtskräftigen Vollstreckungsbescheiden, ZIP 1987, S. 687
- Ungeschriebene Voraussetzungen uneingeschränkter Rechtskraft, JZ 1987, S. 789
- Anmerkung zum Urteil des BGH vom 24.09.1987, JZ 1988, S. 48
- Die Rechtskraft des Vollstreckungsbescheides und die Klage gemäß § 826 BGB, FLF 1988, S. 14
- Die materielle Rechtskraft des Vollstreckungsbescheides - Ein juristisches Lehrstück, JuS 1992, S. 177

Braun, Johann/Raab-Gaudin, Ursula

- Mahnverfahren und Verbraucherkreditgesetz, FLF 1991, S. 244

Bretz, Michael

- Ausfallrisiko auf der Tagesordnung, Creditreform 10/95, S. 14
- Insolvenzwelle ungebrochen, Creditreform 1/96, S. 14

Büchel, Helmut

– Probleme des neu geregelten Mahnverfahrens, NJW 1979, S. 945

Bülow, Peter

– Das neue Verbraucherkreditgesetz, NJW 1991, S. 129
– Schlüssigkeitsprüfung im Verbraucherkredit-Mahnverfahren, Rpfleger 1996, S. 133

Burhoff, Detlef

– Das Inkasso, NWB 1991 Nr. 39, S. 1759

Caliebe, Gabriele

– Forderungseinziehung durch Inkassounternehmen unter Inanspruchnahme gerichtlicher Hilfe, NJW 1991, S. 1721

Chemnitz, Jürgen

– Kurzkommentar zu BGH Beschluß vom 07.11.1995, EWiR 1996, S. 83

Crevecoeur, Dieter

– Das Mahnverfahren nach der Vereinfachungsnovelle, NJW 1977, S. 1320

Dästner, Christian

– Straffreiheit für den Prozeßbetrug im automatisierten Mahnverfahren, ZRP 1976, S. 36

David, Peter

– Zusammenarbeit mit Inkassounternehmen, 4. Auflage, München 1996

Dreher, Eduard/Tröndle, Herbert

– Strafgesetzbuch und Nebengesetze, 47. Auflage, München 1995

Dietrich, Bernhard

– Inkassounternehmungen, Neuried 1986

Dörr, Dieter

– Faires Verfahren, Saarbrücken 1983

Dütz, Wilhelm

– Rechtsstaatlicher Gerichtsschutz im Privatrecht, Münster 1970

Emmerich, Volker

- Rechtsfragen des Ratenkredits, JZ 1988, S. 925
- Anmerkung zum Urteil des BGH vom 24.09.1987, JZ 1988, S. 228

Erman, Walter

- Handkommentar zum Bürgerlichen Gesetzbuch, 1. Band §§ 1-853 BGB, München 1993

Esser, Josef/Schmidt, Eike

- Schuldrecht Band I Allgemeiner Teil, 8. Auflage, Heidelberg 1995

Euler, Manfred

- Geldvermögen und Schulden privater Haushalte Ende 1988, FLF 1991, S. 145
- Vermögen und Schulden privater Haushalte Ende 1993 in West und Ost, FLF 1995, S. 123

Fastenrath, Ulrich

- Inländerdiskriminierung, JZ 1987, S. 170

Fechner, Erich

- Kostenrisiko und Rechtswegsperre - Steht der Rechtsweg offen ?, JZ 1969, S. 349

Fichte, Johann Gottlieb

- Fichtes Werke Bd. 3, Hrsg. I.H. Fichte 1971

Finger, Peter

- Die Erstattungsfähigkeit der Gebühren von Inkassoinstituten als Verzugsschaden, § 286 Absatz I BGB, WPR 1978, S. 785

Finke, Alfred

- Zur Erstattung von Inkassogebühren, NJW 1973, S. 1310

Franzki, Harald/Franzki, Dietmar

- Waffengleichheit im Arzthaftungsprozeß, NJW 1975, S. 2225

Franzki, Harald

- Die Vereinfachungsnovelle und ihre bisherige Bewährung in der Verfahrenswirklichkeit, NJW 1979, S. 9

Fromm, Lutz von

- Zur Klagebefugnis eines Inkassounternehmens bei fiduziarisch abgetretener Forderung, JurBüro 1989, S. 1075

Garmissen, Ilsabe von

- Rechtsprechung des Oberlandesgerichts München zur Erstattung von Inkassokosten, JurBüro 1993, S. 641

Geigel, Reinhard

- Der Haftpflichtprozeß, 21. Auflage, München 1993

Gerold, Wilhelm/Schmidt, Herbert/von Eicken, Kurt/Madert, Wolfgang

- Bundesgebührenordnung für Rechtsanwälte, München 1991

Giebel, Ulf

- Welche vorgerichtlichen Kosten für die Inanspruchnahme eines Inkasso-Unternehmens sind üblich und als Verzugsschaden des Gläubigers erstattungsfähig ?, Rbeistand 1982, S. 211

Glanegger, Peter/Gürott, Georg

- Gewerbesteuergesetz, München 1988

Göttlich, Walter/Mümmler, Alfred

- Bundesgebührenordnung für Rechtsanwälte, Neuwied/Frankfurt 1989

Goetz, Klaus-Jürgen

- Zivilrechtliche Ersatzansprüche bei schädigender Rechtsverfolgung, Berlin 1989

Graf von Westphalen, Friedrich

- Inkasso-AGB - einige Erwägungen zum AGB-Gesetz und VerbrKrG, BB 1994, S. 1721

Greger, Reinhard

- Mitverschulden und Schadensminderungspflicht - Treu und Glauben im Haftungsrecht, NJW 1985, S. 1130
- Rechtliche Grundlagen des Mietwagenkostenersatzes, NZV 1994, S. 337

Groh, Manfred

- Eigenkapital in der Bilanz, BB 1993, S. 1882

Grün, Beate

- Die Zwangsvollstreckung aus Vollstreckungsbescheiden über sittenwidrige Ratenkreditforderungen, Köln 1990
- Verbraucherschutz contra Rechtskraft beim Versäumnisurteil über eine sittenwidrige Ratenkreditforderung, NJW 1991, S. 2401
- Notwendigkeit und Zulässigkeit der Rechtskraftbeschränkung beim Vollstreckungsbescheid, NJW 1991, S. 2860

Grunsky, Wolfgang

- Zur Rechtskraft des Vollstreckungsbescheids, JZ 1986, S. 626
- Rechtskraft des Vollstreckungsbescheides und ihre Durchbrechung nach den Urteilen des BGH vom 24. September 1987, WM 1987, S. 1349

Haack, Brunhilde

- Dienst- und Niederlassungsfreiheit von Rechtsanwälten innerhalb der Europäischen Gemeinschaft, AnwBl 1985, S. 554

Hahn, Carl

- Gesammte Materialien zu den Reichs-Justizgesetzen, Band 2, Civilprozeßordnung, Berlin 1881

Hartmann, Peter

- Kostengesetze, 25. Auflage, München 1993

Hauschildt, Jürgen/Stahrenberg, Cora

- Zur Effektivität von Inkasso-Unternehmen, BB 1991, S. 3

Häuselmann, Holger

- Rangrücktritt versus Forderungsverzicht mit Besserungsabrede, BB 1993, S. 1552

Helmreich, Heinz

- Erscheinungsformen des Mahnverfahrens im deutschsprachigen Rechtskreis, Köln 1995

Henke, Horst-Eberhard

- Mitverursachung und Mitverschulden - Wer den Schaden herausfordert muß den Schädiger schonen, JuS 1988, S. 753

Henke, Josef

- Die Schufa im Jahr 1989 und neueste Entwicklungen 1990, FLF 1990, S. 243

Herbst, Gerhard

- Die Prüfungsbefugnis des Rechtspflegers im Mahnverfahren, Rpfleger 1978, S. 199
- Der Rechtspfleger - unabhängiges Rechtsprechungsorgan im vereinigten Deutschland, Rpfleger 1994, S. 481

Herlinghaus, Andreas

- Forderungsverzichte und Besserungsvereinbarungen zur Sanierung von Kapitalgesellschaften, Köln 1990

Hesselberger, Dieter

- Der Einfluß der Verfassungsnormen auf das gerichtliche Verfahren in der Rechtsprechung des Bundesverfassungsgerichts, Erlanger Festschrift für Schwab S. 349, Erlangen 1990

Hilse, Ulrich

- Anmerkung zum Urteil des OLG Oldenburg vom 27.02.1989, JurBüro 1989, S. 1278

Hölzer, Gert

- Das Versäumnisverfahren im Zivilprozeß, JurBüro 1991, S. 163

Hörmann, Günter/Holzscheck, Knut

- Rechtstatsachen zum Konsumentenkredit, ZIP 1982, S. 1171

Holch, Georg

- Das gerichtliche Mahnverfahren nach der Vereinfachungsnovelle, München 1978
- Mahnverfahren zwischen Schuldnerschutz und Entlastungsfunktion, ZRP 1981, S. 281
- Geändertes Mahnverfahren - neue Vordrucke, NJW 1991, S. 3177

Holzscheck, Knut/Hörmann, Günter/Daviter, Jürgen

- Die Praxis des Konsumentenkredits in der Bundesrepublik Deutschland, Köln 1982

Hopt, Klaus

– Schadensersatz wegen unberechtigter Verfahrenseinleitung, München 1968

Hummel, Walter

– Zur Erstattungsfähigkeit von Inkassokosten, Rechtsprechung im Bezirk des OLG Frankfurt, JurBüro 1990, S. 281

Isensee, Josef/Kirchhof, Paul

– Handbuch des Staatsrechts, Band I Heidelberg 1987, Band III Heidelberg 1988

Jäckle, Wolfgang

– Die Erstattungsfähigkeit der Kosten eines Inkassobüros, Berlin 1978
– Die Erstattungsfähigkeit der Kosten eines Inkassobüros, JZ 1978, S. 675
– Nochmals: Inkassokosten als Verzugsschaden, NJW 1986, S. 2692
– Effektivität und Erstattungsfähigkeit der Kosten eines Inkassounternehmens, BB 1993, S. 2463
– Erstattung der Inkassokosten, NJW 1995, S. 2767

Jäger, Ulrich

– Zur Erstattungsfähigkeit von Inkassokosten, Rechtsprechung im Bezirk des OLG Celle, JurBüro 1989, S. 1073

Jarass, Hans/Pieroth, Bodo

– Grundgesetz für die Bundesrepublik Deutschland, 3. Auflage, München 1995

Jenisch, Dieter

– Geltendmachung von Inkassokosten und Schlüssigkeitsprüfung im gerichtlichen Mahnverfahren, JurBüro 1989, S. 721

Kahlke, Gerhard

– Zulassung der Berufung wegen Verletzung des rechtlichen Gehörs, NJW 1985, S. 2231

Kammler, Michael

– Das Mahnverfahren, JuS 1989 S. 116

Keller, Rolf

– Die Automation des Mahnverfahrens, NJW 1981, S. 1184

Kirbach, Roland

– Kredit bis nichts mehr geht, Die Zeit Nr. 18, 26.04.1996, S. 69

Klementz, Lothar/Klementz, Gerald

– Das Inkasso von Forderungen - "Outsourcing" oder hauseigene Bearbeitung, FLF 1994, S. 66

Klier, Gerhard

– Verfassungswidrigkeit der Lokalisation von Rechtsberatung und Inkassotätigkeit, NJW 1977, S. 527

Klinger, Peter

– Der "außergerichtliche" Einzug von Forderungen durch Inkassogesellschaften im gerichtlichen Verfahren, NJW 1993, S. 3165

König, Hartmut

– Rechtsberatungsgesetz Grundfragen und Reformbedürftigkeit, Münster 1992

Koeppen, Herbert

– Zum neuen "Schufa-Verfahren" - eine kritische Betrachtung, FLF 1987, S. 92

Kothe, Wolfhard

– Rechtsschutz gegen die Vollstreckung des wucherähnlichen Rechtsgeschäfts nach § 826 BGB, NJW 1985, S. 2217

Kronenbitter, Dieter/Magnussen, Beate

– Das gerichtliche Mahnverfahren, Böblingen 1993

Kunig, Philip

– Das Rechtsstaatsprinzip, Tübingen 1986

Landmann, Robert von/Rohmer, Gustav

– Gewerbeordnung, München Stand 01.01.1994

Lange, Hermann

– Schadensersatz, in Handbuch des Schuldrechts in Einzeldarstellungen, 2. Auflage, Tübingen 1990

Lappe, Friedrich

– Die Erstattung der Vergütung eines Inkassobüros, Rpfleger 1985, S. 282

Lappe, Friedrich/Grünert, Kurt

– Ist der Vollstreckungsbescheid der Rechtskraft fähig ?, Rpfleger 1986, S. 161

Larenz, Karl

– Lehrbuch des Schuldrechts, 1. Band Allgemeiner Teil, München 1992
– Methodenlehre der Rechtswissenschaft, 3. neubearbeitete Auflage, Berlin 1995

Lausen, Katrin/Schüler, Gabriele

– Zweite Ernte, über Rechtmäßigkeit und Grenzen von Inkassogebühren, Hamburg 1992

Lechner, Herbert

– Das gerichtliche Mahnverfahren, Augsburg 1991

Lehmann, Christoph

– Zur Stellung des Inkassounternehmens im Prozeß um wirtschaftlich fremde Forderungen, ZIP 1989, S. 351

Leipziger Kommentar

– Strafgesetzbuch, Band 5 §§ 185-262 StGB, 10. Auflage 1988

Lingenberg, Joachim/Hummel, Fritz/Zuck, Rüdiger/Eich, Alexander

– Kommentar zu den Grundsätzen anwaltschaftlichen Standesrechts, Köln 1988

Lipp, Martin

– Eigene Mühewaltung bei außergerichtlicher Rechtsverfolgung - ersatzfähige Einbuße oder Nachteil im eigenverantwortlichen Pflichtenkreis des Betroffenen ?, NJW 1992, S. 1913

Lippros, Otto-Gerd

– Schadensersatzhaftung aus privatrechtswidrigen Zwangsvollstreckungsverfahren, JA 1980, S. 16

Locke, John

– Über den wahren Ursprung, die Reichweite und den Zweck der staatlichen Regierung, in Locke, John; Zwei Abhandlungen über die Regierung, Hrsg. W. Euchner 1977

Löwe, Walter

– Bindung des Richters an die Schlüssigkeitsprüfung des Rechtspflegers im Mahnverfahren im Falle des § 345 ZPO ?, ZZP 83. Band 1970, S. 266

Löwisch, Manfred

– Inkassokosten als Verzugsschaden, NJW 1986, S. 1725

Lorenz, Dieter

– Grundrechte und Verfahrensordnungen, NJW 1977, S. 865

Lüddringhaus, Peter

– Rechtsprechung im Lande Bremen zur Erstattungsfähigkeit von Inkassokosten, JurBüro 1991, S. 478

Martinek, Michael

– Moderne Vertragstypen, Band I: Leasing und Factoring, München 1991

Maunz/Dürig/Herzog

– Grundgesetz, Band II Art. 12a-37 GG, München 1994, Band IV Art. 91a-146 GG, München 1994

Menne, Heinz

– Das Mahnverfahren, Neuwied 1979

Mertens, Hans-Joachim

– Der Begriff des Vermögensschadens im Bürgerlichen Recht, Mainz 1967

Michalski, Lutz

- Unzulässigkeit der Forderungseinziehung durch konzerngebunde Inkassounternehmen, ZIP 1994, S. 1501
- Die Befugnis von Inkassounternehmen zur gerichtlichen Durchsetzung von Forderungen, BB 1995, S. 1361
- Unzulässigkeit der Forderungseinziehung durch konzerngebundene Inkassounternehmen (Stellungnahme zu Rieble DB 1995, S. 195, 201), DB 1995, S. 2511

Mühlhausen, Karl-Heinz

- Grenzen der Vollstreckung aus sittenwidrigen Ratenkreditverträgen, MDR 1995, S. 770

Müller, Holger/Hök, Götz-Sebastian

- Neuere Rechtsprechung zum Mahnverfahren, JurBüro 1988, S. 273

Mümmler, Alfred

- Anmerkung zu LG Stuttgart Beschluß vom 30.06.1988, JurBüro 1988, S. 1520

Münchener Kommentar zum Bürgerlichen Gesetzbuch

- Band 1, Allgemeiner Teil §§ 1-240 BGB, München 1993
- Band 2, Schuldrecht Allgemeiner Teil §§ 241-432 BGB, München 1994

Münchener Kommentar zur Zivilprozeßordnung

- Band 1, §§ 1-354 ZPO, München 1992
- Band 2, §§ 355-802 ZPO, München 1992

Münzberg, Wolfgang

- Die materielle Rechtskraft der Vollstreckungsbescheide, JZ 1987, S. 477

Mürbe, Manfred

- Kontoführungsgebühren für Inkassobüros ?, JR 1987, S. 141

Palandt (Bearbeiter)

- Bürgerliches Gesetzbuch, 56. Auflage, München 1997

Philipp, Hans Michael

– Zur Erstattungsfähigkeit von Inkassokosten Rechtsprechung im Bezirk des Schleswig-Holsteinischen Oberlandesgerichts in Schleswig, Jur-Büro 1991, S. 467

Pohle, Rudolf

– Zur Lehre vom Rechtsschutzbedürfnis, Festschrift für Lent, München 1957, S. 195

Prütting, Hanns/Weth, Stephan

– Rechtskraftdurchbrechung bei unrichtigen Titeln, Köln 1994
– Der Fall Girmes als ein Problem des Rechtsberatungsgesetzes, ZIP 1994, S. 424

Rennen, Günter/Caliebe, Gabriele

– Rechtsberatungsgesetz, Kommentar, 2. Auflage, München 1992

Rentsch, Harald/Bersiner, Dieter

– Inkassokosten als Verzugsschaden gemäß § 286 BGB, BB 1986, S. 1245

RGRK

– Das Bürgerliche Gesetzbuch, Kommentar, Band II, 4. Teil §§ 631-811, 12. Auflage 1978

Rieble, Volker

– Außergerichtliches Inkasso im Wettbewerb zwischen Anwälten und Inkassounternehmen, DB 1995, S. 195

Riedel, Fritz/Sußbauer, Heinrich

– Bundesgebührenordnung für Rechtsanwälte, Vahlen 1985

Ritter-Schmidt, Dorothea

– Die Zulässigkeit eines Versäumnisurteils im schriftlichen Vorverfahren nach vorangegangenem Mahnverfahren, Marburg 1989

Rosenberg, Leo/Schwab, Karl-Heinz/Gottwald, Peter

– Zivilprozeßrecht, 15. Auflage, München 1993

Rudolph, Andrea

– Verzugsschaden nach § 11 Abs. 1 VerbrKrG und gerichtliches Mahnverfahren, MDR 1996, S. 1

Salten, Uwe/Riesenberg, Antje/Jurksch, Volker

– Änderungen im Mahnverfahren zum Jahresbeginn 1995, MDR 1995, S. 130

Sauerland, Heinz/Schmidt, Arnold/Lippross, Otto-Gerd

– Umsatzsteuer, Münster 1994

Schlemmer, Hans

– Aktuelle Grundsatzfragen des Mahnverfahrens, Rpfleger 1978, S. 201

Schlosser, Peter

– EMRK und Waffengleichheit im Zivilprozeß, NJW 1995, S. 1404

Schmidt, Ludwig

– Einkommensteuergesetz, München 1993

Schmidt, Herbert

– Die Kosten der Inkassobüros, RPfleger 1970, S. 82

Schmidt, Karsten

– Erlaubte Rechts- und Steuerberatung durch Geschäftsbesorgungsunternehmer und ihre Grenzen, DB 1978, S. 1917

Schneider, Egon

– Der materielle Kostenerstattungsanspruch, MDR 1981, S. 353

Schönke, Adolf/Schröder, Horst

– Strafgesetzbuch, 24. Auflage, München 1991

Schorn, Hubert

– Rechtsberatungsmißbrauchsgesetz, Nürnberg/Berlin 1957

Schrameck, Bernhard

– Umfang der materiellen Rechtskraft bei Vollstreckungsbescheiden, Frankfurt 1989

Schumann, Ekkehard

– Bundesverfassungsgericht, Grundgesetz und Zivilprozeß, ZZP 96 (1983), S. 137

Schwab, Karl Heinz/Gottwald, Peter

– Verfassung und Zivilprozeß, Bielefeld 1984

Seidel, Ulrich

– Das DFÜ-Mahnverfahren, Köln 1991

Seifert, Karl-Heinz/Hömig, Dieter

– Grundgesetz für die Bundesrepublik Deutschland, Baden-Baden 1991

Seitz, Walter

– Erstattung von Inkassokosten, Rpfleger 1995, S. 201

Seitz, Walter/Benninghaus, Michael/Mosiek, Wolfgang/Ohle, Carsten

– Das Inkasso-Handbuch, 2. Auflage, München 1984

Siebert, Wolfgang

– Verwirkung und Unzulässigkeit der Rechtsausübung, Marburg 1934

Siegbert, Karl

– Durchsetzung der Erstattungspflicht für die Gebühren eines Inkassobüros gegen den säumigen Schuldner, DB 1965, S. 1767

Soergel

– Bürgerliches Gesetzbuch mit Einführungsgesetz und Nebengesetzen, Band 2 Schuldrecht I, Stuttgart, Berlin, Köln Juli 1990

Spengler, Hans

– Erstattung von Schadensbearbeitungskosten, VersR 1973, S. 115

Stackelberg, Curt Ferdinand von

– Ist der Gläubiger berechtigt, vom Schuldner nach § 286 BGB Erstattung der Kosten eines Inkassobüros unter dem Gesichtspunkt des Verzugsschadens zu verlangen ?, BB 1965, S. 891

Stahrenberg, Cora

– Effektivität des externen Inkassos; Ein Beitrag zur Ausgliederung betrieblicher Funktionen, Berlin 1995

Staudinger, Julius von
Kommentar zum Bürgerlichen Gesetzbuch mit Einführungsgesetzen und Nebengesetzen
- 2. Buch Recht der Schuldverhältnisse §§ 241-243 BGB, 13. Auflage, Berlin 1995
- 2. Buch Recht der Schuldverhältnisse §§ 255-292 BGB, 13. Auflage, Berlin 1995
- 2. Buch Recht der Schuldverhältnisse §§ 823-832 BGB, 12. Auflage, Berlin 1986

Steinbild, Carl Michael
- Zur Erstattungsfähigkeit von Inkassokosten - Rechtsprechung im Bezirk des Oberlandesgerichts Nürnberg, JurBüro 1990, S. 1387

Stein-Jonas
Kommentar zur Zivilprozeßordnung
- Band 1 §§ 1-90 ZPO, 21. Auflage, Tübingen 1993
- Band 2 §§ 91-252 ZPO, 21. Auflage, Tübingen 1994
- Band 2 Teilband 1 §§ 253-299a ZPO, 20. Auflage, Tübingen 1987
- Band 2 Teilband 2 §§ 300-510b ZPO, 20. Auflage, Tübingen 1989
- Band 4 Teilband 1 §§ 704-882a ZPO, 20. Auflage, Tübingen 1986
- Band 5 Teilband 1 §§ 511-591 ZPO, 21. Auflage, Tübingen 1994
- Band 5 Teilband 2 §§ 592-703d ZPO, 21. Auflage, Tübingen 1993

Stöver, Claudia
- Zur Erstattungsfähigkeit von Inkassokosten, Rechtsprechung des OLG Hamm, JurBüro 1989, S. 1071

Stürner, Rolf
- Die Einwirkungen der Verfassung auf das Zivilrecht und den Zivilprozeß, NJW 1979, S. 2335
- Die richterliche Aufklärung im Zivilprozeß, Tübingen 1982

Tettinger, Peter J.
- Fairneß und Waffengleicheit, München 1984

Theilacker, Gerhard
- Friedensgerichtsbarkeit und Rechtspfleger, Tübingen 1963

Thomas, Heinz/Putzo, Hans
- Zivilprozeßordnung, 20. Auflage, München 1997

Ulmer, Peter/Brandner, Hans-Erich/Hensen, Horst-Dieter

– Kommentar zum AGBG, 7. Auflage, Köln 1993

Vollkommer, Max

– Erste Zweifelsfragen aus dem neuen Mahnverfahren, Rpfleger 1978, S. 82
– Der Anspruch der Parteien auf ein faires Verfahren im Zivilprozeß, Gedächtnisschrift für Rudolf Bruns, München 1980, S. 195
– Schlüssigkeitsprüfung und Rechtskraft, Gedanken zur Struktur des Mahnverfahrens, Erlangen Festschrift für Schwab 1990, S. 229
– Der Grundsatz der Waffengleichheit im Zivilprozeß - eine neue Prozeßmaxime ?, in Festschrift für Karl Heinz Schwab, Hrsg. Gottwald, Peter/Pütting, Hans, München 1990
– Anmerkung zu BGH-Urteil vom 03.07.1990, NJW 1991, S. 31
– Verjährungsunterbrechung und "Bezeichnung" des Anspruchs im Mahnbescheid, in Verfahrensrecht am Ausgang des 20. Jahrhunderts, Festschrift für Gerhard Lüke zum 70. Geburtstag, Hrsg: Prütting, Hanns/Rüssmann, Helmut, München 1997

Vosskuhle, Andreas

– Rechtsschutz gegen den Richter, München 1993

Waldner, Wolfram

– Aktuelle Probleme des rechtlichen Gehörs im Zivilprozeß, Erlangen 1983
– Präklusion im Zivilprozeß und rechtliches Gehör, NJW 1984, S. 2925

Weber, Reinhold

– Nachweis der Kausalität zwischen Nichtanschnallen des Kraftfahrzeuginsassen und dessen Verletzung, NJW 1986, S. 2667

Wedel, Thomas

– Zur Frage der Erstattungsfähigkeit von Inkassokosten als Verzugsschaden gemäß § 286 BGB, JurBüro 1994, S. 74
– Die Prüfungsbefugnis des Rechtspflegers im gerichtlichen Mahnverfahren, JurBüro 1994, S. 325
– Anmerkung zu LG Berlin Urteil vom 07.11.1995, BB 1996, S. 1527

Weimar, Robert

– Der Einsatz der eigenen Arbeitskraft im Schadensrecht, NJW 1989, S. 3246

Wieser, Eberhard

– Das Rechtsschutzbedürfnis des Klägers im Zivilprozeß, Bielefeld 1971

Wolf, Hans-Joachim

– Anmerkung zum Beschluß des AG Hagen vom 07.11.1994, Rpfleger 1995, S. 173

Wolf, Manfred/Horn, Norbert/Lindacher, Walter

– Kommentar zum AGBG, 3. Auflage, München 1994

Wüstenhöfer, Ulrich

– Gewerbesteuer, München 1992

Wysk, Peter

– Rechtsmißbrauch und Eherecht, Bielefeld 1994

Zimmerman, Reinhard

– Schadensbemessung und Billigkeit: die Entscheidungen des BGH zum Ladendiebstahl und zur fehlgeschlagenen Familienplanung, JZ 1981, S. 86

Zinke, Horst

– Streitfragen im Mahnverfahren, NJW 1983, S.1081

Zippelius, Reinhold

– Juristische Methodenlehre, 6. Auflage, München 1994

Zöller (Bearbeiter)

– Zivilprozeßordnung, 20. Auflage, Köln 1997

Anhang

Anhang 1: Grundsätze für die Berufsausübung zugelassener Inkassounter-nehmen in der Bundesrepublik Deutschland und West-Berlin

Vorwort

In Ermangelung einer umfassenden gesetzlichen Regelung zum Berufsrecht der Inkasso-Unternehmen in der Bundesrepublik Deutschland wird im Rahmen einer freiwilligen Selbstkontrolle nachstehende Richtlinie durch Beschluß der Mitgliederversammlung des BDIU für alle Mitglieder als verbindlich erklärt.

Mit den in der Richtlinie festgelegten Grundsätzen wird einerseits einer praxisnahen und ihrer Bedeutung angemessenen Einordnung der Inkasso-Unternehmen entsprochen. Andererseits soll aber auch erreicht werden, daß sich die Mitglieder des BDIU an einheitliche Verhaltensregeln binden, so daß der Berufsstand des Inkasso-Unternehmers weitgehend gegen eine unlautere bzw. mißbräuchliche Berufsausübung geschützt wird.

Soweit der Geist und Sinn der in der Richtlinie formulierten Grundsätze verletzt werden, sollen diese Verstöße gegen die Berufspflichten, ggf. auch mißbräuchliche Berufsausübung, je nach Schwere in angemessener Weise geahndet werden.

Wenn konkrete Anhaltspunkte für eine Verletzung der Richtlinie bekannt oder zur Kenntnis gebracht werden, sind die Geschäftsführung bzw. der Vorstand des BDIU verpflichtet, entsprechend den Satzungen des Verbandes den Vorgang zu prüfen.

I. Einführung zur Richtlinie

1.

Inkassounternehmen sind kaufmännisch geführte Gewerbebetriebe. Sie betreiben geschäftsmäßig die Einziehung von Forderungen.

2.

Für die Ausübung der Inkasso-Tätigkeit ist nach Artikel 1 § 1 RBerG eine behördliche Erlaubnis erforderlich, die beim zuständigen Präsidenten des Landgerichts bzw. Amtsgerichts zu beantragen ist.

3.

Als Vertretung des Berufsstandes erhebt der BDIU den Anspruch, über die persönliche Eignung und Sachkunde des Antragstellers gehört zu werden.

4.

Der Antragsteller soll sich im Verfahren über die Erlaubniserteilung als Inkasso-Unternehmer verpflichten, nach den Satzungen und Richtlinien des BDIU zu arbeiten.

5.

Die Einhaltung und Beachtung der Richtlinie durch den Inkasso-Unternehmer ist Voraussetzungen für die Mitgliedschaft im BDIU.

II. Richtlinie

1. Allgemeine Grundsätze

1.1

Der Inkasso-Unternehmer hat das Forderungsinkasso und alle damit in Zusammenhang wahrzunehmenden Obliegenheiten mit der Sorgfalt und Gewissenhaftigkeit eines ordentlichen Kaufmanns durchzuführen. Die ihm mit dem Inkasso-Auftrag anvertrauten Interessen seines Auftraggebers hat er mit der gebotenen Sachlichkeit zu vertreten.

1.2

Der Inkasso-Unternehmer wird nur solche Inkasso-Aufträge annehmen und ausführen, die einwandfrei substantiiert und als unbestritten übergeben werden.

1.3

Der Inkasso-Unternehmer wird seine Tätigkeit, die Rechtsbesorgung und Rechtsberatung, im Rahmen der ihm erteilten Erlaubnis, nach den Vorschriften des RBerG und der dazu ergangenen Ausführungsverordnungen ausführen.

1.4

Dem Inkasso-Unternehmer ist es gestattet, zu werben. Er hat jedoch die Form und den Inhalt der Werbung so zu wählen, daß das Ansehen der Inkasso-Unternehmen weder herabgesetzt noch geschädigt wird. Jede unlautere bzw. unangemessene Werbung hat der Inkasso-Unternehmer zu unterlassen (3. AVO RBerG, UWG).

1.5

Der Inkasso-Unternehmer ist gehalten, in Geschäftspapieren seines Unternehmens auf die Erlaubnis hinzuweisen. Er darf seine Mitgliedschaft im BDIU in den Papieren zum Ausdruck bringen.

2. Verhalten gegenüber Mandanten

2.1

Jedes Inkasso-Mandat bedarf der Schriftform. Dies kann je nach Umfang und Dauer des Vertragsverhältnisses durch Einzelvereinbarung oder auch durch Rahmenvereinbarung geschehen. Hierbei ist der Inkasso-Unternehmer in der Gestaltung der Vereinbarungen frei, soweit die Grundsätze der Richtlinie beachtet werden.

2.2

Der Inkasso-Unternehmer ist zur ordnungsgemäßen Geschäftsführung verpflichtet (2. AVO RBerG § 2).

2.3

Er wird im besonderen dafür Sorge tragen, daß in einem Register jeder Auftrag erfaßt und in Handakten geführt wird. Die Vollständigkeit und leichte Findbarkeit sind zu gewähr-
leisten.

2.4

Zur ordnungsgemäßen Geschäftsführung gehört, daß der Inkasso-Unternehmer über alle Geldbewegungen Buch führt und seine Buchhaltung so organisiert, daß er über die vereinnahmten Fremdgelder und deren Verwendung jederzeit umfassend Auskunft geben kann. Mit dem Mandanten ist korrekt und regelmäßig abzurechnen.

2.5

Auf Verlangen des Mandanten wird der Inkasso-Unternehmer Einsicht in die Akten- und Buchführung geben, die zu den Vorgängen des Mandanten gehören und diese ausschließlich betreffen.

Im übrigen wird der Inkasso-Unternehmer gegenüber Nichtberechtigten äußerste Diskretion über alle Vorgänge wahren, die im Laufe des Verfahrens bekannt werden. Insbesondere wird er in diesem Zusammenhang die Bestimmungen des Datenschutzgesetzes beachten.

2.6

Der Inkasso-Unternehmer ist gehalten, über den jeweiligen Stand des Verfahrens auf Verlangen des Mandanten Auskunft zu erteilen. Er hat in seiner Büroorganisation sicherzustellen, daß er hierzu kurzfristig in der Lage ist.

2.7

Der Inkasso-Unternehmer ist verpflichtet, alle geschäftsmäßigen Unterlagen, die sich im einzelnen auch hinsichtlich der Aufbewahrungsfristen aus § 44 HGB ergeben, insbesondere auch die Unterlagen, welche für die einzelnen Mandanten aktenmäßig geführt werden, sorgfältig und geordnet aufzubewahren.

2.8

Der Inkasso-Unternehmer hat das Recht, Unterlagen des Auftraggebers zurückzubehalten, soweit von diesem noch zu erbringende Leistungen ausstehen (Vergütungen, Auslagenerstattungen). Dies gilt nicht für solche Unterlagen, deren Vorenthaltung dem Auftraggeber einen unverhältnismäßigen Nachteil bringen würden, d. h. wenn die noch geschuldeten Leistungen als geringfügig angesehen werden müssen und die Zurückbehaltung als Verstoß gegen Treu und Glauben erscheint.

2.9

Soweit der Inkasso-Unternehmer nach Ablauf der jeweiligen Aufbewahrungsfristen Geschäftsunterlagen vernichten will, hat er hierzu die Zustimmung des Mandanten einzuholen, wenn es sich um dessen Unterlagen handelt. Die eventuelle Vernichtung von Unterlagen muß so erfolgen, daß kein Unbefugter vom Inhalt Kenntnis nehmen kann.

2.10

Der Inkasso-Unternehmer wird jeden Inkasso-Auftrag so bearbeiten, daß keinem Auftraggeber Nachteile entstehen. Eigene Interessen hat er im Zweifelsfall zugunsten des Auftraggebers zurückzustellen.

2.11

Der Inkasso-Unternehmer soll zur Absicherung des Mandanten eine Vermögensschadenshaftpflichtversicherung für sich und seine Mitarbeiter abschließen, deren Höhe dem jeweiligen Geschäftsumfang anzupassen bzw. angemessen ist.

2.12

Der Inkasso-Unternehmer hat mit seinem Auftraggeber Art und Umfang der Vergütung schriftlich zu vereinbaren. Es steht ihm frei, die Vergütungssätze nach kaufmännischen Grundsätzen auf der Basis einer realen Kalkulation festzulegen und mit dem Auftraggeber zu vereinbaren.

3. Verhalten gegenüber Schuldnern

3.1

Der Inkasso-Unternehmer wird bei der Durchführung des ihm erteilten Auftrages gegenüber den Schuldnern so auftreten, daß die allgemeinen Grundsätze dieser Richtlinie stets Beachtung finden. Sein Verhalten muß angemessen sein.

3.2

Der Inkasso-Unternehmer wird gegenüber dem Schuldner nur die verkehrsüblichen Inkasso-Vergütungen bzw. Auslagen geltend machen. Unzulässige und übersetzt hohe Erstattungsansprüche (§ 286 Abs. 1 BGB) fügen dem Berufsstand Schaden zu. Der Inkasso-Unternehmer ist verpflichtet, sich über die Erstattungsfähigkeit und Verkehrsüblichkeit von Inkasso-Kosten zu informieren. In Zweifelsfällen erteilt der BDIU Auskunft und erstattet Gutachten.

4. Verhalten in der Öffentlichkeit

4.1

Der Inkasso-Unternehmer hat sich in der Öffentlichkeit und im allgemeinen Verkehr mit Dritten so zu verhalten, daß Ruf und Ansehen des Berufsstandes nicht beeinträchtigt werden.

4.2

Zur Abgabe von Erklärungen in der Öffentlichkeit, insbesondere gegenüber Behörden, Presse, Rundfunk und Fernsehen, die den Berufsstand der Inkasso-Unternehmer allgemein betreffen, ist nur der Vorstand berechtigt.

4.3

Ist ein Inkasso-Unternehmer hinsichtlich eines oder mehrerer von ihm ausgeführter Inkasso-Aufträge Gegenstand öffentlicher Kritik, hat er die entsprechende Stellungnahme ausschließlich nur auf den jeweils kritisierten Einzelfall auszurichten. Soweit Grundsätze von allgemeiner Art und den Berufsstand betreffend angesprochen sind, ist der BDIU anzurufen. Dieser wird nach Prüfung aller Umstände eine angemessene Unterstützung gewähren.

III. Verstöße gegen die Richtlinie

1.

Inkasso-Unternehmer, welche die Grundsätze der Richtlinie bei ihrer Berufsausübung nicht beachten bzw. Geist und Sinn der Richtlinie durch ihr Verhalten unterlaufen, verstoßen gegen ihre Berufspflichten.

2.

Die Einhaltung der Richtlinie durch alle Mitglieder ist von den Organen des Verbandes zu überwachen.

Anhang 2: Umsatzzahlen der Inkassounternehmen in Deutschland

Umsatz in DM von ... bis	Anzahl der Unternehmen	Steuerbarer Umsatz in DM ohne USt.
25.000-50.000	74	2.771.000
50.000-100.000	74	5.394.000
100.000-250.000	114	18.107.000
250.000-500.000	63	23.229.000
500.000-1 Mill.	52	37.193.000
1 Mill.-2 Mill.	34	48.484.000
2 Mill.-5 Mill.	39	128.165.000
5 Mill.-10 Mill.	10	61.718.000
10 Mill.-250 Mill.	11	930.327.000

Quelle: David S. 10 unter Berufung auf Auskunft des statistischen Bundesamtes Wiesbaden vom 02.02.1993

Anhang 3: Muster einer Erlaubnisurkunde für ein Inkassounternehmen

Der Präsident des Amtsgerichts Ort, Datum

Erlaubnis - Urkunde

Herrn ________________________________

wird hiermit auf Grund des Artikel 1 § 1 Rechtsberatungsgesetzes die Erlaubnis

zur geschäftsmäßigen außergerichtlichen Einziehung fremder oder zu Einziehungszwekken abgetretener Forderungen mit dem Geschäftssitz in ... erteilt.

Diese Erlaubnis erstreckt sich nicht auf die Vertretung und Beratung der Gläubiger in gerichtlichen und vor sonstigen Behörden anhängigen Verfahren. Danach wird insbesondere die Einreichung von Anträgen im Mahnverfahren und der Verkehr mit dem Vollstreckungsgericht (z.B. Anträge auf Erlaß von Pfändungs- und Überweisungsbeschlüssen, Erinnerungsverfahren nach § 766 ZPO und Schuldnerschutzverfahren) durch diese Erlaubnis nicht gedeckt.

Der Verkehr mit dem Gerichtsvollzieher ist dagegen gestattet, ebenso der Verkehr und der informatorische Schriftwechsel mit den Prozeßbevollmächtigten in den aus den Inkassoaufträgen erwachsenen Prozessen und sonstigen gerichtlichen Verfahren.

Auf die Erteilung der Erlaubnis ist durch den Vermerk "als Inkassobüro zugelassen" auf Briefköpfen, Drucksachen und dergl. hinzuweisen. Die Führung anderer Bezeichnungen ist nicht gestattet, insbesondere dürfen Inkassobüros die Bezeichnung "Rechtsbeistand" nicht führen.

Das Werbeverbot des § 1 Abs. 3 der Zweiten Ausführungsverordnung vom 3. 4. 1938 (RGBl I S. 359) gilt für Inkassobüros nicht; die unangemessene oder unlautere Werbetätigkeit kann jedoch auf Grund der Dritten Ausführungsverordnung vom 26. 6. 1936 (RGBl. I S. 514) untersagt werden.

Die Erlaubnis erlischt, wenn der Nachsuchende seine Tätigkeit nicht binnen dreier Monate seit Erteilung der Erlaubnis aufnimmt und ist zu widerrufen, wenn Tatsachen eintreten oder nachträglich bekannt werden, die eine Versagung der Erlaubnis rechtfertigen. Die Erlaubnis ist ferner zu widerrufen, wenn die Tätigkeit ein Jahr tatsächlich nicht ausgeübt wird. Sie kann widerrufen werden, wenn gegen die für die Geschäftsführung ergehenden Vorschriften verstoßen wird und Auflagen nicht erfüllt werden.

Anschriftenänderungen sind umgehend mitzuteilen.

Die bei der Bayerischen Versicherungskammer abgeschlossene Berufshaftpflichtversicherung ist für die Dauer der Zulassung beizubehalten und deren Bestehen unaufgefordert im Abstand von zwei Jahren nachzuweisen.

Die Gebühr für die Erlaubnis wird auf ... DM festgesetzt.

Unterschrift:

Quelle: David S. 25 Muster nach der Handhabung des AG München

Anhang 4: Vergleich Rechtsanwaltsgebühren und Inkassokosten

Streitwert bis ... DM	7,5/10 RA-Gebühr	15/10 RA-Gebühr	Inkassokosten 10-15 %
600,00	37,50	75,00	60,00-90,00
1.200,00	67,50	135,00	120,00-180,00
1.800,00	97,50	195,00	180,00-270,00
2.400,00	127,50	255,00	240,00-360,00
3.000,00	157,50	315,00	300,00-450,00
4.000,00	198,80	397,50	400,00-600,00

Anhang 5: Widerspruchs- und Einspruchsquoten eines großen süddeutschen Inkassounternehmens für die Jahre 1990 - 1992

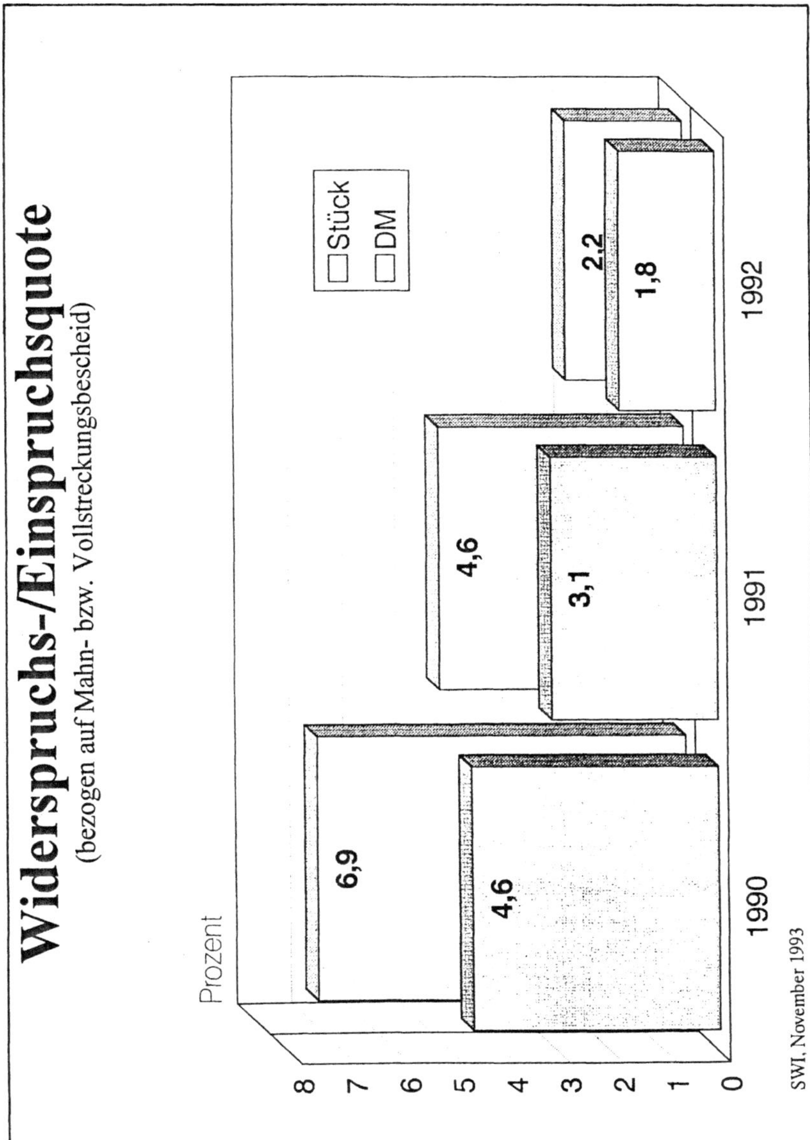

Anhang 6: Muster Mahnbescheidsantrag / Vordrucksatz

Vordruck für den Mahn- und den Vollstreckungsbescheid

– Nur für Gerichte, die die Mahnverfahren nicht maschinell bearbeiten –

Im gerichtlichen Mahnverfahren können Sie schnell und einfach einen Vollstreckungstitel (Vollstreckungsbescheid) über eine Geldforderung erwirken, wenn Einwendungen Ihres Antragsgegners nicht zu erwarten sind. Bevor Sie einen Mahnbescheid beantragen, sollten Sie prüfen, ob Sie dem Antragsgegner Ihre Forderungen in klarer, übersichtlicher Form in Rechnung gestellt haben. Holen Sie dies nötigenfalls nach. Sonst könnte der Antragsgegner dem Mahnbescheid allein deshalb widersprechen, weil er nicht nachprüfen kann, welche Beträge für welche Leistungen im einzelnen Sie von ihm verlangen.

Ausfüllhinweise

Der Vordrucksatz kann **nur mit einer Schreibmaschine** ordnungsgemäß ausgefüllt werden. Sollte Ihnen eine solche nicht zur Verfügung stehen, trennen Sie bitte das Blatt 1 ab und füllen nur dieses in **Blockschrift** aus. Reichen Sie dann das Blatt 1 und den restlichen Vordrucksatz mit dem Kohlepapier (s. dazu unten unter „Weiteres Verfahren") ein.

Von Ihnen **auszufüllen** sind die **hellen Felder. Die dunkleren** mit Raster unterlegten **Felder bitte nicht beschriften.**

Bei ausnahmsweise **nicht ausreichendem Schreibraum** können Sie ein besonderes Blatt benutzen. Dieses bitte 4fach beifügen und in dem betreffenden Feld auf das Blatt hinweisen.

Zu den Nummern auf Blatt 1 des Vordrucksatzes

① Hier sind Postleitzahl und Ort des **für das Mahnverfahren zuständigen Gerichts** einzutragen. Zuständig ist in der Regel das Gericht, in dessen Bezirk der **Antragsteller** seinen Wohnsitz bzw. Sitz hat.

② Zur **Bezeichnung des Antragsgegners** in Form der Postanschrift bitte Vorname und Name (wenn nötig auch Beruf, Zusätze wie „Rentner", „jun." u. dgl.) bzw. Firma oder Behördenname sowie Straße, Hausnummer, Postleitzahl, Ort (Zustellpostamt) so genau angeben, daß Verwechslungen ausscheiden. Postfachangabe ist unzulässig.

Bei **Gesellschaften** und **juristischen Personen** (z. B. oHG, KG, GmbH, AG) ist der **Vertretungsberechtigte** im Anschriftenfeld mit anzuführen, und zwar anschließend an die Firma oder den Namen überleitend mit den Worten „vertreten durch ...".

Bei **nicht prozeßfähigen natürlichen Personen** (z. B. Minderjährigen) im Anschriftenfeld nur den gesetzlichen Vertreter (z. B. die Eltern) bezeichnen. Der Antragsgegner wird in diesen Fällen in dem Leerfeld in der Zeile bei ④ bezeichnet (z. B. mit den Worten „gegen Ihren bei Ihnen wohnenden Sohn ..."). Das Wort „Sie" in der Zeile bei ④ ist in diesen Fällen zu streichen.

Richtet sich der Antrag gegen **mehrere Antragsgegner** (z. B. gegen Eheleute), so ist für **jeden der Antragsgegner** ein eigener Vordrucksatz auszufüllen und in dem Kästchen bei ⑭ jeweils die Zahl der ausgefüllten Vordrucksätze (z. B. bei Eheleuten als Antragsgegner die Zahl „2") anzugeben. Im Anschriftenfeld ② wird in jedem Vordrucksatz nur **ein** Antragsgegner bezeichnet. Auf die übrigen Gegner wird in der Zeile bei ④ hingewiesen, und zwar anschließend an das Wort „Sie" mit dem Wort „und...", so daß es z. B. bei Eheleuten in dem Vordrucksatz für den Mann heißt „gegen Sie und Ihre Ehefrau...", in dem Vordrucksatz für die Frau „gegen Sie und Ihren Ehemann...". Beachten Sie bitte auch die weiteren Hinweise unten zu ④ und zu ⑧ unter 1.

Anspruch eines Dritten gegen die Mitglieder einer Wohnungseigentümergemeinschaft: Wenn Sie in Zeile ⑩ für ein etwaiges streitiges Verfahren das Gericht angeben, in dessen Bezirk das gemeinschaftliche Grundstück liegt (§ 29 b der Zivilprozeßordnung), genügt es, einen Vordrucksatz auszufüllen. Bezeichnen Sie bitte in diesem Falle den zustellungsbevollmächtigten Verwalter der Gemeinschaft im Anschriftenfeld ②, die Wohnungseigentümer nach Streichung des Wortes „Sie" in Zeile ④ unter Bezugnahme auf eine 4fach beizufügende Liste mit den Worten „die in anl. Liste bezeichneten Mitglieder der Wohnungseigentümergemeinschaft... (Straße, PLZ, Ort)".

③ Bitte den **Antragsteller** mit Vornamen und Namen bzw. Firma, ferner nach Straße, Hausnummer, Postleitzahl, Ort genau bezeichnen, desgleichen etwaigen gesetzlichen Vertreter und Prozeßbevollmächtigten. Eine Bezugnahme auf die Bezeichnung im Anschriftenfeld bei ⑪ ist unzulässig. **Vergessen Sie bitte nicht, Ihr Konto mit Bankleitzahl anzugeben.** Sie können hier auch Ihre Telefonverbindung angeben.

④ Vgl. die Erläuterungen zu ②. **Gesamtschuldnerschaft** (§ 421 BGB) kann **nur bei mehreren Schuldnern** in Betracht kommen; sie kann in der Regel angenommen werden, wenn sich die Antragsgegner gemeinschaftlich zur Zahlung verpflichtet hatten. In diesem Falle können Sie die ganze Forderung einschl. Zinsen und Kosten (s. bei ⑧) gegen jeden Antragsgegner geltend machen, bis die Zahlung bewirkt ist.

⑤ **Haupt- und Nebenforderungen sind gesondert und einzeln zu bezeichnen.**

Typische Bezeichnungen der Hauptforderung sind z. B.:

„Warenkauf wie Rechnung/Kontoauszug vom ..."
„Versicherungsprämien für die Zeit vom... bis...."
„Dienst-/Werkleistung gemäß Rechnung vom..."
„Reparaturen gemäß Rechnung vom..."
„Miete/Pacht für Wohnung/Geschäftsräume in... (Straße, PLZ, Ort) für die Zeit vom... bis..."
„Ärztliche/Zahnärztliche Leistung gemäß Rechnung vom..."
„Lehrgang/Unterricht gemäß Vertrag vom... für die Zeit vom... bis..."
„Darlehnsrückzahlung gemäß Vertrag vom..."
„Schaden aus Unfall/Vorfall vom. .."
„Schaden aus Verletzung/Nichterfüllung des Vertrags vom..."
„Rückständiger Unterhalt für die Zeit vom... bis...."
„Mitgliedsbeitrag für die Zeit vom... bis..."
„Zeitungs-/Zeitschriftenbezug für die Zeit vom... bis..."

Auch sonstige Forderung unverwechselbar, d. h. vor allem mit Zeitangabe, **so genau wie möglich** bezeichnen.

Nur für Kreditgeber oder Zessionar bei Anspruch aus Vertrag, für den das Verbraucherkreditgesetz gilt: Bitte machen Sie die zusätzlich vorgeschriebene Angabe in der Form „Anspruch aus Vertrag vom..., für den das VerbrKrG gilt. Effektiver/Anfänglicher effektiver Jahreszins... %". Im Falle des § 5 VerbrKrG genügt die Form „Anspruch aus Vertrag, für den das VerbrKrG gilt".

⑥ Bei **mehreren** Hauptforderungen ist deren Gesamtsumme einzutragen; bitte geben Sie die Einzelbeträge in Feld 5 an, soweit es sich bei diesen nicht um Rechnungsposten einer dem Antragsgegner bereits vorliegenden Zusammenstellung (z. B. Rechnung,

– Bitte wenden –

Kontoauszug) handelt. **Zinsen** bitte genau bezeichnen nach dem **Zinsfuß** („ . . . % jährlich/monatlich"), dem **zu verzinsenden Geldbetrag** („ aus . . . DM") und dem **Zeitraum** („vom . . . bis . . .", „ab . . .").

⑦ Als **Nebenforderung** können hier auch für einen zurückliegenden Zeitraum ausgerechnete Zinsen angegeben werden.

⑧ **Kosten des Verfahrens**
1 Die **Gerichtsgebühr** ist **vorauszuentrichten.** Es empfiehlt sich, dafür **Kostenmarken** zu benutzen. Diese sind bei allen Gerichten erhältlich und sollen rechts oben auf Blatt 1 des Vordrucksatzes in dem dafür vorgesehenen Feld aufgeklebt werden. Die Gerichtsgebühr (s. die folgende Tabelle) richtet sich nach dem Wert der Hauptforderung ohne Zinsen und Kosten.

Bei **mehreren Antragsgegnern** (s. oben zu ② und ④) entsteht die Gerichtsgebühr nur einmal. Sie ist in jeden Vordrucksatz aufzunehmen.

Wert der Hauptforderung bis	Gerichts-gebühr	Wert der Hauptforderung bis	Gerichts-gebühr	Wert der Hauptforderung bis	Gerichts-gebühr
600	25,--	8 000	102,50	30 000	237,50
1 200	35,--	9 000	110,--	35 000	260,--
1 800	45,--	10 000	117,50	40 000	282,50
2 400	55,--	12 000	132,50	45 000	305,--
3 000	65,--	14 000	147,50	50 000	327,50
4 000	72,50	16 000	162,50		
5 000	80,--	18 000	177,50	über 50 000	siehe Gerichtskostengesetz
6 000	87,50	20 000	192,50		
7 000	95,--	25 000	215,--		

Alle Angaben in DM
Gebühren für alte Bundesländer gültig ab 1.1.95

2 **Auslagen des Antragstellers** sind z. B. die Kosten dieses Vordrucksatzes und das Porto für die Einsendung an das Gericht.

3 bis 5 Nur von Rechtsanwälten oder Rechtsbeiständen auszufüllen.

⑨ Bitte prüfen Sie, ob Ihr Anspruch von einer Leistung abhängt, die Sie dem Antragsgegner gegenüber noch zu erbringen haben. Zu der Frage müssen Sie sich erklären, Ihr Antrag kann sonst zurückgewiesen werden.

⑩ Das für ein streitiges Verfahren **sachlich** und **örtlich** zuständige Gericht bitte mit Postleitzahl und Ort (z. B. „Amtsgericht in 30175 Hannover" oder „Amtsgericht Cottbus in 03006 Cottbus.") bezeichnen, ggf. auch nach dem Spruchkörper (z. B. „Landgericht-Kammer für Handelssachen in 30175 Hannover"). ***Sachlich*** zuständig ist für Ansprüche bis 10 000 DM, für Ansprüche aus Wohnraummietverhältnissen und für Unterhaltsansprüche das **Amts**gericht, sonst grundsätzlich das **Land**gericht. ***Örtlich*** ist grundsätzlich das Gericht zuständig, in dessen Bezirk der Antragsgegner wohnt bzw. seinen Sitz hat. Abweichend von diesen Grundsätzen kann eine besondere oder ausschließliche Zuständigkeit gegeben sein. Hierzu sollten Sie im Einzelfall ***Rechtsrat*** einholen. Haben Sie ein unzuständiges Gericht angegeben, drohen Ihnen ***Kostennachteile.***

⑪ Auf die Angaben bei ③ darf nicht Bezug genommen werden. Bitte füllen Sie das Feld in der Form der Postanschrift mit Ihrem Vor- und Nachnamen und Ihrer Anschrift aus. Das Gericht kann dann Blatt 3 und 4 des Vordrucks in Fensterbriefhüllen versenden.

⑫ Anzukreuzen, wenn im Falle des Widerspruchs das streitige Verfahren durchgeführt werden soll.

⑬ Nur von einem Prozeßbevollmächtigten anzukreuzen.

⑭ Nur bei mehreren Antragsgegnern auszufüllen (s. oben letzter Absatz zu ②).

Im **Urkunden-, Wechsel- oder Scheckmahnverfahren** wird **über** der Überschrift „Mahnbescheid" das Wort „Urkunden-", „Wechsel-" oder „Scheck-" hinzugefügt. Die Urkunde ist in dem Feld für die Beze[illegible]ung des Anspruchs zu bezeichnen.

Weiteres Verfahren

Sollten Sie den Vordrucksatz durch die Post an das Gericht übermitteln, **schützen Sie den Vordrucksatz bitte durch eine geeignete Verpackung (Kartoneinlage) vor Durchdrucken während der Übermittlung.**

Vom Gericht erhalten Sie, wenn Ihr Antrag ordnungsgemäß ausgefüllt ist und keine Schwierigkeiten bei der Zustellung an den Antragsgegner auftreten, zunächst die **Zustellungsnachricht** (siehe rechts oben auf Blatt 3 des Vordrucksatzes).

Wie dann zu verfahren ist, entnehmen Sie dieser Nachricht.

Für Antragsteller, die ihren allgemeinen Gerichtsstand (Sitz, Wohnsitz) **in den neuen Bundesländern** haben, gelten vorläufig noch die in der folgenden Tabelle wiedergegebenen ermäßigten Gerichtsgebühren. Fragen Sie beim Einkauf der Gerichtskostenmarken vorsorglich nach, ob die Ermäßigung noch gilt.

Wert der Hauptforderung bis	Gerichts-gebühr	Wert der Hauptforderung bis	Gerichts-gebühr	Wert der Hauptforderung bis	Gerichts-gebühr
600	20,--	8 000	82,--	30 000	190,--
1 200	28,--	9 000	88,--	35 000	208,--
1 800	36,--	10 000	94,--	40 000	226,--
2 400	44,--	12 000	106,--	45 000	244,--
3 000	52,--	14 000	118,--	50 000	262,--
4 000	58,--	16 000	130,--		
5 000	64,--	18 000	142,--	über 50 000	siehe Gerichtskostengesetz
6 000	70,--	20 000	154,--		
7 000	76,--	25 000	172,--		

Alle Angaben in DM
Gebühren für neue Bundesländer gültig ab 1.1.95

Der Antrag wird gerichtet an das

Amtsgericht

Plz, Ort

①

Geschäftsnummer des Gerichts
Bei Schreiben an das Gericht stets angeben

② **Antragsgegner**/ges. Vertreter

Plz Ort

Raum für Kostenmarken/Freistempler (falls nicht ausreichend, unteres Viertel der Rückseite benutzen)

– Graue Felder bitte nicht beschriften! –

Mahnbescheid

Datum des Mahnbescheids

③ **Antragsteller,** ges. Vertreter, Prozeßbevollmächtigter; Bankverbindung

④ **macht gegen Sie** als Gesamtschuldner

⑤ **folgenden Anspruch geltend** (genaue Bezeichnung, insbes. mit Zeitangabe): Geschäftszeichen des Antragstellers:

⑥ Hauptforderung DM — Zinsen, Bezeichnung der Nebenforderung

⑦ Nebenforderung DM

⑧ Kosten dieses Verfahrens (Summe 1 bis 5) DM

1 Gerichtskosten	2 Auslagen d. Antragst.	3 Gebühr d. Prozeßbev.	4 Auslagen d. Prozeßbev.	5 MwSt. d. Prozeßbev.
DM	DM	DM	DM	DM

⑨ Gesamtbetrag DM — **zuzüglich der laufenden Zinsen**

Der Antragsteller hat erklärt, daß der Anspruch von einer Gegenleistung ☐ nicht abhänge. ☐ abhänge, diese aber erbracht sei.

Das Gericht hat nicht geprüft, ob dem Antragsteller der Anspruch zusteht.
Es fordert Sie hiermit auf, innerhalb von zwei Wochen seit der Zustellung dieses Bescheids entweder die vorstehend bezeichneten Beträge, soweit Sie den geltend gemachten Anspruch als begründet ansehen, zu begleichen oder dem Gericht auf dem beigefügten Vordruck mitzuteilen, ob und in welchem Umfang Sie dem Anspruch widersprechen.

Wenn Sie die geforderten Beträge nicht begleichen und wenn Sie auch nicht Widerspruch erheben, kann der Antragsteller nach Ablauf der Frist einen **Vollstreckungsbescheid** erwirken und aus diesem die Zwangsvollstreckung betreiben.
Der Antragsteller hat angegeben, ein streitiges Verfahren sei durchzuführen vor dem

⑩ ....

An dieses Gericht, dem eine Prüfung seiner Zuständigkeit vorbehalten bleibt, wird die Sache im Falle Ihres Widerspruchs abgegeben.

Rechtspfleger

Antrag

Ort, Datum

Anschrift des Antragstellers/Vertreters/Prozeßbevollmächtigten

⑪

Plz Ort

Eingangsstempel des Gerichts

Ich beantrage, aufgrund der vorstehenden Angaben einen Mahnbescheid zu erlassen.

⑫ ☐ Im Falle des Widerspruchs beantrage ich die Durchführung des streitigen Verfahrens.

⑬ ☐ Ordnungsgemäße Bevollmächtigung versichere ich. ☐ Antragsteller ist nicht zum Vorsteuerabzug berechtigt.

⑭ Hier die Zahl der ausgefüllten Vordrucke angeben, falls sich der Antrag gegen mehrere Antragsgegner richtet.

Blatt 1: Antrag und Urschrift

Unterschrift des Antragstellers/Vertreters/Prozeßbevollmächtigten

Hinweise des Gerichts

Bitte beachten Sie, daß das Gericht im Mahnverfahren nicht prüft, ob der geltend gemachte Anspruch begründet ist.

Lassen Sie daher Zweifel, ob der Anspruch besteht, nicht auf sich beruhen, auch wenn diese nur eine Nebenforderung (z. B. Höhe der Zinsen) betreffen.

Schauen Sie sich vielmehr s o f o r t alle Ihnen zur Verfügung stehenden Unterlagen (Vertrag, Kostenvoranschlag, Rechnung, Kontoauszug, Zahlungsbelege usw.) genau an.

Verbleiben danach Zweifel, so kann es sich empfehlen, sich umgehend mit einem Rechtsanwalt, einer Rechtsanwältin oder mit einer sonst zur Rechtsberatung befugten Person oder Stelle in Verbindung zu setzen. Im Rahmen ihres Aufgabenbereichs kann Ihnen auch die Verbraucherberatungszentrale bei einer außergerichtlichen Klärung der Rechtsfrage behilflich sein. Die genannten Personen und Stellen erteilen auch Auskunft darüber, wie der Staat Bürgern hilft, die die Kosten einer Rechtsberatung oder Rechtsverteidigung nicht aufbringen können.

Prüfen Sie bitte auch die umseitige Angabe des Antragstellers zur Zuständigkeit für ein streitiges Verfahren. *Örtlich* ist grundsätzlich das Gericht zuständig, in dessen Bezirk Sie wohnen. Abweichend davon kann im Einzelfall eine besondere oder ausschließliche Zuständigkeit gegeben sein. Holen Sie, falls nötig, Rechtsrat ein, wenn Ihnen die Angabe des Antragstellers unrichtig erscheint.

Zahlungen

Zahlungen aufgrund des Mahnbescheids — gleichgültig, ob sie die Hauptforderung, die Zinsen, Nebenforderungen oder die Kosten betreffen — sind n u r an den Antragsteller zu richten.

Das Gericht kann Ihre Zahlung nicht entgegennehmen.

Zahlen Sie an den Antragsteller unmittelbar oder auf das von ihm bezeichnete Konto.

Zahlungsaufschub, Ratenzahlung

Zahlungsaufschub oder Ratenzahlung kann **nur der Antragsteller** bewilligen.

Wenn Sie die Zahlung zur Zeit nicht voll aufbringen können, empfiehlt es sich, mit dem Antragsteller oder seinem Prozeßbevollmächtigten zu verhandeln. Verhandlungen führen erfahrungsgemäß häufig zum Erfolg, wenn eine Teilzahlung angeboten wird.

Das Gericht kann Ihnen keinen Zahlungsaufschub und keine Ratenzahlung bewilligen.

Zahlungsunfähigkeit

Zahlungsunfähigkeit befreit nicht von der Verpflichtung, eine Schuld zu bezahlen. Ein W i d e r s p r u c h kann selbst dann nicht auf Zahlungsunfähigkeit gestützt werden, wenn diese auf Krankheit, Erwerbslosigkeit oder anderen Notlagen beruht.

Bei finanzieller Notlage kann es sich im einzelnen Fall empfehlen, mit einer *Schuldnerberatungsstelle* der öffentlichen oder freien Wohlfahrtspflege Verbindung aufzunehmen.

Widerspruch

Falls Einwendungen gegen den Anspruch bestehen, können Sie sich zur Wehr setzen, indem Sie Widerspruch erheben.

Sollten Sie den Anspruch nicht bestreiten können, ist ein Widerspruch zwecklos und verursacht Ihnen **weitere Kosten.**

Widersprechen Sie dem Mahnbescheid daher nur, wenn Sie meinen, **nicht, noch nicht** oder **wegen eines Teils der geforderten Beträge nicht** zur Zahlung verpflichtet zu sein, oder wenn Sie durch Ihr Verhalten dem Antragsteller **keinen Anlaß** gegeben haben, gegen Sie gerichtlich vorzugehen.

Bitte überlegen Sie Ihre Entscheidung **sorgfältig** und holen Sie nötigenfalls umgehend *Rechtsrat* ein, **bevor** Sie den Widerspruch erheben.

Der Widerspruch soll mit einem **Vordruck** der beigefügten Art erhoben werden. Der Vordruck ist bei **jedem** Amtsgericht oder Kreisgericht erhältlich und wird dort, wenn Sie es wünschen, auch ausgefüllt. Zu richten ist der Widerspruch an das Gericht, das den umseitigen Mahnbescheid erlassen hat, n i c h t an das Gericht, vor dem das streitige Verfahren durchzuführen ist.

Wenn Sie den Anspruch nicht insgesamt, sondern nur wegen einer einzelnen Forderung oder eines einzelnen Rechnungspostens oder eines Teils davon als unbegründet ansehen (z. B. die geforderten Zinsen, soweit diese einen bestimmten Prozentsatz übersteigen), sollten Sie den Widerspruch **ausdrücklich** auf diese Forderung, diesen Rechnungsposten oder den Teilbetrag **beschränken**. Dadurch können Sie sich **Mehr**kosten ersparen.

Weiteres Verfahren nach Widerspruch

Bei rechtzeitigem Widerspruch wird vom Antragsteller regelmäßig ein weiterer Kostenvorschuß angefordert. E r s t nach dessen Zahlung wird die Sache auf seinen Antrag an das umseitig von ihm bezeichnete Gericht abgegeben. Die Abgabe wird Ihnen noch besonders mitgeteilt.

Peter Lang · Europäischer Verlag der Wissenschaften

Ausschuß für das Recht des Handelsstandes und der Handelsgeschäfte (1937-1942)

Ausschuß für Bank- und Börsenrecht

Unterausschuß für Depotrecht (1934/1935)

Herausgegeben und mit einer Einleitung versehen von Werner Schubert

Frankfurt/M., Berlin, Bern, New York, Paris, Wien, 1997. LVI, 601 S.
Akademie für deutsches Recht 1933-1945. Protokolle der Ausschüsse.
Herausgegeben von Werner Schubert. Bd. 5
ISBN 3-631-31052-8 · Geb. DM 198.–*

Der Band umfaßt in Fortsetzung der Beratungen zum bürgerlichen Recht die Verhandlungen des Handelsrechtsausschusses der Akademie für Deutsches Recht von 1937 bis 1942. Unter Teilnahme der Elite damaliger Handelsrechtler bereitete der Ausschuß die Reform des 1. und 3. Buchs des Handelsgesetzbuchs von 1897 vor. Die hier diskutierten Fragen (Kaufmannsbegriff, Firmen- und Registerrecht, Recht am Unternehmen) sind nicht zuletzt auch im Hinblick auf die beabsichtigte Änderung des Handelsgesetzbuchs bis heute aktuell. Im zweiten Teil werden die Arbeiten des Ausschusses für Depotrecht zur vollständigen Neufassung des Depotgesetzes von 1937 aus den Jahren 1934/35 erstmals zugänglich gemacht.

Aus dem Inhalt: Beratungsprotokolle zur Neugestaltung des Rechts am Unternehmen · Firmen- und Registerrecht · Wirkungen der Eintragung im Handelsregister · Buchführungsrecht · Kaufmännische Stellvertretung · Allgemeine Vorschriften über Handelsgeschäfte · Allgemeine Geschäftsbedingungen · Kontokorrent · Sachenrecht (§ 366 HGB) · Handelsmakler · Vorschläge zur Reform des Depotrechts

Frankfurt/M · Berlin · Bern · New York · Paris · Wien
Auslieferung: Verlag Peter Lang AG
Jupiterstr. 15, CH-3000 Bern 15
Telefax (004131) 9402131
*inklusive Mehrwertsteuer
Preisänderungen vorbehalten